JN450898

현장사례중심

영유아 놀이지도

서난경 · 김보현 · 김미선 · 서복희 · 마미애 지음

창지사

머 리 말

'놀이는 유아의 생활이며 삶'

우리의 어린 시절 놀이를 떠올려 보면 입고리가 올라가고 환한 미소가 지어집니다. 우리의 놀이는 즐거운 경험이었고 내가하고 싶은 자발적인 행동이었습니다. 그 시절에 경험하였던 놀이의 힘은 지금 우리를 살게 하는 원동력이 되었는지도 모릅니다. 현재의 유아들은 놀이를 할 시간이 부족하다고 합니다. 어린이집이나 유치원에서 많이 놀이하는데 "나는 못 놀았어요"라고 말합니다. 그 속뜻은 '내가 하고 싶은 놀이를 못했어요'라고 해석하면 맞을 것 같습니다. 내가 하고 싶은 놀이를, 내가 하고 싶을 때, 내가 하고 싶은 만큼. 지금을 살고 있는 유아의 놀이는 그러해야 합니다. 놀이는 유아의 생활이며 삶이니까요.

'교육과정으로 즐거운 놀이'

2019년부터 현장에 적용되고 있는 개정 누리과정, 표준보육과정은 놀이중심·유아중심으로 유아가 주도하는 교육과정입니다. 교육과정 개정 이전 현장에서는 교사주도의 교육과정이 실행되어 이전 교육과정에 익숙한 교사들은 개정된 교육(보육)과정에 적응하는 데 다소의 어려움이 있었습니다. 개정 교육(보육)과정에서는 연간계획안도 월간계획안도 고정된 것이 아닌 언제든 변화할 수 있는 유동적인것이어서 계획을 세우는 것보다는 현재 유아가 흥미를 보이는 놀이에 집중하면서 적절하게 지원해 주는 것이 교사의 역할과 역량이 되었습니다. 이처럼 교사의 역량과 적절한 지원으로 유아들은 즐겁고 행복한 놀이가 이어나가고 있습니다.

'교사라는 집단지성이 모인 학습공동체'

유아들의 놀이는 즐겁고 행복하게 진행되는데 교사들도 과연 그럴까요? '그렇다', '그렇지 않다', '아직 잘 모르겠다' 등 다양한 현장의 소리들이 들립니다. 어떤 교사들은 과거 교육과정을 동경하기도 하고 현장과의 괴리로 인해 급기야 현장을 떠나기도 합니다. 개정된 교육과정을 실행함에 있어 경력이 많은 교사도 딜레마에 빠집니다. '내가 잘하고 있는 건가!', '어디까지 개입해야 하지?', '이렇게 말하는 건 교사주도인가?', '무얼 지원해야 할까?', '이 시점이 배움이 순간일까?' 매일 매 순간이 고민의 시간, 반성의 시간이 되기도 합니다. 그렇지만 해답을 찾기란 쉽지 않습니다. 그래서 우리는 혼자의 힘으로만 되지 않기에 집단지성이 모여 학습공동체라는 자발적인 공동체를 구성하여 협력하고 있습니다. 여기에서 서로 고민을 나누며 나의 정서를 공유하고 지지받으며 협력적 학습으로 다시 힘을 내고 적용해 봅니다.

'유아를 위한 놀이지도와 놀이지원'

유아를 위한 놀이지도와 놀이지원은 2019년 국가수준의 교육(보육)과정의 개정으로 현장에 재직하고 있는 현장전문가들의 놀이중심 교육과정의 대한 고민의 과정이 잘 나타나 있습니다. 또 다양한 딜레마를 해결해 나가면서 실제 놀이중심 교육과정의 사례를 중심으로 구성하였습니다. 각 장은 놀이의 이해와 놀이와 교사, 놀이와 환경, 놀이실행과 공유, 놀이와 학습공동체로 구성되어 있습니다. 이 책은 예비교사들에게는 기본 이론과 함께 생생한 현장의 모습을 그려볼 수 있으며 현직교사들에게는 재직 중인 기관의 놀이실행과 비교하면서 더 나은 방향으로 놀이를 지원할 수 있는 기초자료가 될 것으로 생각됩니다.

‘매 순간 감사드립니다’

이 책은 지역의 놀이 학습공동체의 자발적인 모임에서 함께 연구한 교육(보육) 과정 현장 적용사례를 책으로 엮어보자고 의기투합한 결과물입니다. 하지만 열정을 가지고 집필하였지만 부족한 부분이 많고 아쉬움도 많이 남습니다. 유아교육이라는 학문의 깊이가 느껴지고 교육 현장에 재직 중이라는 현실적인 어려움도 많았습니다. 이 책이 나오기까지 놀이실행에 열정을 바치고 있는 원장과 교사들이 그 안에서 즐거운 어린 시절을 보내고 있는 유아들에게 감사드립니다.

2022년 2월

저자 일동

차 례

제1부 놀이이론과 사례

CHAPTER 01
놀이 이해

CHAPTER 02

놀이와 교사

CHAPTER 03

놀이와 환경

제2부 유아교육현장 놀이실행

제1부

놀이이론과 사례

현장사례중심

영유아 놀이지도

CHAPTER

01

놀이 이해

본 장에서는 영유아, 교사, 학자들이 생각하는 놀이에 대해 살펴보고, 놀이의 개념 및 특성을 이해해보고자 한다. 또한 영유아들의 신체, 인지, 언어, 사회성, 정서, 창의성 발달을 중심으로 놀이와 영유아기 발달에 대해 알아보고, 놀이의 발달 단계는 사회적 놀이, 인지적 놀이로 구분하여 살펴보고자 한다.
마지막으로 영유아의 놀이를 이해하고, 개정 누리과정을 유아교육기관에 적용하기에 앞서 누리과정의 개정 취지 및 주요 내용, 교사들의 이해에 관해서도 알아보고자 한다.

제1절 놀이의 이해

1. 놀이의 개념

어린시절 동네 골목 혹은 공터에서 삼삼오오 놀이했던 기억이 있을 것이다. 우리에게 놀이는 하루일과 중에 가장 중요한 부분이었고, 놀이를 통해 삶을 살아나가는데 필요한 생활기술을 배우고, 지혜도 얻을 수 있었다.

이처럼 놀이는 다양한 의미를 가지고 있기 때문에 한마디로 정의하기는 매우 어려운 일이다. 따라서 놀이의 개념 및 특성, 교육적 가치에 대해 알아보고 놀이를 이해하고자 한다.

1) 놀이란 무엇일까?

시대적·사회적 상황에 따라 놀이의 양상은 변화했지만, 누구나 놀이에 대한 공통적인 추억이 있다. 어느 연령에서나 그네타기, 낙서하기, 그림그리기, 소꿉놀이, 선생님놀이, 사방치기, 고무줄놀이, 점토놀이 등 헤아릴 수 없는 많은 놀이가 시대를 뛰어넘어 이어져 왔다(박찬옥, 정남미, 곽현주, 2014).

놀이의 사전적 의미는 무엇일까? 유아교육사전에서는 놀이의 의미를 그 자체로 흥미가 있으며 유쾌한 감정을 느끼는 신체적, 지적 활동으로써 어떤 궁극적 목적을 추구하는 것이 아닌 활동 자체에 만족하는 행위 등으로 설명하고 있다(한국교육학회, 1996).

놀이란!
놀이는 즐거움을 읻기 위해 자발적으로 행하는 활동이다.
놀이는 인간의 중요한 본능이며, 인간은 놀이를 통해 성장하고 발달한다.

이러한 놀이가 유아들과 교사들에게는 어떤 의미인지 알아보고, 학자들이 생각하는 놀이에 대해 개념을 어떻게 설명하고 있는지 살펴보자.

(1) 유아들이 생각하는 놀이

① 유아들이 생각하는 놀이란 무엇일까?

유아들이 생각하는 놀이에 대해 알아보기에 앞서, 유아들에게 '너희들은 놀이를 무엇이라고 생각하니?'라고 물어보았다. 유아들은 놀이에 대해서 나름대로 생각하는 것들을 아래와 같이 이야기해 주었다.

놀이는 즐거운 걸 하는 게 놀이에요.
놀이는 새로운 재미있는 것들이에요.
놀이는 같이 좋아하는 걸 하는 거에요.
놀이는 친구랑 재미있게 하는 거에요.
놀이는 재미있는 걸 하는 거에요.
놀이는 친구랑 같이 노는 거에요.
놀이는 같이 노는 거에요.
놀이는 재미있는 거에요.

놀이는 재미있는 것들이에요.
놀이는 재미있게 만드는 거에요.
놀이는 장난감으로 하는 거에요.
놀이는 장난치고 싶은 걸 하는 거에요.

[그림 1-1] 유아들이 생각하는 놀이는?

이처럼 유아들에게 놀이란 교사의 계획 및 의도와 별개로 유아 스스로 자유롭게 선택하고 주도적으로 참여하는 과정에서 즐거움과 기쁨을 느낄 수 있는 모든 것이며, 즐거움과 기쁨은 놀이의 시작점이다(오연주, 박애순, 최정화, 이명윤, 2020).

유아들에게 놀이를 즐기기에 충분한 시간과 공간의 자유가 주어진다면 언제든 놀이가 가능하다. 누군가가 놀잇감을 제공하지 않아도 자신의 흥미와 관심사에 따라 스스로 사물을 가지고 놀거나 또래와 놀이한다.

또한 놀이가 새로 만들어지고, 이어지고, 마무리되기도 하는 연속적인 과정에서 유아들은 끝없이 배운다. 놀이를 통해 흥미를 가지고 탐색하면서 호기심을 해결하고 반복적인 탐구 과정을 통해 지식을 습득해 나간다.

② 유아들이 선호하는 놀이는 무엇일까?

그렇다면 유아들이 선호하는 놀이는 무엇일까? 마찬가지로 유아들에게 '너희들이 좋아하는 놀이는 무엇이니?'라고 물어보았다. 유아들이 좋아하는 놀이에 대해서도 아래와 같이 이야기해 주었다.

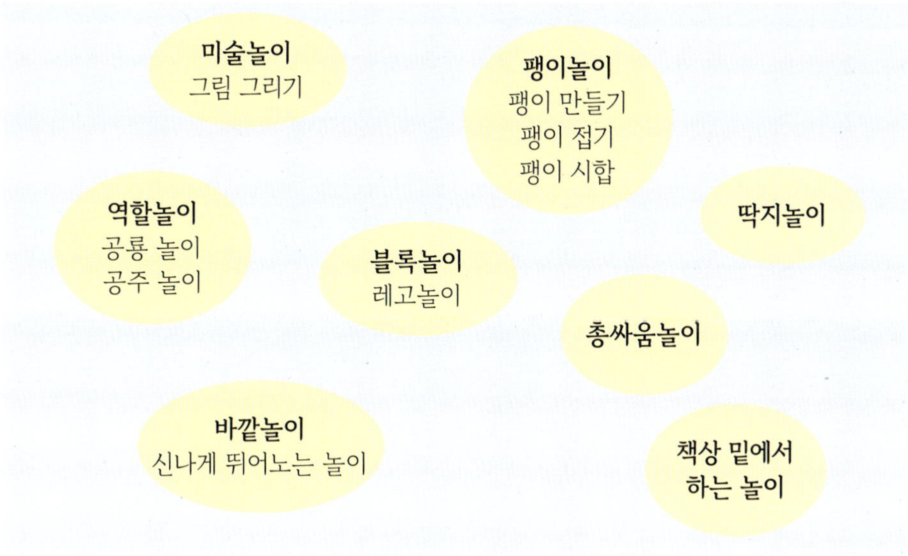

[그림 1-2] 유아들이 선호하는 놀이는?

이처럼 유아들은 신나게 뛰어노는 놀이, 책상 밑에서 하는 놀이를 선호하기도 하고, 공룡 놀이, 공주 놀이, 팽이 놀이, 총싸움 놀이 등을 선호하였다.

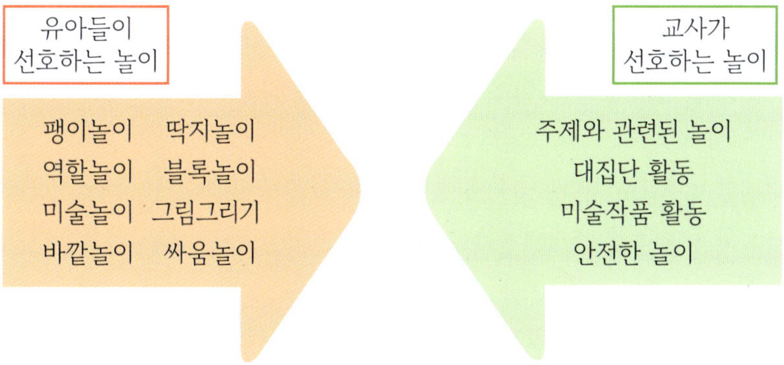

[그림 1-3] 유아들이 선호하는 놀이 VS 교사가 선호하는 놀이

그러나 교사가 선호하는 놀이와 유아들이 선호하는 놀이는 [그림 1-3]과 같이 차이가 있음을 알 수 있다.

교사는 자신이 계획한 주제와 관련된 놀이, 그리고 개별적 놀이보다는 대집단 활동이나 미술 작품활동를 선호하며, 앉아서 하는 안전한 놀이를 선호하였다.

유아교사는 유아와 교사가 선호하는 놀이의 생각을 좁히는 노력을 통하여 유아와 교사 간의 놀이에 대한 간극 좁히기 부분을 고민해야 한다. 미국유아교육협회(NAEYC: National Association for the Education of Young Children)에서는 유아가 발달에 적합한 놀이를 할 수 있도록 유아는 놀이할때 주도성을 가지고 놀이를 이끌어 나갈 수 있도록 허용해야 한다고 강조한다.

따라서 교육(보육)과정에서 제시된 내용에서 놀이는 교사가 계획한 놀이가 아니라 유아가 관심있고 흥미 있는 놀이로 이어져야 함을 강조하고 있다.

(2) 교사들이 생각하는 놀이

가. 교사들이 생각하는 놀이란 무엇일까?

유아들이 경험하는 놀이는 끊임없이 차이를 만들어가는 경험이다. 유아들은 자신의 신체에 감각된 차이를 계속 실험해 나가며 놀이에 몰입한다. 이러한 과정에서 유아들은 새로운 의미를 창조하는, 끊임없는 차이생성의 놀이를 하고 이를 통해 유아들은 놀이를 통한 자연스러운 성장과 배움의 과정으로 나아간다.

유아의 '진짜' 놀이는 비구조화된 공간, 비구조화된 시간, 비구조화된 놀잇감으로 구성됐으며, '진짜' 놀이 경험은 유아에게 새로운 관계를 형성하는 관계 맺기, 놀이를 스스로 만들어 실행하고 마무리 짓는 놀이 창안의 의미가 있다.

따라서 교사들이 생각하는 놀이는 '흥미와 욕구에 따른 자발적인 활동', '주변 환경과의 상호작용', '유아의 모든 활동'으로 정의하기도 한다(현정희, 김정원, 2008).

나. 교사들이 생각하는 좋은 놀이란 무엇일까?

그러면 유아들에게 있어서 좋은 놀이란 무엇일까? 아래의 내용은 현직 교사들의 좋은 놀이에 대한 생각을 모은 저널이다.

교사의 반성적 저널 쓰기 "좋은 놀이란 무엇이라고 생각하나?"

유아는 놀이를 통해 경험을 쌓고, 삶을 살아가는 데 있어 필요한 능력을 키울 수 있다. 유아에게 놀이란 스스로 참여하여 자신의 생각과 능력을 발휘하는 행위이기 때문이다. 따라서 좋은 놀이는 유아가 놀이 속에 온전히 몰입할 수 있도록 유아의 일상과 밀접하고, 유아의 수준에 맞는 활동으로 구성되어야 한다(2021, 1년 차 교사, 반성적 저널).

좋은 놀이란 유아가 흥미와 관심의 따라 놀이에 자유롭게 참여하고 즐기고 배울 수 있는 것이다. 구조회된 놀잇김보단 유아가 스스로 만들고 창조할 수 있는 비구조화된 놀잇감을 지원하고 보육실을 벗어난 새롭고 자유로운 공간과 유아가 스스로 정할 수 있는 놀이시간을 지원하는 것도 좋은 놀이이며 각 영역의 내용이 통합적으로 연계되는 것도 좋은 놀이로 볼 수 있다(2021, 3년 차 교사, 반성적 저널).

유아에게 좋은 놀이란, 재미있는 놀이라고 생각한다. 놀이는 유아에게 즐거움을 주어야 하고, 즐거움을 느끼기 때문에 더욱 놀이가 확장될 수 있습니다. 놀이를 하며 상대방에게 자신의 이야기를 하고, 자신의 의견이 존중받아지는 과정을 통해 더욱 주도적인 놀이가 이루어진다. 그리고 놀이를 통해 실패를 경험하고, 다시 도전하며 성공하는 과정을 통해 자신감을 가질 수 있다고 생각합니다. 유아에게 있어 즐거운 놀이는 더 하고 싶은 놀이이며, 스스로 하고 싶은 놀이다(2021, 5년 차 교사, 반성적 저널).

이처럼 교사들이 생각하는 좋은 놀이란 '몰입할 수 있는 놀이, 비구조화된 놀이, 재미있는 놀이, 주도성을 가진 자유로운 놀이'임을 알 수 있다.

(3) 학자들이 설명하는 놀이

유아가 놀이를 하고 있는 사실은 인식할 수 있지만, 학자들은 실제적으로 놀이가 무엇인가에 대한 정의는 쉽지 않다고 본다.

NAEYC(미국유아교육협회)는 '놀이가 언어, 인지, 정서조절과 사회적 유능감을 발달시키는 중요한 매개이고 가장 적합한 학습수단이므로 적극적으로 유아들에게 놀이를 할 수 있도록 해야 한다'고 놀이를 강조하였다(교육부, 경기도교육청, 2016).

놀이는 그 가치를 어디에 두느냐에 따라 정의와 그 중요성이 달라질 수 있다. 여러 학자들 역시 조금씩 다른 정의를 제시하고 있는데, 이를 정리하면 〈표 1-1〉과 같다(김현자, 이상희, 이영, 김반재, 이현주, 2021).

〈표 1-1〉 놀이의 정의

학자	놀이의 개념
Froebel	놀이는 인간의 가장 순수한 정신적 활동이며, 유아의 놀이는 곧 교육이다.
Freud	놀이는 정서 순화의 주요 역할을 한다.
Bruner	놀이는 인간의 적응 능력을 기를 수 있다.
Lazarus	놀이는 자유롭고 목적이 없으며 즐겁고 재미있는 활동이다.
Dewey	놀이는 어린이의 신체, 정서, 인지, 사회 발달을 도모하는 수단이며, 유아의 문제해결력을 증진시키는 활동이다.
Gross	놀이는 진지한 의도가 결여된 본능적 연습이다.
Issacs	놀이는 어린이의 삶 자체인 동시에 이 세상을 이해하는 수단
Rubin	놀이는 문제해결력, 협동, 도구사용 기술, 창조성, 언어발달, 통찰력, 성 역할, 문화의 전승 등 사회, 도덕, 인지발달에 공헌한다.

위의 표와 같이 학자들의 놀이 개념과 놀이에 대한 견해를 다르게 정의하고 있다. 놀이를 한 가지의 말로 정의하기는 어렵지만 여러 의미를 종합해 보면, 놀이는 내적 동기에 의해 자발적으로 이루어지는 것으로 놀이 자체가 목적이 되는 본능적인 행동이다.

2) 놀이와 탐색 혹은 일

놀이에 대한 개념은 탐색(exploration) 혹은 일(work)이 개념과 비교를 통해 더욱 명확하게 알 수 있다.

(1) 놀이와 탐색

놀이와 유사한 행동으로 언급되는 것이 탐색(exploration)이다. 예전에는 탐색을 놀이와 구분하지 않았으나 최근에 이르러 탐색이라는 개념을 놀이와 구분하여 사용하기 시작하였다.

탐색의 사전적 의미는 드러나지 않은 사물이나 현상 따위를 찾아내거나 밝히기 위하여 살피어 찾는 것이다(네이버, 2021.10.28 추출). 탐색은 시기적으로 볼 때 놀이 이전에 나타나는 활동이며 의도적으로 새로운 물체에 대한 정보를 탐색하기 위한 행동인 것에 비해 놀이는 수집된 정보를 활용하여 다양한 행동을 나타내는 것이라 볼 수 있다(Wohlwill, 1984). 즉, 새로운 사물을 처음 보았을 때 탐색이 나타나고, 익숙한 물체는 갖고 놀이하는 것을 알 수 있다.

놀이와 탐색의 개념을 구분하면 아래의 〈표 1-2〉와 같다.

〈표 1-2〉 놀이와 탐색의 비교

구분	탐색	놀이
시기	놀이 이전에 나타남	탐색 이후에 나타남
상황	처음 보는 사물을 대할 때	익숙한 사물을 대할 때
목적	사물에 대한 정보 수집	자극 창출
행동	정형화된 행동	다양한 행동
기분	진지한	즐거운
심장박동	적은 변화	많은 변화

출처: Hughes & Hutt(1979), Hutt(1966)

놀이는 탐색에서부터 시작된다. 탐색활동을 하는 유아는 자신에게 새로운 물체가 주어졌을 때 처음 보는 물체의 특성이 무엇일까를 생각하며 그 물체가 지니는 다양한 속성에 대해 알고자 한다. 반면 놀이에서 유아는 이미 특정 물체의 특성에 대해 알고 있기에 이 물체를 갖고 무엇을 할까를 생각한다(Hughes & Hutt, 1979; Hutt, 1966).

(2) 놀이와 일

놀이의 개념을 정리할 때, 놀이와 반대되는 개념으로 놀이가 아닌 행동인 일을 통해 놀이에 대해 이해할 수 있다.

놀이는 재미있고 어떤 목표도 없으며, 능동적이고 자발적으로 이루어지는 활동이다. 그와 반대로 일은 수동적·강요적이며, 단조롭고 고되며, 외부로부터 부가된 목표를 달성하기 위해 이루어지는 활동이다.

놀이와 일에 대한 특징을 종합적으로 정리하면 〈표 1-3〉과 같다.

〈표 1-3〉 놀이와 일의 차이

	놀이	일
시작	내적 동기	외적 자극이나 지시
특성	능동적, 자발적	수동적, 강요
규제	없음, 자유로움	있음, 제시된 조건이나 기준에 따라야 함
정서	즐겁다, 재미있다, 긍정적 정서	힘들다, 부정적 정서

Frost와 Klein(1979)은 놀이는 능동적·자발적이며 재미있고 과정 중심적인 행동이며, 일은 수동적·강요적이고 단조롭고 힘들다고 느끼며 외부로부터의 규칙에 얽매이는 특성이 있으며, 놀이와 일을 하나의 연속체로 보았다. 놀이는 즐거움을 동반하는 활동인 반면, 일은 유용성과 목표 달성을 중요시한다.

최근에는 이러한 놀이와 일의 경계가 허물어지고 개념이 통합되고 있다. 놀이와 일을 명확하게 구별하기란 어려우며 어떤 활동을 놀이 또는 일이라고 하기보다는 놀이에 가까운 활동 또는 일에 가까운 활동으로 설명할 수 있다(이숙재, 2006).

2. 놀이의 특성

유아의 놀이에 대해 이해하기 위해서는 놀이에는 어떠한 특성이 있는지 알아보는 것이 필요하다.

현재 가장 보편적으로 사용되고 있는 놀이에 대한 정의는 Rubin, Fein, Vandenberg(1983)이 밝히고 있는 놀이가 지니는 특성을 중심으로 한 것이다. Rubin, Fein, Vandenberg 등의 놀이 정의는 다음과 같다.

1) 내적 동기화 (intrinsic motivation)

놀이는 내적으로 동기유발이 된다. 내적 동기화는 유아가 놀이를 하고 싶어서 하는 순수한 욕구를 말한다. 즉 놀이는 유아의 흥미, 욕구, 호기심 등의 내적 요인에 의해 시작된다.

놀이는 외부의 강요에 의해 이루어지는 것이 아니고 개인 내부에서 동기화 되는 활동으로 놀이를 할 때 유아는 스스로 놀고 싶은 마음이 생겨서 놀이를 하게 된다.

2) 결과보다 과정 중시 (process orientation)

놀이는 과정이 중요하다. 유아는 놀이의 결과보다는 활동 그 자체에 초점을 두고 놀이한다. 유아는 결과보다는 과정에 더 많은 관심이 있으며, 완전히 기술을 획득할 때까지 즐거움으로 놀이를 한다.

놀이의 목표에 대한 부담이 없으므로 활동이 다양하고 융통성이 있으며, 놀이하는 그 자체가 즐겁고 기쁘다. 놀이에 참여하는 유아에게는 놀이를 하는 과정이 중요하며 놀이를 통하여 달성하여야 할 목표가 있는 것이 아니기에 놀이는 결과 지향적이라기보다는 과정 지향적이라 볼 수 있다.

3) 비문자적 (non-literal)

놀이는 비문자적이다. 놀이에서 유아는 현실에서 벗어나 상상의 나래를 펼 수 있다. 유아가 현실에서 되어 보지 못한 인물 인물이 될 수 있으며, 물체나 상황을 다른 물체나 상황으로 대체할 수도 있다.

놀이의 틀 안에서는 특정 물체를 지칭하는 문자가 지니는 의미에서 분리되어 다른 의미로 사용될 수 있기에 놀이는 비문자적이라 할 수 있다.

4) 자유로운 선택 (free choice)

놀이는 자유롭게 선택된다. 유아의 놀이에서 자유로운 선택은 매우 중요한 요소이다. 만약 유아가 놀이를 교사의 지시에 의해 활동하게 된다면 더 이상 놀이로서의 활동이 아니다.

놀이에 참여하는 유아는 외부의 강요에 의하지 않고 자신이 놀고 싶은 영역, 놀이 친구, 놀이 주제 등을 자유롭게 선택할 수 있다.

5) 긍정적인 정서 (positive emotion)

놀이는 즐거움이다. 유아들은 놀이를 하는 중에 즐거워한다. 유아들은 놀이 속에서 기쁨과 즐거움 등의 긍정적 정서나 감정을 느낀다. 유아가 신나게 웃으면서 놀이에 몰입하는 것을 보면 즐거움과 기쁨이 놀이의 주요한 특성이 됨을 알 수 있다.

만약 놀이가 즐겁지 않으면 유아는 놀이를 멈추게 될 것이다. 또한 놀이는 유아의 두렵거나 불안하고 슬픈 기분도 긍정적 정서로 전환시키는 특성을 갖고 있다.

그 밖에 유아 놀이의 일반적인 특성들을 요약해보면 아래의 〈표 1-4〉와 같다.

〈표 1-4〉 유아 놀이의 일반적 특성

구분	특성
즐거움	유아는 즐겁고 재미있는 것에 매력을 느낀다.
자발성	유아는 놀이를 내적 동기에 의해 자발적으로 이루어진다.
비실제성	유아의 놀이는 현실의 제약을 뛰어넘어 '마치 ~인 것처럼' 상징적으로 표출하는 비실제적인 활동을 한다.
자율성	유아의 놀이는 외부에서 부과되는 규칙보다는 내적인 규제에 의해 자율적으로 수행된다.
호기심	유아들의 호기심은 살아 있으며 아는 것 자체가 즐거움이다.
자신감	유아의 놀이는 최소한의 실수를 경험할 수 있는 기회를 주며, 놀이를 통해 새로운 것을 경험함으로써 좀 더 새로운 활동을 해보려고 하며 성공감을 얻는다.

이처럼 놀이는 유아가 스스로 놀이하고 싶도록 내적 동기를 유발하며, 놀이하는 과정 그 자체가 즐겁고 자유로운 특성을 가지고 있다. 또한 유아들은 자유롭게 선택하고 상상하며 놀이를 즐기고, 놀이를 통해 긍정적 정서를 느낀다. 이러한 놀이의 특성들은 유아로 하여금 놀이를 지속하게 하고, 성장발달의 동력이 되게 한다.

제2절 놀이와 영유아 발달

1. 놀이와 영유아기 발달

유아의 놀이는 모든 발달영역과 밀접한 관련을 갖는다. 이 절에서는 놀이와 유아의 발달을 신체, 언어, 인지, 정서, 사회성, 창의성의 발달로 구분하여 알아보고자 한다.

1) 놀이와 신체 발달

유아는 놀이를 통해 신체를 움직임으로써 소근육과 대근육이 발달하고, 신체적 성장이 촉진되며 기본 운동 능력을 기를 수 있다. 놀잇감을 보고, 만지고, 조합하고, 두드리는 등의 탐색활동을 통해 손과 눈의 협응이 증진되면서 감각 및 지각 능력도 향상시킬 수 있다. 또는 놀이 자료 없이 자신의 신체 일부만을 사용하여 놀이를 할 수 있으며, 자신의 몸을 다양하게 움직이거나 감각적인 경험을 통해 즐거움을 느낀다.

유아는 신체를 통해 자신의 생각이나 감정을 창의적으로 표현할 수도 있다. 이러한 경험은 유아로 하여금 자신의 신체를 주도적으로 움직이고 지각할 수 있게 하며, 자기 조절력과 자아정체성을 향상시킬 수 있게 해 준다. 그리고 유아가 땀을 흘리며 몰두하는 신체놀이는 미움, 공격성, 불안 등과 같은 부정적인 감정을 발산시켜 유아의 정서를 순화하게 한다(한은미, 이순자, 2015).

유아의 놀이 경험은 스스로 자신의 몸을 보호하고 위험에 대처할 수 있는 신체 능력도 증진시켜 준다.

터널 지나가기

신체로 배, 요트 등 해상기관 표현하기

2) 놀이와 인지 발달

유아는 놀이를 통해 스스로 자신을 알아가고, 주변 세상에 대한 많은 정보를 얻게 되며 실제 세계에 적응해 나간다. 즉, 연습놀이, 기능놀이 등 한 대상에 대한 지속적이고 반복적인 놀이를 통해 자신의 신체와 더불어 주변 대상의 특성, 기능 등을 파악하게 되고, 이를 바탕으로 점점 주변 대상에 대한 정보가 늘어나게 된다.

유아는 놀이를 하면서 새로운 사물을 탐색하게 되고, 이를 조작해 보고 구성해 보면서 시행착오를 거쳐 융통성을 갖게 된다. 그리고 유아들의 상징놀이는 어떤 사물을 다른 사물로 대치함으로써 사물 자체에 의미를 부여하고, 이러한 의미를 부여하는 과정 가운데 추상적 사고가 발달하게 된다(김억환, 박은혜, 1998).

따라서 유아들은 놀이를 통해 사물을 표상하는 능력, 문제 해결 능력, 판단력 등 인지가 발달하게 된다.

황토 탐색하기

경사로를 만들어 안전하게 건너보기

3) 놀이와 언어 발달

유아들의 놀이를 관찰하면 유아들이 자신과 외부 세계에 대해 어떻게 인식하는지, 타인과의 의사소통이 어떻게 이루어지고 있는지를 알 수 있다. 왜냐하면 언어는 사회적 관계 속에서 습득되기 때문이다. 유아가 언어를 습득해 가는 과정의 관계적 요인 중에서 비슷한 연령대의 친구들과의 상호작용이다. 유아의 언어 능력은 단순히 읽고 쓰는 능력이 아니라 다른 사람의 말을 이해하고 그에 따라 적절하게 표현할 수 있게 되는 능력이다. 유아는 또래와의 놀이 과정에서 서로 공감하고 이해하게 된다. 유아의 놀이는 자신의 감정과 자신이 이해한 것을 표현할 수 있는 의사소통 방식을 통해 이루어진다.

놀이는 언어발달의 수단이 되며, 언어는 놀이 과정에 필수적인 매체의 역할을 한다. 유아는 놀이를 하면서 혼잣말을 하기도 하고 놀이 상대와 이야기를 나누며, 다양한 언어적인 경험을 하게 된다. 놀이를 하기 위해서는 놀잇감에 대한 언어, 놀이 상대와 놀이를 함께 하기 위한 언어 또는 놀이 상황에 대한 언어 등 다양한 대상과 상황에 적절한 어휘와 문장을 사용하게 된다. 이를 통해 유아는 자신이 알고 있는 언어를 적절한 대상과 상황에 적용하기도 하고, 놀이 상대와의 대화를 통해 다른 사람의 언어 또한 경험하면서 언어발달이 이루어질 수 있다.

선생님과 수박책 보기

친구들에게 퀴즈 내보기

4) 놀이와 정서 발달

유아들의 놀이는 긍정적이고 즐거운 정서적 경험을 갖게 한다. 또래와의 재미있는 놀이는 유아들이 마음껏 자신들의 생각과 감정을 표현하게 해 준다는 점에서 자유로움과 정서적 만족감을 준다. 유아들은 친구들과의 상호작용 속에서 타인의 정서에 대한 이해와 공감을 터득하며, 여러 상황 속에서 적절하게 관계를 형성하고 대처하는 법을 배운다.

유아는 놀이를 통해 걱정이나 불안, 좌절감, 갈등 등의 부정적인 감정이나 정서를 해소하기도 하고, 그로 인해 정서적 안정감을 느끼게 되기도 한다. 놀이는 억압된 감정을 해소시키고 불쾌한 경험을 극복할 수 있는 통로를 제공함으로써 놀이가 정서발달의 근본이 된다.

놀이를 하면서 놀이 상대와 갈등을 겪기도 하고, 때로는 서로 요구하는 것을 이해하고 협동해 나가면서 자신의 감정과 다른 사람의 감정에 대해 이해하고 이를 조절할 수 있는 경험을 하게 된다. 또한, 놀이를 하면서 느끼는 만족감 등은 긍정적인 자아개념, 자율성, 인내심, 성취감 등 긍정적인 정서를 형성할 수 있도록 해 준다.

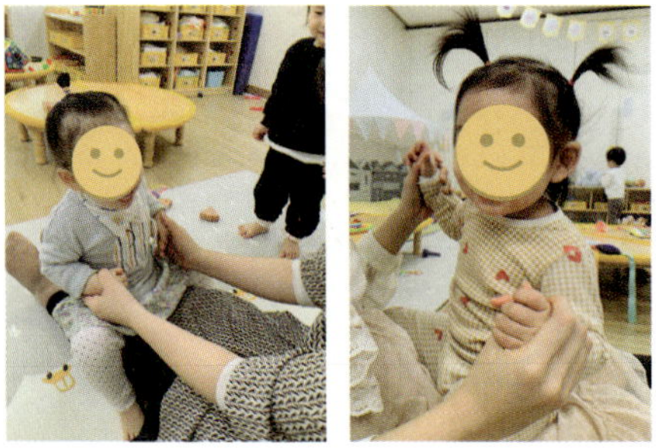

선생님 무릎 미끄럼틀 놀이

카네이션 꽃꽂이

5) 놀이와 사회성 발달

유아의 사회적 능력은 정서적인 능력과 밀접한 관계가 있으며 서로 영향을 미친다. 자아정체성이 높은 유아는 그렇지 못한 유아에 비해 사회적 기술이나 문제해결 능력이 높은 것을 볼 수 있다. 유아들은 놀이를 하면서 자신의 의견을 전달해야 하고 자신이 의미하는 것을 또래와 공유할 수 있어야 한다. 이러한 능력은 또래와의 상호작용을 속에서 이루어지며 놀이에서의 역할, 조직, 방법, 환경 등을 협상하면서 인지적, 사회적, 정서적으로 발달하게 된다.

유아는 다른 유아와 놀이를 함으로써 사회적 관계를 형성하게 된다. 유아는 사회적 관계에서 초래하게 되는 문제점들을 해결하는 방안을 배움으로써 사회적인 존재로 성장한다.

유아의 놀이는 처음에는 혼자놀이가 많으나 점차 다른 유아들과 어울려 놀게 되고, 친구 만드는 방법을 알게 되며, 이를 통하여 다른 유아의 행동과 반응을 관찰하는 기회를 얻게 된다. 유아는 친구들과 놀면서 집단을 형성하는 데 필요한 협동, 규칙, 질서, 양보 등의 약속을 정하고 지키며, 서로 협력하는 과정에서 사회성을 습득하고 사회적 능력이 더욱 발달하게 된다.

친구따라 움직여보기

친구들과 그림책으로 만든 기찻길

6) 놀이와 창의성 발달

유아들의 놀이는 창의성이 발현되는 장이다. 유아들은 친구들과 놀이에 적합한 놀이 도구를 발견하거나 제작하는 과정을 통해 창의성이 향상될 수 있다. 유아들은 또래 친구들과 놀이를 하며 사물과 상황에 대해 의미를 부여하고 새로운 놀이를 창조한다. 이러한 과정은 유아에게 다양한 생각을 불러일으키며 궁금한 것들을 탐구하게 함으로써 창의성을 발달시킨다.

놀이 상황에서 유아들은 기존의 규칙이나 방법에 제한을 받지 않고 자유롭게 선택하고 독창적인 방법으로 놀면서 창의력이 발달하게 된다. 또한 유아들은 놀이의 주제나 대상이 무엇이든 간에 자유롭게 상상의 날개를 펼 수 있다. 상상놀이에서 상징은 추상적 사고의 발달을 유도하기 때문에 유아들의 정신적 기술 및 지능이 발달할 수 있다.

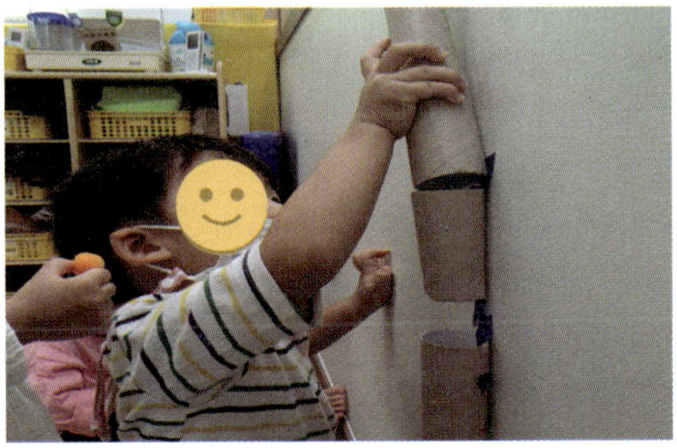

휴지심레일 만들어보기

파란비닐로 낚시터 구성하기

또한 유아들의 놀이를 영역별로 나눠 생각해 볼 때, 신체운동·건강, 의사소통, 사회관계, 예술경험, 자연탐구 등의 5개 영역에서 일어나는 놀이들은 유아들의 창의성 발달에 영향을 미친다. 유아의 창의성 발달을 위한 5개 영역의 내용은 다음 〈표 1-5〉와 같다.

〈표 1-5〉 창의성 발달을 위한 5개 영역별 내용

영역	내용
신체운동 · 건강	실내외 신체 활동에 자발적으로 참여한다.
의사소통	책에 관심을 가지고 상상하기를 즐긴다.
사회관계	내가 할 수 있는 것을 스스로 한다.
예술경험	신체나 도구를 활용하여 움직임과 춤으로 자유롭게 표현한다. 다양한 미술 재료와 도구로 자신의 생각과 느낌을 표현한다. 극놀이로 경험이나 이야기를 표현한다.
자연탐구	궁금한 것을 탐구하는 과정에 즐겁게 참여한다. 탐구 과정에서 서로 다른 생각과 관심을 가진다.

출처: 교육부 · 보건복지부(2019)

이와 같이 놀이는 유아의 생활 속에서 이루어지는 자연스러운 활동으로 궁극적으로는 유아의 전인적 성장과 발달을 돕는다는 관점에서 교육적 가치가 높다.

2. 놀이의 발달단계

놀이의 유형은 유아의 신체적, 인지적 발달 수준에 따라 다르게 나타난다. 놀이 유형은 크게 사회적 놀이(social play)와 인지적 놀이(cognitive play)로 나눌 수 있다. 또한 놀이 유형마다 단계적으로 일정한 방향으로 발달이 이루어진다.

1) 사회적 놀이

사회적 측면에서 Parten(1932)은 비참여 행동, 지켜보기, 혼자 놀이, 병행놀이, 연합놀이, 협동놀이로 구분하였다. Parten의 사회적 놀이단계는 유아의 자유놀이를 관찰하여 사회적 참여 정도에 따라 놀이 유형을 분류하여 그 발달단계를 나타낸 것이다.

(1) 비참여 행동

비참여 행동(non−play behavior)은 놀이에 들어가지 못하고 일시적인 관심과 흥미에 따라 잠깐 바라볼 뿐이다. 놀이라고 볼 수는 없지만, 놀이 발달 과정에서 겪게 되는 단계라는 데 의미가 있다.

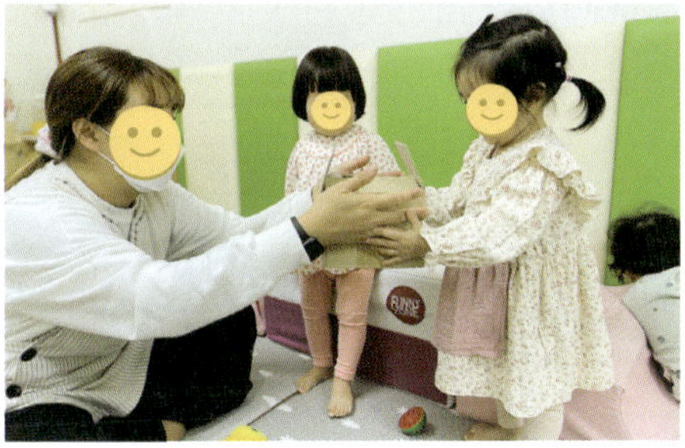

교사와 놀이하는 모습을 바라보는 영아

친구들이 상 차리는 모습을 바라보는 유아

(2) 지켜보기

지켜보기(looking behavior)는 다른 유아가 놀이하는 모습을 바라보면서 대부분의 시간을 보낸다. 노는 모습을 지켜보다가 말을 걸거나 질문, 제안을 하기도 하지만 놀이에 직접 참여하지는 않는다. 비참여 행동과 다른 점은 일시적인 흥미에 의해 바라보는 것이 아니라 특정 놀이 집단을 주의깊게 살펴보면서 말을 주고 받는다는 점이다.

박스 놀이하는 친구를 지켜보는 영아

거미줄 놀이하는 친구를 지켜보는 유아

(3) 혼자놀이

혼자놀이(solitary play)는 주변에 있는 친구와 다른 놀잇감을 가지고 독자적으로 혼자서 놀이하는 형태이다. 다른 유아와 가까이에서 놀면서도 같이 놀고 싶어 하지 않고, 자신의 놀이에만 몰입한다. 이 단계의 유아들은 사회성이 발달되지 않아 자기중심적인 사고를 하므로 놀이하는 과정에 대화가 거의 없는 것이 특징이다.

다른 놀잇감으로 혼자 놀이하는 영아들

다른 놀잇감으로 혼자 놀이하는 유아들

(4) 병행놀이

병행놀이(parallel play)는 친구들과 함께 노는 것을 좋아하면서도 맞은편 유아와 상호작용을 하지 않고 근처에서 독립적으로 놀이한다. 즉, 다른 친구와 같은 놀잇감을 가지고 놀지만 서로 접촉하거나 개입하지 않고 각각 자신의 놀이에만 몰두

한다. 즉, 친구들 근처에서 친구와 비슷한 놀잇감을 가지고 놀지만, 상호작용이 없는 것이 특징이다.

가을 열매 상 차리기

라이트박스에서 그림그리기

(5) 연합놀이

연합놀이(associative play)는 친구들과 어울려 놀이하면서 놀이 내용에 대한 공동의 관심에 관한 이야기를 나누며, 놀잇감을 빌려주기도 하지만 아직 역할분담이나 놀이 내용의 조직적인 전개는 이루어지지 않는다. 즉, 같이 어울려 놀이하기는 하지만 활동이나 역할의 구분 또는 일정한 그룹이 없이 자기가 원하는 대로 놀이하면서 친구들과 노는 형태이다.

그림책으로 만든 길 따라 걷기

캠핑장 놀이

(6) 협동놀이

협동놀이(cooperative)는 유아들이 그룹을 이루어 어떤 목표를 가지고 조직적이고 체계적으로 놀이를 진행하는 형태이다. 놀이의 리더가 있고, 공동의 관심과 목표에 따라 역할을 분담하며, 함께 놀면서 놀이 역할, 놀잇감, 놀이 주제 등을 공유하며 놀이가 이루어진다.

안양천 다리 만들기

우리만의 해먹 만들기

이상으로 사회적 놀이 발달단계를 살펴보았다.

Parten의 사회적 놀이 분류는 유아가 혼자놀이로부터 협동놀이 형태로 나가는 긍정적인 발달과정이다. Parten은 혼자놀이를 사회성이 성숙하지 못한 놀이 형태로 보고 있지만, 이후의 많은 연구에서 놀이를 관찰한 결과 혼자놀이도 만 4~5세에 나타나는 놀이 형태임을 밝히고 있다.

2) 인지적 놀이

인지적 측면에서 Piaget(1962)는 유아 놀이를 연습놀이, 상징놀이, 규칙 있는 게임으로 구분하고, Smilansky(1968)는 기능놀이, 구성놀이, 극놀이, 규칙 있는 게임으로 구분하였다. 또한 Frost와 Klein(1979)는 기능놀이, 구성놀이, 상징놀이, 사회극놀이, 규칙 있는 게임으로 구분하였다.

〈표 1-6〉 인지적 놀이 발달단계

Piaget의 인지발달 단계	Piaget (1962)	Smilansky (1968)	Frost와 Klein (1979)
감각운동기(0~2세)	연습놀이	기능놀이	기능놀이
전조작기(2~7세)	상징놀이	구성놀이 극놀이	구성놀이 상징놀이 사회 극놀이
구체적 조작기(7~11세)	규칙 있는 게임	규칙 있는 게임	규칙 있는 게임

이처럼 유아는 자신의 인지능력과 부합된 놀이의 유형에 참여하는데, 인지적 놀이 발달단계가 가장 세분화되어 있는 Frost와 Klein의 놀이유형을 참고하여 살펴보면 다음과 같다.

(1) 기능놀이

기능놀이(functional play)는 유아의 맨 처음 놀이로서 감각운동기에 주로 나타난다. 감각운동기의 유아가 신체 움직임의 즐거움을 위해 반복적으로 되풀이하는 놀이 행동이다. 단순하고 반복적인 근육운동으로 특정한 놀이 기술이나 인지 능력이 적게 요구되고 상징이 포함되지 않는다. 예를 들어 뛰기, 구르기, 공 굴리기 등 사물을 가지고 혹은 사물 없이 운동의 움직임을 반복하는 놀이가 여기에 속한다.

가을 곡식 마라카스 흔들기

도넛짐볼 놀이

(2) 구성놀이

구성놀이(construcitive play)는 놀잇감을 이용하여 새로운 사물을 만들어 보는 놀이로 창조적인 활동이다. 예를 들어, 크고 작은 블록이나 목공놀이 도구, 조형놀이 자료를 이용하여 집, 자동차 등 만들기, 그림 그리기 놀이를 하게 된다. 이러한 구성놀이는 유아에게 창조에 대한 기쁨을 제공한다. 또한 유아는 구성놀이를 시작하면서부터 주의집중 시간이 늘어나게 되며, 놀이에 대한 구체적인 주제 설정이 가능해지고, 놀이의 내용을 조직화할 수 있게 된다.

벽돌 블록으로 만든 기차

가을 곤충 모양의 집 구성하기

(3) 상징놀이

상징놀이(symbolic play)는 존재하지 않는 사물을 상상력을 이용하여 표상화하는 놀이이다. 상징놀이는 유아의 지적 수준이 높아짐에 따라 발달하는데 초기에는 가작화가 자신의 신체와 일상생활에 대한 가상행동으로 나타난다. 그러나 점점 가작화의 범위가 넓어지면서 자신이 아닌 다른 사람이나 사물에 대하여 가상행동을 보이기 시작한다. 이때부터 진정한 의미의 상징놀이가 시작된다고 볼 수 있다.

아기 돌보기 놀이

기차 여행 놀이

(4) 사회 극놀이

사회 극놀이(sociodramatic play)는 상징놀이의 가장 발전된 형태로, 두 명 이상의 유아가 같은 놀이 주제를 가지고 언어적으로 상호작용하는 놀이이다. 사회 극놀이가 이루어지려면 역할의 가작화, 사물의 가작화, 행동과 상황의 가작화, 지속성, 상호작용(언어적 의사소통) 등이 포함되어야 한다.

소방서 놀이

다양한 수영 놀이

(5) 규칙이 있는 게임

규칙이 있는 게임(game with rules)은 유아의 인지발달이 전조작기를 지나 구체적 조작기에 이르면 가능하다. 2명 이상의 놀이참여자가 규칙을 정확하게 이해하고 주어진 범위 내에서 자신의 행동을 적절하게 통제하고 또래와 경쟁하면서 승부를 겨루는 활동으로 가장 수준이 높은 놀이 형태라고 할 수 있다.

게임의 종류로는 신체적 기술이 필요한 게임과 인지적 기술에 영향을 받는 인지적 전략 게임, 우연에 의해 승부가 결정되는 우연 게임이 있다. 유아들은 규칙이 있는 게임을 경험하면서 미리 정해 놓은 규칙에 따라 자신의 행동을 조절하는 방법을 터득하고 승패에 따라 필요한 경우 합의를 통해 규칙을 변경하기도 하고 수용하기도 하는 등의 다양한 사회적 기술을 배우게 된다.

자동차 경주

교구를 활용한 덧셈, 뺄셈 놀이

제3절 유아 교육과정과 놀이

1. 개정 누리과정의 이해

2019 개정 누리과정은 '국가수준의 공통 교육과정'으로 만 3~5세 유아를 위한 교육·보육을 통합한 '공동과정'이며, 유아·놀이 중심 교육과정 이다.

또한, 개정 누리과정은 교사와 유아가 함께 만들어가는 교육과정의 중요성을 강조하며, 유아가 중심이 되고 놀이가 살아나는 교육과정을 추구한다.

이러한 개정 누리과정을 유아교육 현장에 적용해 보기에 앞서, 먼저 누리과정 개정의 취지를 살펴보고 주요 개정 내용에 대해 알아보고자 한다.

1) 누리과정 개정의 취지

미래 사회에 부응하는 새로운 교육(보육)과정

개정 누리과정에서는 새로운 시대의 요구에 따라, 교육내용을 간략화하고 유아가 주도하는 놀이를 통해 배움이 구현될 수 있도록 유아·놀이 중심 교육과정으로 나아가고자 하였다(교육부, 보건복지부, 2019).

✐ 유아의 놀이가 중심이 되는 교육과정

개정 누리과정에서는 유아가 각자 자신에게 가장 적합한 방식으로 스스로 놀이하며 배운다는 점에 주목하여 유아가 주도하는 놀이를 강조하였다. 이는 유아의 놀이에 귀 기울여 유아가 중심이 되고 놀이가 살아나는 교육과정을 만들고자 한 것이다. 이처럼 개정 누리과정은 교사가 유아 놀이의 가치와 의미를 이해하고, 유아의 놀이를 통한 배움을 지원하도록 하는 데 중점을 두었다(교육부, 보건복지부, 2019).

✐ 유아의 놀이를 지원하기 위한 교사의 자율성

개정 누리과정에서는 국가 수준의 공통 기준을 최소화하여 교사의 자율성과 다양성을 존중하였다. 개정 누리과정은 교사가 자율성을 기반으로 유아가 놀이하며 배운다는 가치를 믿고 유아가 중심이 되고 놀이가 살아나는 교육과정을 유아와 함께 실천해 갈 수 있도록 하였다(교육부, 보건복지부, 2019).

이처럼 누리과정 개정의 취지를 이해하기 쉽도록 그림으로 표현하면 아래와 같다.

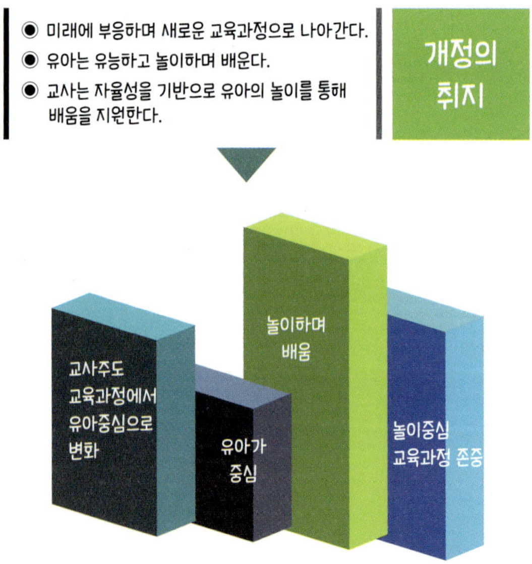

[그림 1-4] 누리과정 개정의 취지

따라서 2019 개정 누리과정이 시행됨으로써 유아는 자유롭고 자발적인 놀이를 통해 상상력을 발휘하는 가운데 창의적이고 주체적인 사람으로 성장을 도모할 수 있어야 하며, '놀이의 주도권은 온전히 유아에게 있다'는 것을 인식할 필요가 있다. 이는 유아에게 놀이는 단순한 경험이나 학습의 도구가 아니라 세상에 대해 알아가는 배움의 과정이기 때문이다.

2) 누리과정의 주요 특징

Q. 2019 개정 누리과정의 주요 특징은?

- ☑ 유아중심놀이중심 교육과정
- ☑ 국가수준 공통 교육과정으로서 구성체계 확립
- ☑ 내용 구성의 간략화를 통한 현장 자율성 확대
- ☑ 교사의 누리과정 실행력 지원 (20년부터 유치원, 어린이집 공통)

Q. 궁금해요! 개정 표준보육과정!

- ☑ 영아 중심, 놀이 중심 교육과정을 통해 자율성과 창의성을 높임
- ☑ 표준보육과정과 누리과정의 연계 (0~5세 영유아의 경험, 연령 간 발달 연결 가능, 일관된 보육과정 제공)
- ☑ 2020년 9월 새학기부터 적용

✎ 국가 수준의 교육과정으로서 구성 체계 확립

- 국가 수준의 공통 교육과정으로서 성격 명시
- 추구하는 인간상 제시

교육(보육)과정에서 제시된 유아의 놀이 경험은 몸과 마음이 건강하고, 자주적이고, 창의적이고, 감성이 풍부하며, 더불어 사는 유아로 성장하는 것으로 나타난다.

유아는 놀이를 통하여

가. 몸을 조절하고, 다양한 움직임을 하며, 감정을 해소하고, 즐거움을 느끼는 '몸과 마음이 건강한 아이'로 성장한다.

나. 유아는 놀이를 주도하고, 도전하고, 실패를 두려워하지 않는 '자주적인 아이'로 성장한다.

다. 다양한 방식으로 문제를 해결하고, 탐구하고, 변화를 만드는 '창의적인 아이'로 성장한다.

라. 유아는 놀이를 통하여 아름다움을 느끼고, 아름다움을 다양하게 표현하는 '감성이 풍부한 아이'로 성장한다.

마. 협력하고, 조절하고, 배려하는 '더불어 사는 아이'로 성장한다.

교육과정에서 제시된 놀이에서 추구하는 인간상으로는 건강한 유아, 자주적인 유아, 창의적인 유아, 감성이 풍부한 유아, 더불어 사는 유아로 성장한다. 정리하면 다음과 같다.

✎ 유아·놀이 중심 교육과정 재정립

- 교사 중심 교육과정에서 유아·놀이 중심 교육과정으로의 변화
- 충분한 놀이시간 확보 권장

유아의 놀이가 배움의 내용, 방식, 과정이라는 교육과정의 실행에 중점을 두고 있다. 유아의 놀이가 충분히 일어날 수 있도록 놀이 흐름에 따라 일과 시간이나

계획을 편성·운영하고, 일상생활과 대집단 활동도 놀이와 연계하여 운영하는 것이다(교육부, 보건복지부, 2019).

- 유아 놀이와 배움의 의미에 대한 재이해

유아의 놀이중심교육이란 유아가 놀이를 통해 배우는 경험 할 수 있도록 지원하는 것이다. 유아의 놀이는 삶 그 자체이며 배움이 일어나는 가장 중요한 요소이다. 따라서 놀이중심교육은 유아의 놀이를 통한 배움을 교육과정의 실행의 중심에 두고 운영하는 과정이다(교육부, 보건복지부, 2019).

5개 영역의 내용 간략화

- 유아가 경험해야 할 내용을 연령 구분 없이 제시
- 간략화된 내용으로 교사의 누리과정 실천 지원

교사가 유아의 놀이를 관찰하면서 유아가 경험하는 것이 무엇인지에 대한 총체적인 의미를 이해하고 이에 따른 배움을 지원해야 한다는 것이다.

개정 누리과정에서는 유아의 자유롭고 자발적인 흥미와 상상력에 따라 놀이와 놀이의 변형 및 확장을 통해 자연스러운 배움이 일어날 수 있도록 지원하는 것이다.

교사의 자율성 강조

하루 일과 운영이 유아의 흥미나 놀이에 따라 운영되어지면서 자율성을 갖게 되었다. 유아의 주제별 자유 선택 활동과 영역구성도 자유놀이에 따라 영역 구분 없이 활동을 할 수 있게 되었다.

- 교육과정 대강화 경향을 반영하여 교사의 자율성 강조
- 계획안 형식과 방법의 자율화
- 흥미 영역의 운영 방식 자율화
- 5개 영역 통합 방식의 다양화
- 평가의 자율화

2. 개정 누리과정에 대한 교사의 이해

개정 누리과정이 성공적으로 안착되고 현장에서 효과적으로 운영되기 위해서는 교사가 유아의 놀이가 갖고 있는 배움의 의미와 가치를 새롭게 이해해야 한다.

이를 위해 현장에 있는 교사들은 유아 중심·놀이 중심 교육과정에 대해 어떻게 인식하고 있을지 저널을 통해 살펴보았다.

※ 교사의 반성적 저널쓰기 "교사들이 생각하는 유아 중심 놀이란?"

유아중심 놀이란, 유아가 주도하는 놀이라고 생각합니다. 유아는 놀이를 통해 자연스럽게 살아가는 방법을 배우며, 세상을 탐색합니다. 그리고 놀이는 시작과 끝이 없습니다. 놀이가 이어지고, 새로 만들어지고, 마무리되기도 하는 연속적인 과정에서 유아들은 끝없는 배움을 하고 있다고 생각합니다. 이전에는 교사가 정해진 주제에 맞추어 활동을 계획하고 주도하여 진행하였으나 아동 중심 놀이에서는 유아가 진행하고 있는 놀이에 교사가 제안하거나 지원을 하는 것으로 변화되었다고 생각합니다. 그러므로 교사는 유아들의 놀이 안에서 필요한 지원이 무엇인지 생각하고, 어떤 배움을 이끌어 낼 수 있는지에 대해 항상 고민하여야 합니다(교사 1. 반성적 저널).

유아는 누군가가 따로 놀잇감을 제공하지 않아도 자신의 흥미와 관심사에 따라 스스로 놀이를 만들어서 합니다. 그리고 유아의 놀이 모습은 기질과 발달특성, 흥미와 관심사에 따라 개인차가 있기 때문에 다양하게 나타납니다. 따라서 유아가 주체성을 갖고 자신만의 방식으로 스스로 선택하고 시도해봄으로써 성취하고, 발견하고, 즐거움을 느끼는 것을 아동중심 놀이라고 생각합니다. 이에 교사는 유아의 다양한 놀이 모습에 관심을 갖고 관찰하여 얻은 정보를 통해 보다 확장되고 주도적으로 놀이를 이끌어나갈 수 있도록 지원해야 합니다. 놀이 과정 속에서 유아가 몰두하여 현실과 상상을 넘나들거나 자신의 행동을 통제하고 타인 또는 환경과의 상호작용을 하면서 만족을 이루도록 지원하는 것이 중요합니다. 이를 위해 정보를 제공하거나 공간을 확보하거나 다양한 교재교구를 제시하거나 따뜻한 응원과 격려 등을 지원할 수 있습니다(교사 2. 반성적 저널).

> 자신의 경험을 놀이 맥락에서 활용하고 자유롭게 선택하며, 현실을 넘어서 상상하고 자유롭게 표현하는 것의 의미한다. 교실, 유희실, 옥상, 복도 등 영역의 경계를 허물고 과거, 현재, 미래를 넘나드는 자유로운 놀이는 변형과 창조의 특성을 갖고 있다. 유아 중심의 놀이는 내재적 동기가 바탕이 되기 때문에 놀이 주제, 놀이 자료, 놀이 상대, 이야기 줄거리는 개인 또는 집단의 흥미와 관심에 따라 즉흥적으로 생성되거나 소멸되고 연계되고 변형된다. '내가 하고 싶은 것'이 고리가 되는 것이 유아중심 놀이의 시작이다 (교사 3, 반성적 저널).

반성적 저널을 통해 알 수 있듯이, 교사들은 유아 중심 놀이란, 배움의 주체인 유아가 자유롭고 자발적으로 놀이에 참여하며 '유아가 주도하는 놀이' 라고 인식하고 있는 것을 알 수 있다.

따라서 영유아중심·놀이중심 교육(보육)과정은 유아 교육의 중요한 교육원리이며, 교사는 유아의 놀이 행동을 관찰하고 발달, 흥미, 개인차 등을 고려한 놀이 활동과 환경을 지원해야 할 필요가 있음을 알 수 있다.

생각해 보기

- 놀이의 의미와 중요성을 생각해 보기

토론하기

- 유아 중심 놀이 사례를 작성해보고 토의하기

현장사례중심

영유아 놀이지도

CHAPTER

02

놀이와 교사

본 장은 유아의 놀이에서 교사역할의 중요성과 놀이를 위한 교사지원, 교사성 및 역량으로 구성되어 있다. 교사는 유아의 적극적인 놀이를 위하여 유아참여와 놀이 확장 및 연계를 도우며 놀이행동, 흐름을 배움으로 이어지게 하는 역할을 한다.
교사역할을 성공적으로 수행하기 위하여 교사는 끊임없이 연구, 노력하고 놀이를 통해 표현되는 유아의 삶을 이해하고, 유아들의 흥미와 관심으로 모아진 놀이를 면밀히 관찰, 기록하며 놀이를 해석하고자 한다.

제1절 놀이에서 교사의 역할과 중요성

유아의 놀이를 위하여 관찰하고 지원하는 교사는 유아의 이해를 기초로 교사의 중요성과 역할, 놀이지원, 놀이지원 역량을 높이기 위한 노력이 필요하다.

유아가 자신의 놀이를 즐겁게 구성하고 확장해 나가기 때문에 놀이의 주체가 되지만, 교사 또한 유아의 놀이에 많은 영향을 미치기 때문에 유아의 놀이에서 매우 중요한 역할을 한다. 교사는 유아들의 놀이를 세밀히 관찰하고 기록하여 놀이를 분석하고, 유아의 경험이 스며든 놀이가 보다 확장되어 구성되도록 지원하는 역할을 한다(우혜민, 2020).

1. 교사의 중요성

1) 교사의 중요성

(1) 교사는 중요한 인적요소이다.

놀이는 유아의 삶 그 자체이며, 유아들은 실제로 겪기 어려운 것들을 놀이 속에서 마음껏 표현하며 협동심, 창의성, 문제해결능력 등을 기르게 되며 인지적 발달, 정서적 발달, 언어적 발달 등 전인적인 발달을 도모하게 된다. 유아교육기관의 공통교육과정인 누리과정을 해석하고 실행하는 교사에 따라 교육의 질과 내용은 큰 차이를 나타내게 된다. 교사는 교육과정에 영향을 미치는 것 중 가장 중요한 인적 요소가 된다. 교사는 유아의 흥미와 관심에 근거하여 교육과정을 계획하고 상황에 맞게 자율성과 융통성을 가지고 실행하는 주체이므로 교육과정 실행에 영향을 미치게 된다.

(2) 교사는 중요한 사회적 환경요인이다.

교사는 유아가 만나고 겪게 되는 여러 환경적 요인들 가운데 가장 처음으로 경험하는 사회의 성인이다. 교사가 유아의 전인적인 발달을 도모하고, 새로운 놀이를 구성해내는 등의 역할을 하여 유아의 놀이에 개입하는 것이 매우 중요하다. 놀이에서 다양한 상호작용을 통해 흥미 요소를 빠르게 알아채어 유아의 놀이 경험을 풍부하게 하며, 수준 높은 놀이로 확장할 수 있도록 돕는 중요한 사회적 환경 요인이다(유한나, 엄정애, 2014).

(3) 교사는 놀이 지원과 확장을 돕는다.

교사는 유아의 놀이를 관찰하고 기록하여 놀이 분석을 하고, 유아의 경험이 녹아든 놀이가 보다 확장되어 구성될 수 있도록 지원하는 역할을 한다. 교사가 있기에 유아는 다양한 경험을 할 수 있도록 구성된 환경과 분위기 속에서 자유로운 놀이를 즐길 수 있고, 놀이 속에서 진정한 배움을 시작할 수 있다. 놀이는 유아의 발달에 적합한 학습 기회를 제공하는 최선의 방법이라면 교사는 유아의 적극적 놀이참여를 유도하며 유아 놀이를 정교화하는 등 유아의 놀이를 교육적으로 이끄는 것은 교사의 중요한 역할이다.

2. 교사의 역할

1) 유아교사 역할 유형

놀이의 질을 결정하는 중요한 요인이 되는 것은 교사이다. 교사는 유아가 주변 세계를 마음껏 탐색하며 놀이할 수 있도록 환경을 제공해 주는 역할, 유아의 놀이를 촉진, 확장 시켜주는 안내자의 역할, 유아를 관찰, 기록하는 평가자의 역할, 놀이의 참가자로서 상호작용하는 역할 등 다양한 역할을 수행하게 된다. 성공적인 교육과정으로 자리매김하기 위해서는 그 무엇보다도 교육과정을 실행하는 교사의 역할이 중요하다(최연철 외 2인, 2019). 현장에서 교사는 국가수준의 교육과정의 전달자나 실행자로서의 역할을 넘어서서 유아교육기관의 전문가로서 판단을 내리고 책임을 갖도록 한다(김윤숙, 2020).

교사는 유아와 놀이의 가치에 대해 이해하고 자율성을 토대로 적극적인 놀이 지원을 해야 한다(한유진 외 2인, 2019). 교사가 준비한 교수계획이 아닌 유아의 관심과 흥미에 따라 운영되는 놀이 중심 교육과정은 유아의 관심과 흥미에 따라 주제가 가변적, 역동적으로 달라진다. 예측 불가능한 교육현장에서 교사는 적절한 지원을 통해 놀이가 촉진될 수 있는 환경을 조성해 주어야 하므로 자율성을 필수 역량으로 강조한다(김영옥, 2019). 교사의 놀이에 대한 관심과 흥미, 교사의 자율성을 바탕으로 수행되는 놀이 지원에 따라 유아의 놀이 결과가 달라지기도 한다(허민정, 2020). 교사들은 자율적으로 학습공동체에 참가하여 함께 배우며 성장한다(교육부·보건복지부, 2019). 이를 통하여 교사는 교육과정을 해석하고 재구성할 수 있는 능력을 갖춘 교육전문가의 역할을 수행한다(지옥정, 2019).

유아교육에 대한 관점이 변화함에 따라 교사는 과거 '보호'의 관점에서 나아가 '보호'와 '교육'의 역할을 모두 수행하는 교수자로서의 역할이 요구되며, 나아가 다양한 상황에 반응할 수 있는 전문가적인 능력과 부모 및 지역사회와 교류의 역할이 필요하다.

유아교사의 역할유형을 정리하여 제시하면 〈표 2-1〉 다음과 같다.

〈표 2-1〉 유아교사의 역할유형

학자	유아교사의 역할유형
Katz(1970)	모친모형 치료모형 교수모형
Ellis와 동료들(1982)	계획자 안내자 및 상담자 학습조력자 및 감독자 교직의 일원으로서의 역할 수행자 문화의 설명자 및 중재자 지역사회 연결자 학교 사회의 일원으로서의 역할 수행자 훈육을 하는 역할 의사소통을 하는 역할
이은희, 유소연, 이선영, 이성주, 김현경(2019)	관찰자 환경조성자 안내자 개입자
정주인, 귀귀염(2020)	관찰자 참여자
2019 개정 누리과정 (교육부, 보건복지부, 2019)	유아-놀이 중심 교육과정을 이해하고 실천하는 역할 놀이를 통한 유아의 배움을 지원하는 역할 놀이와 배움을 기록하고 평가하는 역할 함께 배우며 성장하는 역할

출처: 김수진(2021)

2) 교육(보육)과정에 나타난 유아교사의 역할 변화

2017년부터 2019년까지의 교육부(보건복지부) 놀이자료에 나타난 유아중심·놀이중심 교육과정에서 교사의 역할변화를 중심으로 정리하면 다음과 같다.

변화1 「놀이 2017, 놀이로 영유아교육 본질 찾기」에 의하면

유아·놀이중심 교육과정을 정상화, 유아교육의 본질 회복

유아와 교사 주도활동이 균형을 이루어야 놀이의 교육적 의미와 흥미로운 놀이가 가능하다고 하였다. 교사역할은 원활한 활동 계획 및 지도를 위해 자료나 지식 등을 전달하는 도움 주기, 놀이자로 필요한 기술과 상호작용 방법을 모델링하기, 새로운 놀이가 구성되거나 기존의 놀이가 확장될 수 있도록 놀이를 이끌어가기, 유아가 구성하고 있는 놀이를 비언어적 표현 및 언어적 표현으로 지지하기, 유아들이 자유롭게 놀이를 구성할 수 있는 환경과 분위기 형성하기 등이 있다.

그중 가장 강조하는 교사의 역할은 놀이를 통한 배움이 유아에게 있음을 믿고 놀이에 몰입할 수 있도록 환경을 조성하는 것이다.

변화2 「놀이 2018, 유아교육, 놀이로 풀다」에 의하면

교사의 자율성을 갖고 교육과정 계획 및 실행

유아와 함께 교육과정을 구성하기 위해 유아의 놀이를 확장시킬 수 있는 융통성 발휘하기, 유아의 흥미와 요구를 존중하며 유아의 놀이 수용하기, 유아의 놀이를 확장할 수 있도록 유아의 관심과 흥미 발현시키기, 유아와 함께 놀이할 수 있는 능력과 유아의 놀이를 제대로 관찰할 수 있도록 지속적인 역량 개발하기 등이 있다.

변화3 「놀이 2019, 놀이로 영유아의 삶을 담다」에 의하면

유아놀이 경청하고 놀이 의미 찾기

교사의 시선과 역할을 알아보고, 실제 사례를 담아 놀이의 가치를 발견하고자 하였다. 유아의 놀이를 들여다보며 유아의 흥미와 관심, 경험, 문제해결력, 관계 맺음 등을 발견하고 이해하기, 유아의 놀이를 다양한 방법으로 흔적을 남겨 놀이 과정 기록하기, 유아가 왜 이런 이야기와 행동을 하는지, 무엇을 원하고 있는지, 유아에게 어떤 의미가 있는 놀이인지 등 놀이 속 의미를 찾아 다양한 배움으로 연결하는 통로를 마련하기 등을 교사의 역할로 소개하였다.

그중 유아가 놀이를 통해 협력, 공감, 조절, 탐구, 창의성, 감성 등의 배움이 이루어질 수 있도록, 교사는 주제로 연결하기, 활동으로 연결하기, 언어적 지원하기, 물리적 지원하기, 정서적 지원하기 등을 실천해야 한다고 강조하였다.

유아교사의 역할

놀이지원자, 유아 관찰자, 교육과정 전문가,
연구자, 놀이계획자, 놀이참여자의 역할

-. 놀이하는 유아들을 들여다보기

유아의 놀이를 들여다보며 유아의 흥미와 관심, 경험, 문제해결력, 관계 맺음 등을 발견하고 이해한다.

-. 놀이의 의미 · 가치를 발견하기

유아의 놀이를 다양한 방법으로 흔적을 남겨 놀이 과정 기록하기, 유아가 왜 이런 이야기와 행동을 하는지, 무엇을 원하고 있는지, 유아에게 어떤 의미가 있는 놀이인지 등 놀이 속 의미 · 가치를 찾는다.

-. 놀이를 다양한 방법으로 지원하기

다양한 배움으로 연결하기 위하는 통로를 마련한다.

놀이를 위해 유아교사는
첫째, 유아의 흥미와 관심으로 놀이가 자유롭게 진행되고 확장될 수 있도록 한다.
둘째, 놀이를 통해 배움이 일어나고 그 가치를 이해한다.
셋째, 다양한 환경에서 놀이를 경험할 수 있도록 실내외 환경을 구성한다.
넷째, 유아가 접하는 주변 환경 및 사람들과 원활한 상호작용이 이루어지도록 한다.
다섯째, 5개 영역의 통합적 연계 지도 및 유아의 개인차와 발달 배경 등을 고려한 지원을 한다.
여섯째, 개별 유아의 요구에 따른 휴식공간과 일상생활 공간 배치 등을 한다.
이를 통해 유아는 자신의 소중함과 신체를 인식하고 건강한 사람으로 성장하기 위한 놀이를 시도하고 구성하게 된다.

교사가 주도하거나 놀이를 구성하지 않아도 유아가 스스로 놀이를 구성하며 놀이를 통한 배움이 일어나는 것을 이해하는 것, 자체가 놀이 중심 교육과정을 실천하는 것이 중요한 출발점이다(교육부, 보건복지부, 2019a).

제2절 놀이를 위한 교사지원

교사는 유아가 주변 세계를 마음껏 탐색하고 놀이하도록 지원해야 한다. 환경을 제공해 주는 역할, 유아의 놀이를 촉진시키고 확장시켜주는 안내자의 역할, 유아를 관찰하고 기록하는 평가자의 역할, 놀이의 참가자로서 상호작용하는 역할 등 다양한 역할을 수행하게 된다. Frost, Wortham과 Reifel(2005)은 교사는 유아 놀이의 증진자로서, 모델로서, 감독자로서, 그리고 참여자로서의 역할 등 다양한 형태로 유아의 놀이를 지원하게 된다고 하였다.

놀이지원을 위하여 교사는

"놀이는 무엇일까? 유아들에게 놀이가 갖는 역할이 무엇인가?

"어떤 놀이가 유아들에게 배움이 될까?"

"놀이는 얼마나 놀아야 하는가?"

"교사는 유아들이 놀이할 때 어떤 역할을 해야 하는가?"

1. 교사의 놀이지원의 의미

1) 놀이지원의 의미

(1) 교사와 유아 간의 친밀한 관계 형성

놀이 시 교사는 유아의 놀이를 지원하며 긍정적인 상호작용을 했기 때문에 다른 어떤 활동 시간보다 교사와 친밀감을 형성하기 쉽다. 유아들은 교사와의 재미있었던 놀이를 기억하며 "저번에 그거 또 해요."라며 요구한다.

(2) 놀이의 정교함

교사가 유아들의 놀이에 관심을 보이며 옆에 머무르며 비언어적인 표현으로 반응하기만 해도 놀이시간이 증가한다. 교사의 놀이지원으로 유아의 놀이 지속시간이 약 두 배 증가하고 이에 따라 주의집중 시간도 길어진다.

(3) 협동, 공유, 협상, 리더십, 문제해결

놀이를 하면서 유아들은 역할을 수행하기 위해 서로의 생각과 협의 및 순간적인 상황기술을 발휘하기도 하고, 정해진 규칙에 맞추어 따른다.

(4) 탐색활동

유아들은 물체를 가지고 놀이하기 전에 탐색한다. 비고츠키에 따르면 풍부하고 다양한 재료로 환경이 갖추어질 때 더욱 적절한 인지 활동이 일어난다. 유아들의 놀이는 주변의 상호작용과 격려에 의해 촉진된다. 유아들이 정서적 안정감을 느끼도록 환경을 조성해 준다면 더욱 활발히 주변 환경을 탐색하게 된다.

(5) 언어와 문해력 발달이 촉진

놀이를 통해 유아는 사회적 일상을 경험하고 읽기와 쓰기를 접하게 된다. 교사가 놀이를 위해 영역에 다양한 필기도구를 놓아주어 유아의 학습능력을 장려할 수 있게 된다.

(6) 자연스러운 감정표현

놀이하며 동기 유발 긴장과 즐거움, 자유로움, 창의적인 표현들이 담겨 있다. 기쁨이나 만족감 같은 긍정적인 감정을 표현하기 위해서 놀이를 사용하며, 걱정이나 불쾌한 감정을 줄이기 위해서도 놀이를 사용한다. 유아들은 놀이를 통해서 그들의 감정을 표현하며 놀이 속에서 안정감을 느끼고, 자신의 모든 감정을 놀이 속에 담아낸다.

2. 교사의 놀이지원 방법과 내용

2019년 교육(보육)과정에 의한 교사의 놀이지도 방법과 내용은 다음과 같다.

놀이지원이란 유아교사가 유아들의 자발적인 놀이가 유지될 수 있도록 놀이상황에 적절한 지지와 도움을 제공하는 것이다. 유아들이 놀이와 다양한 경험으로 주도성을 가지고 자유로움 속에서 즐거움을 느끼며 배움의 과정에서 유아교사는 놀이지원을 계획, 실행, 평가하고 확장, 연계하여 다음 놀이지원 계획에 반영해 나가야 한다.

유아교사는 유아들의 놀이를 위하여 다양한 환경을 제공, 관찰하며, 놀이 친구가 되어 놀이에 참여하는 등 다양한 방법으로 유아들에게 놀이를 통해 배움(playful learning)을 지원해주는 지원자이다(교육부, 보건복지부, 2019a). 교사는 놀이의 특성, 의미, 가치를 이해하고 유아가 즐겁게 놀이하면서 배우는 경험을 지원하고, 환경을 구성하고, 유아와 바람직한 상호작용을 하여 유아가 놀이에 몰입하고 놀이를 확장하도록 돕는 역할을 수행한다(교육부, 보건복지부, 2019a).

교사가 유아의 놀이를 지원하기 위한 역할 및 방법으로 놀이공간의 변화, 놀이자료의 변화, 상호작용, 일과의 변화, 기타 놀이지원 등으로 나누어 제시하고 있는데, 그 내용은 〈표 2-2〉과 같다.

〈표 2-2〉 유아의 놀이 지원을 위한 역할 및 방법

지원방법	지원내용	
놀이공간의 변화	교실 외 공간 놀이 확장	유아들이 다양한 공간을 활용하여 놀이가 활발하게 이루어지도록 지원
	교실 내 공간 놀이 확장	유아가 주도하는 놀이가 확장되도록 공간을 넓히거나 영역을 통하여 넓게 공간을 확보하고 공간의 위치와 크기를 정하도록 지원
놀이자료의 변화	유아가 발견한 자료지원	유아의 흥미와 관심을 확장하기 위해 유아의 자료 요청을 수용하고 교사와 유아가 함께 자료실에서 찾아올 수 있도록 지원
	유아가 결정한 자료 활용 방법 지지	자료의 사용 방법을 교사가 안내하거나 제한하지 않고 유아 자신의 놀이에 필요한 대로 자료를 활용하여 놀이할 수 있도록 지원
	교사가 계획한 자료 제공	유아들의 특성에 적합한 자료나 놀잇감을 제공하고 흥미가 발현되는 것을 보고 그 놀이와 관련한 놀잇감 및 자료를 지원
일과의 변화	놀이시간 확장	유아가 보인 관심을 즐거운 놀이로 몰입하여 이어나갈 수 있도록 하고 일과 중 오전과 오후의 놀이가 연계하여 다음 놀이에 반영
	놀이를 지원하기 위한 활동	유아의 놀이 상황에서 교사의 지원을 받아들이는 것은 유아들의 결정으로 흥미, 관심 및 안전과 교육적 가치에 기반하여 새로운 놀이자료나 놀이 방법, 규칙 만들기 등의 활동을 지원
상호작용	관찰하기	유아의 놀이를 이해하고 유아들의 지속적인 흥미를 관찰
	정서적 지원하기	유아의 놀이 특성과 요구에 맞게 수용하고 민감하게 제공하여 유아 간 의견 차이를 교사가 일방적으로 조율하지 않고, 유아의 이야기를 듣고 해결방안을 함께 모색
	질문하기	유아의 놀이를 관찰하면서 필요한 순간에 놀이에 대해 질문하고 이야기 함.

지원방법	지원내용	
상호작용	놀이 제안하기	새로운 놀이를 제안하고, 진행되고 있는 놀이의 확장을 위해 아이디어를 공유하고 제시
	놀이 참여 촉진하기	교사는 놀이에 방해되지 않도록 유아의 요구 시 자연스럽게 참여하면서 놀이가 지속될 수 있도록 지원한다. 유아가 놀이진행의 어려움을 보이거나 스스로 놀이를 시작하지 못할 때 교사가 함께 만들며 놀이를 지원
기타 놀이지원	안전고려	놀이하는 유아들의 모습을 관찰하고 놀이에 앞서 위험한 놀이 요소가 있는지 확인하여 제거
	장애통합	장애유아와 일반유아가 함께 놀이하도록 지원

출처: 교육부(2019) 내용을 토대로 재구성함.

교사가 유아의 놀이를 지원하기 위한 역할과 방법은 교사의 능력 또는 역량의 관점에서 개념화되기 시작하면서 유아중심·놀이중심 운영에 있어 중요한 요인으로 제시되고 있다. 다양한 놀이지원 활동을 언제, 어디에서, 어떻게 해야 하는지 등 놀이지원자의 역할을 강조하는 것은 물론 놀이지원을 위한 다차원적 역량이 필요하다.

놀이 2019, 놀이로 유아의 삶을 담다 (경기도교육청, 2019)는 유아의 놀이를 경청하고 놀이를 읽어내는 데 필요한 교사의 시선과 역할을 알아보고, 실제 사례를 담아 놀이의 가치를 발견하고자 하였다. 유아가 놀이를 통해 협력, 공감, 조절, 탐구, 창의성, 감성 등의 배움이 이루어질 수 있도록, 교사는 주제로 연결하기, 활동으로 연결하기, 언어적 지원하기, 물리적 지원하기, 정서적 지원하기 등을 실천해야 한다고 강조하였다.

〈표 2-3〉 놀이 속 배움과 교사의 놀이지원방법

유아의 배움					
협력	공감	조절	탐구	창의성	감성
• 협동심 • 생각나누기 • 책임감	• 배려 • 상호존중 • 소통	• 자기조절력 • 규칙 지키기 • 자신감	• 예측과 실험과정	• 호기심 • 상상력 • 새로운 시도하기	• 즐거움 느끼기 • 아름다움 느끼기 • 감수성 • 예술적 표현하기

교사의 놀이 지원 방법				
주제로 연결하기	활동으로 연결하기	언어적 지원하기	물리적 지원하기	정서적 지원하기

출처: 경기도 교육청(2019). p.35

3. 교사의 놀이지원 방법

교사는 유아의 흥미와 발달을 고려하여 융통성 있는 계획을 세우고 적절하게 유아의 놀이상황에 참여하면서 세밀하게 관찰해야 한다. 또한 놀이환경과 상황을 잘 관리하여 유아가 안전하고 즐거운 환경에서 놀이할 수 있도록 지원한다.

1) 성공적인 교사의 놀이지원 방법

(1)유아들의 주의 깊은 관찰이 선행되어야 한다.

놀이상황에 대한 관찰을 바탕으로 교사는 유아들이 관심 갖는 활동과 물리적, 정서적, 언어적 지원으로 연결하는 등의 지원을 한다.

(2) 유아의 삶인 놀이를 이해하기 위해서 유아들에게 귀를 기울여야 한다.

유아들의 놀이 속을 들여다보며 유아들의 시선으로 말과 행동에 대해 의도와 의미까지 이해하도록 노력하자.

(3) 교사들은 놀이를 들여다보는 의미찾기, 노력과 시간이 필요하다.

목적없이 우연히 이루어진 놀이는 유아의 놀이기술과 흥미에 대한 정보를 제대로 분석할 수 없기 때문에 어려움이 있다. 놀이를 자세히 관찰하여 유아의 놀이확장을 위해서는 교사가 사전에 계획한 교육내용대로 충실히 전개하기보다는 유아의 흥미와 관심에 따라 융통성을 발휘해야 한다.

(4) 교사가 유아들의 놀이에 관심과 호기심을 가지고 놀이 맥락을 이해하며 관찰한다.

유아의 경험과 앎을 이해할 수 있으며 놀이 중 문제해결력, 창의력 등 유아의 힘을 발견하고, 상상력과 놀이에 대한 몰입과 열정을 느낄 수 있다.

(5) 교사는 창의적인 측면에서 자발적으로 놀이하도록 격려해야 한다.

창의성은 문제해결, 아이디어, 심미적인 형태, 개념화, 독특하거나 새로운 이론이나 산물을 산출해 내는 정신적인 과정과 관련되어 있다. 유아들의 자발적인 놀이를 자유롭게 선택되는 것이며 주어진 공간과 시간 내에서 일어나고, 문제해결의 기회가 되며, 새로운 이미지, 아이디어 결과물과 심미적인 형태를 만들어 내도록 한다.

(6) 놀이집단에 잘 참여하지 못하는 유아들을 위해 자기 조절력, 사회적 기술을 키울 수 있는 방안도 검토한다.

놀이 상황에서 유아는 한 두명의 특정 또래와 친숙해진 후 더 큰 또래놀이 집단에 참여하게 되므로 또래 관계 형성 발달에 관심 갖고, 의사소통 기술이 부족하고 정서적으로 불안한 유아는 의사소통 방법 및 자신감 키우기에 중점을 두며 발달을 체크해 나가도록 한다.

4. 교사의 놀이지원 고민

교사는 유아의 흥미가 무엇인지 관찰하고 다양한 의사 표현 방법을 통해 이해하고, 흥미를 따라 놀이가 전개될 수 있도록 반영하는 태도가 필요하다. 유아의 흥미를 반영한 교실 환경구성과 흥미 영역 구성이 유아들의 놀이를 활성화하였다는 김새롬(2017)의 연구, 교사의 지시나 개입이 없는 놀이가 유아의 다양하고도 창의적인 경험을 제공한다는 김미소와 서영숙(2018)의 연구가 있다.

교사의 놀이 개입은 양보다 질이 더 중요하다고 하였으며, 교사는 유아의 놀이를 충분히 관찰한 후 유아의 놀이에서 필요한 지원은 무엇인지, 어느시기에 지원하는 것이 적절한지 고민할 필요가 있다.

〈표 2-4〉 놀이를 위한 교사의 놀이개입

긍정적 놀이지원	부정적 놀이지원
• 유아의 놀이 확장 • 필요한 자료제공 • 다양한 아이디어 제안 • 수준 높은 놀이 진행 • 인지적, 사회적 발달 • 또래 간 상호작용 증진 • 사회관계 기술증진	• 놀이에 대한 흥미를 떨어트림 • 구성놀이 참여 감소 • 비놀이활동 증가 • 교사 주도 놀이 • 학습 위주의 놀이 • 수동적으로 반응하는 유아

출처: 류시은(2020)

교사는 유아의 놀이에서 유의미한 의미를 파악하고, 놀이를 확장하여 배움으로 이끌 수 있는 놀이 지원자의 역할을 해야 한다. 교사는 교실 안에서 유아의 관점으로 놀이를 이해하고 적절한 놀이지원을 하는 방향으로 교사의 역할을 변화하여 수행해야 한다(류시은, 2020). 교사는 놀이지원을 할 때 유아를 교육과정을 구성해가는 공동구성자로 인정해야 하며, 교사는 유아의 놀이를 잘 관찰하고 지원하기 위하여 민감성을 갖추고, 놀이를 지원하기 위한 정서적·환경적 지원을 해야 한다(교육부, 보건복지부, 2019).

놀이 중심 교육과정 이해하고 실천

유아의 놀이 관찰

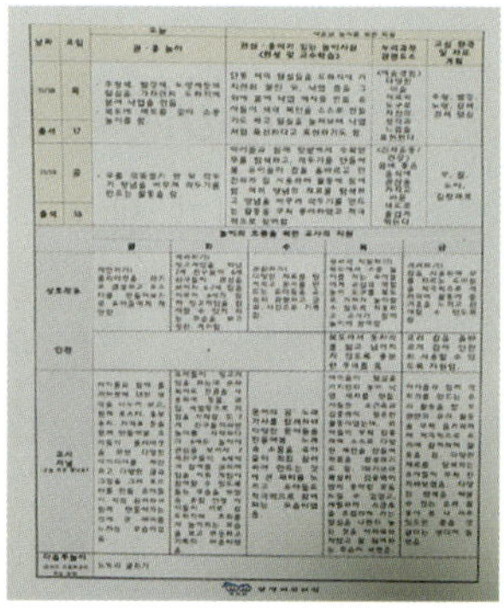

놀이와 배움 실행, 기록, 평가

[그림 2-1] 놀이에 대한 교사의 지원 연구

5. 놀이를 준비하기 위한 교사지원

유아의 놀이를 지원하기 위해서는 놀이 준비 단계에서 환경조성 (공간, 자료, 시간), 언어적 지원과 상호작용, 관심과 반응의 관찰자로서의 교사의 지원이 필요하다.

1) 환경지원

유아들과 놀이를 하는 과정에서 교사는 놀이를 지원할 방법은 무엇인지, 지원한다면 언제, 어떻게 하는 것이 유아들의 놀이에 의미가 있을지 늘 고민한다. 유아들에 대한 지원의 방법과 시기 등을 고민하는 것은 교실의 주도자, 놀이의 주체를 유아들이라고 생각하는 교사의 신념 때문일 것이다. 유아들은 주변에 있는 사물, 자료, 자연물 등을 만지고 조작해 봄으로써 놀이의 주제와 자신만의 이야기를 만들어 내며, 이는 다른 친구들과의 놀이 공유로 확장되어 결국 우리 교실의 해결해야 할 공동의 놀이 주제를 형성하기도 한다. 구가령과 임부연(2020)이 주장한 바와 같이 교사가 유아들과 함께 만들어 가는 공간으로 인식 할 때 온전히 유아들 중심으로 놀이가 생성되고, 개별적 흥미와 공동의 관심사가 반영된 놀이를 지원하기 위한 공간을 구성할 수 있다. 더불어 그 공간이 비구조적인 환경일수록 유아들은 자신의 놀이에서 나타난 문제를 해결하며, 재미와 도전, 창의성이 더해진 놀이로 확장될 수 있다. (이희경, 2019)

(1) 공간지원

공간을 지원함으로써 구조물의 완성도, 이야기 상상의 확장, 유아들의 참여로 늘어나는 공간 마련 등 놀이의 질적 변화에 기여해야 한다. 이때 부족한 공간이나 공간 활용의 아이디어를 놀이에 참여하는 유아들이 스스로 찾아볼 기회도 제공하며 자신들의 문제를 해결하는 법을 배울 수 있도록 도와야 한다. 놀이자들의 공간을 나누어 쓰게 되는 경우, 적절한 합의의 시간을 내어주어 유아들 간 조율의 기회를 줄 필요가 있다. 놀이와 공간 모두 유아들의 주도권을 존중해야 하며 유아들은 자신의 논리적 주장을 할 기회를 얻게 된다. 유아들의 놀이는 함께 놀이형태로 이루어지지만 혼자놀이의 놀이도 존중해야 한다.

놀이 환경변화
유아들과 협의

유아의 흥미에 따라
확장 공간 제공

상황에 따라
융통성 있는 환경 변경

[그림 2-2] 놀이 환경지원-공간

(2) 자료지원

유아들은 놀잇감과 놀이자료는 놀이의 확장을 돕거나 새로운 놀이를 창안하기도 한다. 유아 교사는 재료의 소재, 재료의 상태나 모양 등의 안전성 검토가 필요하며 안전하게 사용할 수 있는 정도를 섬세하게 판단하여야 한다. 또한 재료를 사용 시 낭비하는 습관과 충분한 자료지원의 적절한 경계도 유아들이 알아가도록 도와야 한다.

복도의 비구조적 재료활용

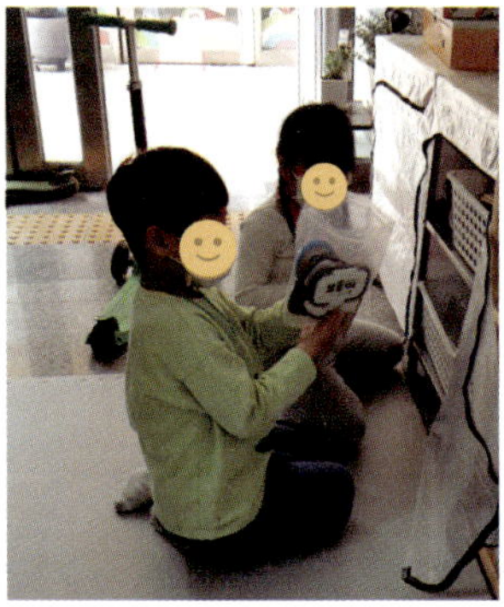

가정과 연계로
수집한 재료활용

교구 및 일상의 사물
놀이자료 활용

[그림 2-3] 놀이 환경지원 -자료

(3) 시간지원

유아들은 놀이에 몰입하다 보면 놀이의 시간을 지속적으로 갖길 원한다. 이를 위해 하루일과는 유아들의 놀이에 따라 놀이 시간이 연장되거나 놀이가 확대 운영될 수 있다. 유아들의 놀이 활동 속에서 흥미가 지속적으로 확장되거나 놀이의 가치가 지속될 때, 놀이시간을 연장하거나 활동 시간을 축소하지 않는다. 또한 교사는 놀이시간을 고려하여 유아들을 관리할 인적 자원과 유아의 기본 영양, 건강을 위한 시간, 급, 간식, 휴식 등의 신체리듬의 고려가 필요하다.

(4) 안전지원

유아의 안전한 놀이를 보장하기 위해 물리적 환경과 안전성 점검을 통해 위해를 가할 수 있는 사물은 차단한다. 그러나 놀이를 일방적으로 금하기보다 놀이가 왜 위험한지 알고 위험이 발생하지 않도록 함께 점검하고 어떤 부분을 조심해야 하는지 유아들과 이야기 나누며 약속을 정하여 지원하도록 한다. 놀이를 위한 안전지원은 사물과 물리적 환경에만 위험을 점검하는 것이 아니라 유아들의 청결과 안전 즐거운 환경을 제공하는 것을 의미한다.

2) 언어적 지원과 상호작용

유아들은 문제에 교사도 참여하고 모두의 공동문제를 해결하기 위해 교사는 문제를 해결하기보다 유아들의 문제를 동등한 입장에서 바라보고 다시 유아들의 문제로 돌려주는 상호작용을 하도록 한다. 놀이의 주도적 역할은 유아들임을 잊지 않고 상호작용하며 놀이를 지원하도록 한다. 놀이 지원 시 교사는 격려하기, 경청하기, 마음 읽기, 문제해결 돕기에 필요한 상황의 상호작용을 교사가 적절하게 지원한다.

(1) 교사의 상호작용

"교사는 유아들과 어떻게 상호작용 해야 하나?"

유아는 주변의 환경과 끊임없이 접촉하고 상호작용 함으로써 성장한다. 태어나면서부터 상호작용의 시작으로 경험하기 시작한다. 교사와의 상호작용은 유아의 전인적인 발달에도 커다란 영향을 미친다. 놀이하는 동안 수많은 상호작용이 일어나며 그 상호작용 속에서 놀이의 의미 있는 배움이 일어나야 한다. 상호작용의 적절한 중재는 유아의 놀이를 촉진시킬 뿐 아니라 놀이의 수준도 높여 줄 수 있다. 놀이를 통해 교사가 유아와 '어떻게' 상호작용을 하느냐에 따라 달라질 수 있으며 상호작용에 선행되야 하는 부분은 교사의 주의 깊은 관찰이 필요하다.

놀이하며 유아들이 지적, 사회적으로 스스로 해결할 수 없는 문제를 접하게 되는 경우 직, 간접적인 방법을 통해 개입하고 상호작용을 하며 다양한 흥미를 가지고 활동에 참여할 수 있도록 지원한다.

교사가 유아를 보호하고, 교육하는 일련의 과정에서 나타나는 전반적 태도 및 행동, 발화 등이 상호작용을 의미한다. 교사는 상호작용을 통해 유아의 발달을 도우며 유아의 신체·정서·언어·사회성 및 인지적 발달을 도모하기 위해 교육(보육) 과정에 의거 상호작용을 실행한다. Dewey(1988)는 인간은 일련의 상황 속에서 환경과 상호작용을 하면서 계속적 성장을 이루어간다고 보았으며 이때 상호작용이란 하나가 다른 하나에게 영향을 미쳐서 일어나는 활동의 사태를 의미하며, 상황은 바로 이러한 활동사태가 일어나는 관계를 의미한다.

① 유아의 놀이를 공감해 주는 역할

교사는 일상생활에서 언어 또는 비언어적으로 관심을 보이며 애정표현을 해야 한다. 교사는 유아가 관심 있어 하며 탐색하는 것은 물론 긍정적인 행동 및 태도에 공감을 해주고 반응을 하며 적극적인 자세로 상호작용한다.

"저 놀잇감으로 놀이하고 싶니?" "새로운 교구로 놀이하고 싶구나." 교사는 유아들에게 관심 보이며 민감하고 적극적인 자세로 상호작용한다.

② 유아와 애정적 관계를 만들어가는 역할

교사는 정서적인 지원이 필요한 유아들에게 따뜻한 미소와 신체적 접촉을 통해 애정표현은 물론 유아들에게 다양한 정서를 표현할 수 있는 여러 가지 흥미있는 자료를 제공하여 긍정적인 정서를 경험하게 한다. 자신의 정서를 강하게 표출하는 유아의 경우, 먼저 유아의 감정을 수용하여 안정을 찾은 뒤 다양한 놀이를 통해 정서를 표현할 수 있도록 기회를 제공하고 유아가 차츰 안정을 찾고 적응하면 상호작용에 필요한 사회적 기초기술들을 익힐 수 있도록 놀이를 계획한다.

유아가 주어진 활동을 성공적으로 마쳤을 때 성취감을 느끼고 유아 스스로 유능하고 가치로운 존재임을 깨닫고 긍정적 자아개념을 형성할 수 있도록 이름을 불러주며, 다정한 말로 "○○는 친구를 잘 도와주는구나. 고마워.", "○○가 어려워할 때 힘을 모아주었구나. 정말 멋지다."는 것과 같이 언어적 상호작용으로 애정표현을 하며 신뢰적 관계를 형성한다.

③ 유아의 행동을 그대로 인정해주는 역할

교사는 유아의 행동을 그대로 인정해 주고 개인차를 존중함으로써 유아는 긍정적인 사고와 자아존중감 향상 등 바람직한 사회관계가 형성된다.

④ 유아의 활동이나 생각을 격려해 주는 역할

교사는 유아에게 벌을 주거나 칭찬을 해야 하는 상황에서 벌과 칭찬보다는 행동을 격려하는 상호작용이 바람직하다. 또래와의 갈등상황에서 협력하도록 격려할 수 있으며 경쟁과의 비교를 피할 수 있을 뿐 아니라 결과보다 과정에서 초점을 두어 개인에게 전달되므로 자존감 상실의 우려도 피할 수 있다.

예) "친구와 사이좋게 게임을 하고 있구나.", "친구의 생일을 위해 그림을 그렸구나. 친구가 좋아하겠다."

⑤ 유아의 생각을 확장시키거나 의문을 갖도록 질문해 주는 역할

교수 활동에서 질문이 효과적인 이유는 유아의 생각을 확장시키도록 이야기를 끌어주기 때문이다. "왜 그렇게 생각했을까?" "그럼 너는 생각은 어떠니?"등 의문을 갖도록 반복 재질문하여 언어와 사고를 촉진한다. 교사는 질문 후 유아가 충분히 생각할 시간을 주는 것보다 높은 수준의 사고와 응답내용을 확장으로 상호작용 빈도를 증가시킬 수 있다. 질문내용을 "속상했니?"보다는 "왜 속상했니?" "재미있었니?" 보다는 "어떤 부분이 재미있었니?" "왜 그렇게 생각하니?" 등 구체적으로 확산적인 질문으로 이어질 수 있도록 상호작용한다.

⑥ 유아의 질문이나 궁금증에 대해 적극적으로 반응해 주는 역할

교사는 유아가 궁금해 하거나 질문하는 것에 관해 관심을 갖고 적극적인 반응을 해야 하며 감정표현 및 언어사용이 미숙하여 말이 서툰 유아의 경우 미숙한 문장을 되짚어 상호작용해 줌으로써 새로운 언어와 문장의 형태를 습득하도록 한다. 교사의 언어 반응은 유아에게 언어발달을 촉진시키며, 말을 계속하도록 하여 유아로 하여금 언어기술을 습득할 기회를 제공한다. 또한 유아가 하는 질문에 교사의 개방적인 반응은 유아에게 더 깊이 사고하게 하고 문제해결 과정에 자신이 스스로 해결책을 찾는 데 긍정적인 힘을 얻도록 한다.

유아들과 생활하는 교사들만의 역할과 전문적 태도와 지식 및 기술을 활용함에 있어 꾸준한 노력으로 현장에서 실천하고, 기본적인 생활에서는 물론 지식 활동에서 바람직한 상호작용자로 유아에게는 물론 교사 자신에게도 삶의 질을 높이고 앎을 터득하게 되는 복합적이고 미래지향적인 의미부여의 지속적인 과정으로 거듭나게 된다.

유아의 놀이에서 교사의 개입에 관한 연구들은 '반응적인 상호작용과 간섭하는 상호작용 사이에서 적절한 선'을 찾을 수 있는 능력을 가지고 있을 때 좀 더 효과적으로 이루어질 수 있다(File & Kontos, 1993; Miller & Almon, 2009).

(2) 상호작용의 유형

교사는 유아와 적절한 상호작용 및 적합한 상호작용을 사용하여 유아의 발달과 학습을 촉진하여야 한다. 교사가 유아의 개별적 차이와 흥미를 얼마나 잘 파악하고 있으며 이에 적합한 경험을 바람직한 상호작용을 통해 지속적으로 제공하느냐는 유아 삶의 질에 큰 영향을 미친다. 교사가 상황마다 발달적, 개별적으로 적절하고 민감하게 반응을 해 준다면 교실의 전반적 분위기는 안정되고, 개별 유아의 자존감은 향상되며 또래들과 긍정적으로 상호작용하는 곳이 될 것이다(교육과학기술부, 보건복지부, 2019).

유아가 교사의 상호작용을 통해 경험하게 되는 놀이는 유아의 정서적·사회적·신체적·인지적·언어적 발달에 중요한 영향을 미친다. 유아의 놀이가 활성화되기 위해서는 질적으로 높은 상호작용을 교사가 적절하게 지원하고, 유아의 놀이 개입 시기와 유형을 민감하게 선택 할 수 있는 능력을 통해 만들어진다.

상호작용을 통해 새로운 지식과 기능을 습득할 수 있도록 교사-유아, 유아-유아, 유아-환경 간의 상호작용이 충분히 일어날 수 있는 환경을 조성하고 다양한 생각을 공유하며 존중할 수 있는 문화를 형성해야 한다.

〈표 2-5〉 교사의 상호작용

관심 보이기	• 유아가 탐색하는 것에 관심보이기 • 유아의 욕구에 관심보이기 • 유아의 행동에 관심보이기 • 유아의 반응에 관심보이기
애정표현하기	• 따뜻한 미소로 애정표현하기 • 신체적 접촉을 통한 애정표현하기 • 수용의 눈빛으로 애정표현하기 • 다정한 말로 애정표현하기 • 유아가 정서적으로나 필요로 할 때 애정표현하기

인정하기	• 유아의 현재 모습 그대로 조건 없이 인정하기 • 유아 모두 차별없이 평등하게 대하며 인정하기 • 유아의 행동과 태도에 대해 이해하며 인정하기 • 유아를 독립된 인격체로 존중하며 개별 특성 인정하기 • 서로 다른 문화의 유아들을 이해하고 인정하기
격려하기	• 성취한 것에 대해 격려하기 • 어떤 활동에서의 과정을 격려하기 • 행동의 긍정적인 측면을 격려하기 • 개선한 점에 대해 격려하기 • 재도전하는 것에 대해 격려하기
질문하기	• 예/아니오 또는 사물의 명칭을 묻는 단순한 사실을 확인하는 질문하기 • 이전 경험에 대해 회상시키는 질문하기 • 어떤 대상의 수준이나 정서상태를 평하는 질문하기 • 다른 관점 및 방법을 찾아내기 위한 질문하기 • 사고를 촉진하는 질문하기
반응하기	• 마음을 읽어주고 언어적인 반응하기 • 신뢰하는 말로 반응하기 • 눈빛, 미소, 끄덕임 등 비언어적으로 반응하기 • 이해되고 수용되었다는 자세로 반응하기 • 감정과 의미를 반영하는 태도로 반응하기

출처: 안경자(2013)

(3) 갈등을 일으킨 문제 이해하기

유아는 놀이하는 과정에서 많은 갈등으로 인한 문제가 나타난다. 유아교사는 갈등을 일으키는 문제 해결을 위해 노력해야 한다.

갈등을 일으킨 문제를 어떻게 이해하는지는 갈등해결방법과 밀접한 관계가 있다. 대부분의 유아는 놀이 시 자기중심적인 성향으로 인해 문제의 물리적인 측면에만 집중하며 자신의 관점에서만 문제를 본다. 그러므로 유아 스스로 문제가 왜 일어났는지 갈등이 생기게 된 문제가 무엇인지 정확하게 이해할 수 있도록 돕고 타인의 입장에서 바라 볼 수 있도록 한다.

① 문제 파악하기

유아는 갈등을 정의할 때 구체적인 행동이나 물체와 같이 경험할 수 있는 부분에 초점을 둔다. 그러므로 물리적인 물체와 구체적인 행동을 언급해서 문제를 정의하도록 도와주어야 한다.

② 여러 관점에서 문제 이해하기

갈등은 일방적인 문제가 아니기 때문에 문제를 해결하기 위해서는 보는 사람의 관점을 고려해야 한다. 이때 교사는 유아에게 발생한 문제의 자신과 상대방의 입장도 인식하도록 돕는다.

③ 문제의 원인과 결과 이해하기

갈등을 완전히 이해한다는 것은 갈등의 원인과 행동에 영향을 준 것이 무엇인지 인식하는 것이 포함된다. 그러나 어린 유아는 갈등이 일어난 순간만을 생각하므로 교사는 갈등이 일어난 후에 문제를 일으킨 특정 행동과 그 행동의 결과에 유아가 주목하게 한다. 그래서 유아가 자신의 행동이 어떻게 문제의 원인이 되었는지 알도록 도와야 한다. 교사는 갈등상황에 개입해서 유아가 갈등을 일으키는 행동을 한다면 무슨 일이 생길지 생각 해 보도록 유도한다.

④ 갈등 해결을 위한 다양한 대안 찾기

갈등 해결을 위해서는 갈등에 연관된 유아에게 만족할 수 있는 해결책을 갖도록 해야한다. 해결방안에는 서로의 상황 공감하기, 협상하기, 규칙지키기, 차례지키기, 함께 갖고 놀기 등 있다. 교사는 유아가 긍정적인 해결방법을 실시하기 위해 자신들이 어떻게 해야 하는지 알도록 도와야 한다.

나의 생각을 친구들에게 이야기 하며 토의

놀이 중 일어난 문제사항(안전,규칙,방법) 협의

갈등 시 서로의 의견 조율

[그림 2-4] 갈등을 일으킨 문제해결 사례

3) 민감한 관찰자

교사는 유아의 놀이를 주의 깊게 관찰해야 한다. 교사의 역할에서 가장 중요하고 기초적인 것은 바로 관찰이다. 교사는 놀이하는 유아를 관찰하면서 유아의 발달 수준 파악 및 놀이의 양상, 놀이에 몰입하는 정도의 정보를 수집할 수 있다. 이를 통해 교사는 유아의 놀이가 학습과 연결될 수 있도록 놀이 활동을 조직하고, 준비된 놀잇감의 수준이 적절한지, 더 지원해야 하는 자료는 무엇인지 판단하게 된다. 교사가 유아의 놀이상황을 관찰하는 것은 놀이 개입과 밀접한 관련이 있다. 교사는 유아의 놀이상황을 관찰하면서 놀이에 개입해야 할지에 대한 여부를 판단하고, 놀이 개입을 한다면 어느 정도의 개입을 해야 할지, 언제 유아의 놀이에 들어가고 나와야 할지를 판단한다.

(1) 교사의 놀이개입

유아들이 놀이하는 동안 교사는 놀이의 구성원이 되어 함께 놀이하는 놀이자(player)의 역할을 담당할 수 있고, 적극적으로 혹은 소극적으로 개입하여 유아의 놀이를 확장하게 하는 놀이지도자의 역할도 담당한다. 교사가 유아 놀이에 성공적으로 개입하기 위해서는 개입시기가 중요하다. 적절한 시기의 개입은 유아의 놀이를 확장하고 풍부하게 할 수 있으나 잘못된 개입은 놀이를 방해하거나 완전히 끝나게 할 수 있다. 개입시기는 놀이에 참여하고 이는 유아를 깊이 관찰하여야 알 수 있다. 일반적으로 교사가 유아의 놀이에 개입해야 할 때는 유아가 전혀 놀이를 하지 않거나 놀이 확장을 위한 지원이 필요할 때 놀이에 초대되었을 때, 유아 간 갈등이 발생하였을 때 등이 있으며, 유아가 놀이에 몰두하고 있거나 또래와 적극적으로 놀이에 참여할 때에는 놀이 개입을 자제하는 것이 좋다.

* 유아의 놀이에서의 교사의 개입 효과

- 유아에게 놀이가 가치 있는 활동이며 교사가 중요하게 여긴다는 것을 간접적으로 알려줄 수 있다.
- 교사가 놀이에 적극적으로 참여하면 유아는 교사를 권위적으로 인식하지 않고 놀이에 참여할 수 있는 관계로 생각하게 된다.
- 교사가 놀이에 참여할 때 놀이의 지속시간이 길어진다.
  (Dunn &Wooding, 1977; Sylva, Roy & Painter. 1980)
- 교사가 유아의 놀이에 참여하므로 더욱 놀이가 확장되는 것을 알 수 있다. 교사의 놀이 참여는 높은 수준의 놀이를 하도록 이끌 수 있으며 유아가 그들의 또래들과 놀이할 때 보다 교사가 그들의 놀이에 참여하게 될 때 유아들이 좀 더 높은 수준의 높이로 반전된다(Johnson, et al., 1999).

(2) 교사의 놀이 개입 유형 범주

'교사는 놀이상황에 적절한 놀이 개입으로 유아의 놀이를 풍부하게 한다.'

Spidell(1985)은 대화, 참여, 시범, 환경수정, 칭찬, 방향 재 지시, 유지, 교수의 여덟 가지 유형으로 범주화하여 제시하였고, Shin(1989)은 Spidell(1985)이 제시한 여덟 가지의 개입 유형에 명령을 추가하여, 환경구성, 대화, 칭찬, 유지, 시범, 참여, 방향 재 지시, 교수, 명령으로 범주화하여 제시하였다.

〈표 2-6〉 놀이 개입 유형

범주	분류기준
대화(conversation)	영유아 현재의 관심, 흥미수준을 탐색하기 위해 교사와 영유아와의 일상적인 의견 교환방법
명령(order)	영유아행동을 직접 지시하는 방법
참여(participation)	영유아의 활동이 진행될 때 교사가 직접 놀이에 참여하는 방법
유지(maintenance)	영유아의 현재 진행 중인 놀이가 지속화 되도록 격려하는 방법
시범(demonstration)	교사가 놀이과정을 적절히 실행 및 제시 해 주는 방법
칭찬(prise)	놀이의 진행 과정 또는 바람직한 행동, 성취 결과에 대한 언어적 강화기법
교수(instruction)	사실, 개념, 과정 등을 직접 설명하는 방법
환경구성 (environmental modification)	환경을 재구성하는 방법으로서 놀이자료 첨가, 놀이환경 재구성 및 시설 조정하는 방법
방향 재수정(redirecion)	영유아의 놀이가 중단 될 때, 새로운 요소로 첨가하여 놀이의 활성화를 도모하는 방법

출처: 서현아(2007)

교사의 놀이 개입은 개입 상황과 유형에 따라 긍정적인 작용을 할 수도 있고, 부정적인 작용할 수도 있다. 유아의 놀이를 정교화하고 촉진하기 위하여 상황에 따라 융통성 있는 개입 전략을 사용한다. 교사가 유아의 놀이에서 바람직한 역할을 수행하기 위해서는 유아의 놀이 결정적인 순간과 적절한 개입 유형 정도를 파악하는 능력을 갖춰야 한다.

또래 지원 독려

상황에 따른 교사지원

개별 유아의 특성을 고려한
놀이 공간, 자료 지원

[그림 2-4] 유아와 함께하는 놀이지원-개입

③ 관찰내용 기록, 평가

교사는 유아의 놀이와 배움을 기록하고 평가하여야 한다(교육부, 보건복지부, 2019). 2019 개정 누리과정에서는 구체화된 평가를 간략화한다는 점에서 교사 역할 전반에 대한 변화가 요구되고 있다(유재경, 황지영, 박은미, 2020). 교사는 유아의 배움을 잘 기록하고 평가하기 위하여 결과가 아닌 과정에 주목하며, 유아교사의 놀이에 대한 이해와 놀이의 변화가 필요하다. 이를 통하여 유아에 대한 이해와 현장 중심의 자율적 평가가 이루어질 수 있다(김은영, 2019). 교사는 유아에 대한 바른 이해가 선행될 때 놀이의 맥락과 과정을 어떻게 관찰·지원할 수 있을지, 놀이를 어떻게 계획, 수행, 평가해야 놀이가 확장될지 고민해 보아야 한다(오채선, 2019).

놀이 관찰을 통한 기록 작업은 유아들의 존재를 다시 만나고 교사들이 당연시 했던 관점의 정당성과 역할에 대해 고민하는 시간으로 이루어진다.

"유아들과 함께 하며 갈등 및 문제상황이 적어지고
편안함과 즐거움이 가득해짐을 느낀다."

"유아들의 개별적인 탐색 시간을 존중하게 되다 보니
놀이의 흐름과 즐거움이 달라졌다."

"유아들의 놀이를 기록하며 교사가 지원해줘야 할 부분을
다시 한번 생각하며 유아들의 배움과 협력을 위해
교사 또한 연구하는 나를 발견하였다."

"관찰과 기록의 방식과 틀에 얽매이지 말고 교사의 초점과 의도를 알고
기록화하여 교사 간의 서로 협의하는 시간을 가져보자"

제3절 놀이를 위한 교사성 및 역량

1. 교사의 놀이성

교사의 놀이성은 놀이의 가치를 중요하게 여기며, 긍정적인 신념으로 유아의 질 높은 상호작용이 가능하고 개별적 특성을 잘 파악 할 수 있다. 유아교육기관에서 교사의 역할 수행과 유아들을 이해하고 상호작용하며 유아의 발달에 긍정적인 영향을 준다는 것을 알 수 있다(김희진, 2020).

성인의 놀이성은 기쁨, 관련성, 만족의 향상을 위한 상상이고, 심심하지 않거나 혹은 은유적 태도를 지닌 행동을 정의하기 위한 경향으로서의 개인적인 특성으로 볼 수 있으며, 이러한 놀이성은 외향성, 낯선 경험에 대한 개방성, 긍정적 감정, 삶의 만족에 영향을 준다(Glynn & Webster, 1992). 또한, 놀이성이 높은 성인들이 일이나 인간관계 활동을 보다 즐기면서 접근하는 경향이 있고, 자신의 환경을 더 자극적이고 즐겁고 유쾌하게 만들며, 개인의 건강 치료 효과, 일에 대한 스트레스 조절 등에서 더 긍정적인 것으로 나타났다(Barnett, 2007; Glynn & Webster, 1992; Schaefer & Greenberg, 1997). 놀이성이 높은 성인들은 일, 인간관계, 레크리에이션과 같은 활동을 즐기면서 접근하는 경향(Guitard, Ferland, & Dutil, 2005;Schaefer & Greenberg, 1997)이 있다.

Deborah(1990)는 교사를 대상으로 창의성과 놀이성의 상관관계를 규명하는 연구에서 놀이성이 높은 교사가 창의적인 교사의 역할을 한다는 사실을 밝혀냈는데, 놀이성이 낮은 교사들보다 놀이성이 높은 교사들이 창의적으로 교실 상호작용에 더욱 능동적으로 접근한다는 것이다(Deborah, 1990).

* 놀이성이 높은 교사는 호기심을 가지고 놀이에 자발적으로 참여하며 개방적이고 표현적인 성향을 바탕으로 유아들과 적극적으로 상호작용하며 놀이를 즐긴다. 이러한 성향은 놀이에 대한 신념과 자신의 놀이지도에 대한 기대를 높여 교사의 놀이지원 역량 증진에 긍정적인 영향을 미친다(2019. 최아람).

〈표 2-7〉 유아교사의 놀이성 체크리스트

번호	문항	매우 그렇다. (7점)	그렇다 (6점)	다소 그렇다. (5점)	보통 이다. (4점)	다소 그렇다. (3점)	그렇다. (2점)	매우 그렇다. (1점)	문항
1	모험적								목적적
2	활기찬								소극적
3	쾌활한								차분한
4	명랑한								재미없는
5	태평한								꼼꼼한
6	천진한								성숙한
7	흥분								침착한
8	표현적								자기통제적
9	활발한								자제하는
10	실속없는								생산적
11	밝은								어두운
12	재미있는								진지한
13	적극적								소극적
14	즉흥적								한결같은

15	개방적								제한적
16	창의적								사실적
17	자발적								자제하는
18	기발한								실제적
19	정서적인								지적인
20	상상하기 좋아하는								상상력이 부족한
21	재미있는								지루한
22	흥미있는								단조로운

출처: 홍주희(2019)

2. 놀이지원 역량

1) 교사의 역량

교사의 역량은 어떤 일을 해낼 수 있는 수준과 그 힘의 종류가 목적과 맥락에 따라 다양하게 정의될 수 있다. 또, 해당 업무 및 분야에서 개인의 뛰어난 능력, 유능함을 나타내는 용어로 사용하기도 하며 어떤 과제나 업무를 수행하는데 필요한 개인의 행동적 특성 및 수행능력을 구체적으로 규명하기 위한 용어로도 사용한다(김연수, 2017). 신은수 외(2011)는 유아에게 질 높은 환경과 경험, 관계를 제공하면서 유아의 발달 요구를 충족시키기 위해 필요한 지식과 기술 및 태도를 맥락과 상황에 맞게 효과적으로 통합, 조직하여 실천할 수 있는 능력이라고 하였다.

유아교사의 역량은 놀이하는 유아에게 양질의 환경과 경험, 관계 제공, 발달적 요구의 충족을 위해 요구되는 지식, 기술, 태도를 효과적으로 통합하고 조직하여 실천, 반성할 수 있는 능력 등으로 교사의 전문성을 말한다(박경진, 2015).

교사는 유아 주도적 놀이 중심 교육과정의 운영을 위해 지속적인 성찰의 과정이 필요하다(교육부, 보건복지부, 2019). 교사가 우수한 역량을 지니는 것은 중요한 경쟁력이자 필수적인 책무성(유재경, 황지영, 박은미, 2020)으로 교사의 역량을 나타낼 수 있다.

2) 교사역량의 구성요소와 특성

Spencer & Spencer(1993)는 교사의 역량을 특정한 상황이나 직무에서 구체적인 준거나 기준에 비추어 평가했을 때 효과이고 우수한 수행을 하게 하는 개인의 내적인 특성으로 규정하고, 역량의 구성요소를 동기, 특질, 자아개념, 지식, 기술 5가지로 구분하고 있다(Spencer & Spencer, 1993).

동기는 개인이 지속해서 마음에 품고 원하는 것으로 행동의 원인이 된다. 특질은 신체적인 특성이나 상황 또는 정보에 대한 일관적인 반응을 말하며, 자아개념은 태도와 가치관 및 자아상을 말하며, 지식은 특정 분야에 대해 개인이 가지고 있는 정보를 의미한다. 끝으로 기술은 특정한 물리적·정신적 과제를 수행할 수 있는 능력을 의미한다. 역량 요소 중 지식과 기술은 눈으로 확인이 가능한 표면적 측면이고, 자아개념, 특질, 동기는 상대적으로 심층적인 측면에 해당한다.

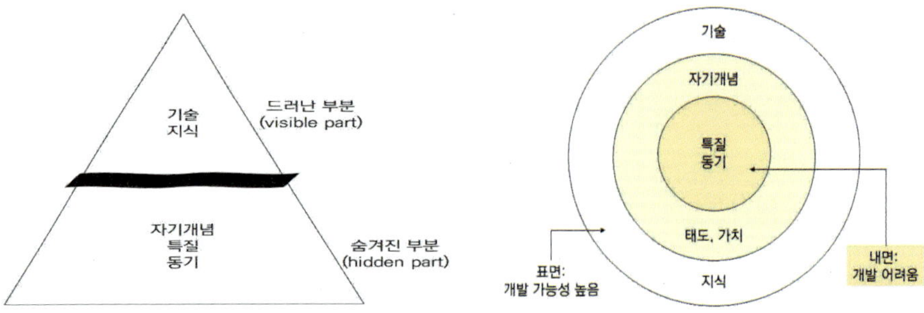

[그림 2-5] 역량 구조의 내면과 표면

출처: Spencer & Spencer(1993)

[그림 2-5]의 빙산모델(iceberg model)에 따르면 동기와 특질, 자기개념은 내면적인 역량으로 잘 드러나지 않고 개발하기 어려운 특징을 지닌다. 지식과 기술은 표면적으로 드러나는 가시적인 역량으로 개발하기가 상대적으로 쉬운 특징이 있다(Spencer & Spencer, 1993). 또한 역량은 의도(intent)가 포함되는 개념으로 의도는 동기, 특질, 자기개념을 지칭한다(김양혁, 2021).

* 지식과 기술은 의도 없이 발현되지 않으며, 유아교사에게 요구되는 역량은 유아가 놀이를 중심으로 배움이 이루어질 수 있도록 유아교사에게 요구되는 지식과 기술 그리고 자기개념, 동기와 특질, 태도와 감정 가치, 동기 등이 통합적으로 작용하여 발휘되는 능력으로 정의된다.

3) 교사의 놀이지원 역량

유아가 스스로 놀이하며 배움으로 이루어지는 관점에 기초하여 놀이지원역량(play support competence)을 교사가 유아들의 자발적인 놀이가 유지될 수 있도록 놀이상황에 적절한 물리적·정서적 도움을 제공하는 역량으로 정의한다. 유아교사의 놀이지원역량은 얼마나 유아들의 놀이를 원활하게 진행시키고 긍정적인 효과를 도출해낼 수 있는지를 포함하는 교육자의 능력을 의미한다(교육과학기술부, 보건복지부, 2019).

유아교사의 놀이지원역량은 놀이중심 교육과정에서 나타나는 교사의 능력으로 해석해 볼 수 있다. 선행연구를 통한 놀이지원역량의 개념 정의는 다음 〈표 2-8〉과 같다.

〈표 2-8〉 놀이지원 역량의 개념 정의

학자(년도)	내용
권귀염(2019)	놀이중심 교육과정의 실행을 위해 우선적으로 갖추어야 할 역량으로, 유아 놀이의 가치에 대한 인식을 기초하여 유아 놀이의 시간과 환경을 풍부하게 제공해 주는 능력
김희진 외 (2020)	유아의 흥미와 관심을 존중하고 유아가 주도적으로 탐구하고 경험할 수 있도록 교육적 지원 방안을 계획, 실행하는 교육전문가로서의 교육 역할의 능력
유재경 외 (2020)	유아의 놀이 참여를 촉진하기 위해 유아의 놀이에 관련한 환경, 자원, 시간, 장소 등을 지원하는 능력과 유아가 발현한 놀이 주제와 활동 간의 연계하는 능력
이원미 외 1인(2020)	놀이에 관한 지식이나 기술을 응용하는데 필요한 전략이나 습관, 관련된 정서와 신념, 가치체계, 태도를 포함하는 능력
조운주(2020)	유아의 놀이를 효과적으로 지원하는데 필요한 인식과 이해, 놀이를 잘 다룰 수 있는 방법이나 능력 등의 기술, 놀이 상황에 대한 태도 및 성향
전혜진(2021)	놀이의 가치를 인식하고 유아의 놀이를 이해하는 능력, 유아의 놀이와 관련된 다양한 자원의 지원으로 놀이를 촉진하는 능력과 유아가 발현한 놀이의 주제와 교사가 준비한 활동과의 연계 및 통합하는 능력
임진숙(2021)	유아들이 놀이를 통해 주변세상을 탐색하고 이해하는 배움의 과정을 갖도록 지원하는 능력

유아교사 놀이지원역량을 다차원적 개념으로 규정하며 놀이지원역량을 구성하는 인지적 역량은 놀이가치, 놀이단계, 놀이발달, 놀이특성 등에 관한 지식 및 놀이를 수행할 수 있는 기술을 포함하는 영역이다. 정의적 역량은 놀이과정에서 나타는 신념과 감수성으로 놀이 격려, 감정이입, 가치관, 수용하는 태도 등으로 민감하게 반응하는 교사의 정서적이고 내면적 특성을 포함하는 영역을 의미한다. 실천적 역량은 유아 놀이의 상황과 맥락에 맞는 놀이를 계획, 실행, 평가할 수 있는 능력으로 구성된 영역이다. 놀이지원에 관한 교사의 인지적 역량과 정의적 역량 그리고 실천적 역량의 개념과 영역별 하위요인이다(김화록, 2021).

〈표 2-9〉 유아교사의 놀이지원역량 구성요인

역량	개념	하위요인
인지적 놀이지원역량	유아교사의 놀이가치, 놀이단계, 놀이발달, 놀이특성 등에 관한 지식과 놀이를 수행할 수 있는 능력	놀이지원 지식 놀이지원 기술
정의적 놀이지원 역량	놀이과정에서 나타나는 유아교사의 신념과 가치관, 태도, 놀이지원에 대한 감수성 등과 같은 정서적, 내면적 특성이나 성향	놀이지원 신념 놀이지원 감수성
실천적 놀이지원역량	유아교사가 유아교육 현장의 상황과 맥락에 맞게 놀이를 체계적으로 계획(plan)하고 실행(do) 및 평가(evaluation)할 수 있는 능력	놀이지원 계획 놀이지원 실행 놀이지원 평가

* 유아교사의 놀이지원역량 평가척도는 인지적 역량과 정의적 역량 그리고 실천적 역량으로 유아교사 스스로 평가할 수 있도록 개발되었기 때문에 평가의 결과보다 역량 수준을 점검하고 반성적 사고와 실천의 도구로 활용하여 역량을 개발하는 데 유용하게 활용할 수 있다(김화록, 2021).

〈표 2-10〉 교사들의 놀이지원 핵심역량

번호			문항 (정의적 역량)	전혀 그렇지 않다.	그렇지 않다.	보통이다.	그렇다.	매우 그렇다.
정의적 역량	놀이지원신념	1	유아의 놀이가 자율적으로 진행될 수 있도록 지원하는 것은 중요하다.	①	②	③	④	⑤
		2	유아의 놀이가 확장되도록 지원하는 것은 중요하다.	①	②	③	④	⑤
		3	유아의 놀이몰입을 위해 교사가 적절히 지원하는 것은 중요하다.	①	②	③	④	⑤
		4	유아가 새로운 놀이를 탐색하고 발견하도록 지원해 주는 것은 중요하다.	①	②	③	④	⑤
	놀이지원감수성	5	나는 유아 개인의 놀이 특성에 맞게 놀이지원을 민감하게 제공한다.	①	②	③	④	⑤
		6	나는 놀이과정에서 유아의 요구에 민감하게 대응한다.	①	②	③	④	⑤
		7	나는 유아의 놀이 행동을 민감하게 관찰한다.	①	②	③	④	⑤
		8	나는 놀이과정에서 영유아들 간의 상호작용을 민감하게 관찰한다.	①	②	③	④	⑤

번호			문항 (정의적 역량)	전혀 그렇지 않다.	그렇지 않다.	보통 이다.	그렇다.	매우 그렇다.
인지적 역량	놀이지원신념	9	나는 유아놀이 환경구성 원리를 알고 있다.	①	②	③	④	⑤
		10	나는 놀이 시 상호작용 원리를 알고 있다.	①	②	③	④	⑤
		11	나는 놀이 관찰 기록 및 평가 원리에 대해 알고 있다.	①	②	③	④	⑤
		12	나는 놀이지원의 의미를 잘 이해하고 있다.	①	②	③	④	⑤
		13	나는 유아의 발달수준에 적합한 놀이지원 내용을 알고 있다.	①	②	③	④	⑤
	놀이지원기술	14	나는 유아가 놀이에 집중하도록 동기를 부여해 줄 수 있다.	①	②	③	④	⑤
		15	나는 유아들의 놀이, 전이, 확장, 마무리를 적절하게 유도할 수 있다.	①	②	③	④	⑤
		16	나는 유아의 반응에 따라 놀이지원 속도를 조절할 수 있다.	①	②	③	④	⑤
		17	나는 놀이과정에서 영유아들 간의 갈등을 효과적으로 해결할 수 있다.	①	②	③	④	⑤
		18	나는 놀이과정에서 소외된 유아를 적절하게 참여 시킬 수 있다.	①	②	③	④	⑤
실천적 역량	놀이지원계획	19	나는 유아의 흥미를 유발할 수 있도록 놀이를 계획한다.	①	②	③	④	⑤
		20	나는 교육내용과 연계하여 놀이지원을 계획한다.	①	②	③	④	⑤
		21	나는 유아의 호기심을 유발하는 교재교구(그림카드, 동영상 자료 등)를 활용한 놀이를 계획한다.	①	②	③	④	⑤
		22	나는 계절과 날씨, 장소, 환경, 기관의 특별한 행사 등을 고려하여 놀이를 계획한다.	①	②	③	④	⑤
	놀이지원실행	23	나는 유아가 선택한 놀이자료를 수용하고 지원한다.	①	②	③	④	⑤
		24	나는 유아가 자신이 결정한 자료 활용 방법대로 놀이할 수 있도록 지원한다.	①	②	③	④	⑤
		25	나는 유아가 놀이를 탐색하고 촉진할 수 있도록 질문한다.	①	②	③	④	⑤
		26	나는 놀이과정에서 영유아에게 고개 끄덕임, 미소 등 비언어적나는 의사표현을 자주 사용한다.	①	②	③	④	⑤
		27	나는 유아가 충분이 놀이할 수 있는 시간을 제공한다.	①	②	③	④	⑤

출처: 김화록(2021)

생각해 보기

- 놀이지원을 위한 교사의 역할에 대해 생각해 보기

토론하기

- 교사의 놀이지원 중 환경지원 방법 및 사례에 대해 토의하기

현장사례중심

영유아 놀이지도

CHAPTER

03

놀이와 환경

본 장은 영유아가 놀이를 함에 있어 다양한 환경의 중요성에 관한 내용으로 구성되어 있다. 영유아에게 적합한 환경은 발달적 요구를 수용할 수 있는 특성을 지녀야 하며, 질 높은 교육은 적절한 환경이 제공될 때 가능하다(Moore, 1986). 유아 놀이에서 실내외 공간의 구성 원칙을 알아보고 개정된 교육과정을 실행하면서 실내외 놀이공간이 어떻게 변화되었는지 사례를 중심으로 살펴보고자 하였다. 놀이와 부모 환경에서는 부모는 유아가 출생 이후 최초로 만나는 놀이환경으로써 부모가 놀이에 참여하는 사례를 알아보고자 하였다. 마지막으로 놀이와 지역사회에서는 영유아가 만나는 지역사회의 다양한 유형과 지역사회와 연계하는 놀이 사례들을 살펴보고자 하였다.

제1절 놀이와 공간구성

유아의 놀이에 영향을 미치는 물리적 환경 요인들은 놀이 공간, 공간에 제공된 놀이자료, 공간과 자료 간의 구성 및 배치 등으로 구성되는데, 이 물리적 환경들은 유아들의 놀이 행동의 질, 양, 놀이 형태 및 지속시간 등에 중대한 영향을 미친다(Frost at al, 1998; Petrakos & Howe, 1996; Smith & Conolley, 1980).

Bergen, Reid과 Torelli(2008)는 놀이에 기초한 교육과정에서 환경을 구성할 때 유의할 점을 서술하였다. 이들은 심리적 환경과 물리적 환경의 중요성을 모두 강조하였는데 물리적 환경의 구성 원칙에 대해 살펴보면 다음과 같다.

첫째, 심미적으로 기분 좋게 하는 환경

환경 자체의 심미적 수준이 높아 그 안에서 생활하는 어린이의 기분이 좋아지는 환경으로 구성

둘째, 안전과 건강을 증진하는 환경

집단생활 및 자립심, 창의성 등이 증진될 수 있는 환경으로 구성

셋째, 편안하고 편리하고 융통성 있는 환경

사용자인 어린이 입장에서 편안하고 목적에 따라 다양한 용도로 바꿔 쓸 수 있는 환경으로 구성

넷째, 움직임과 신체적인 도전을 지원해 주는 환경

어린이가 신체적으로 활발히 움직일 기회를 얻는 것도 중요하므로 움직이고 도전할 수 있는 환경을 제공

다섯째, 다양한 사물과 자료를 이용하기 쉬운 환경

정형적인 자료뿐만 아니라 비정형적인 다양한 사물과 자료를 제공해서 어린이가 원하는 때 원하는 방식으로 자유롭게 사용할 수 있는 환경을 제공

물리적 환경의 구성 범위는 유아교육기관의 실내·외 시설 및 설비 기준과 환경의 구성 요소 그리고 유아 발달에 있어서 물리적인 환경의 역할과 심리적인 제반 환경의 속성 등을 뜻한다(이연숙, 1997, Decker & Decker, 1992). Kostelnik(2005)는 유아교육기관에서 요구되는 물리적 환경의 개념으로 안전, 건강, 편안함, 아동의 신체 크기, 융통성, 움직임, 선택 등 7가지 개념을 제시하였고 이연숙(1997)은 여러 연구자들의 개념을 재구성하여 안전, 건강, 편안함, 융통성, 움직임, 도전, 자존감, 통제, 부드러움, 질서, 프라이버시, 시각적 연결 등의 11개 요소로 정의하였다. 심우경(2013)은 이연숙(1997)의 유아 환경을 위한 12개 형태적 개념을 참고로 하여 7개 물리적 환경 구성요소로 구성하였다. 아래 〈표 3-1〉은 유아교육기관 물리적 구성요소를 구성요소와 하위요소로 나누어 정리한 자료이다.

〈표 3-1〉 유아교육기관 물리적 구성요소

구성요소	하위요소	평가항목
안전성	공간의 안전성	• 발달에 따른 안전한 공간 • 공간의 적합성, 움직임 활동의 공간 안전성 • 신체의 불균형에 공간의 안전성
	시설, 설비의 안전성	• 가구 및 벽과 기둥 모서리 • 마감재 안전소재, 재료 및 완성도 • 신뢰감과 안전감 제공
쾌적성	쾌적성	• 가구 및 벽과 기둥 모서리 • 마감재 안전소재, 재료 및 완성도 • 신뢰감과 안전감 제공
	휴식성 (안락성)	• 휴식과 재충전의 기회 제공 • 낯선 곳에서 느끼는 불안감 최소화, 친숙하고 편안한 분위기 형성
	청결성	• 깨끗하고 정돈된 환경(청결, 위생조건)
융통성	구조의 융통성	• 가변적인 공간 배치(활동에 따라 변경 가능성)
	활용성	• 자료의 제시(제시된 자료에 대한 접근)
	교류성	• 자료의 교류(영역 간 자료의 공유와 개방, 선택 가능한 자료 이용)
편의성	편리성	• 편리한 공간 및 시설 (학습, 놀이 공간의 배치/가구 배치/시설 완비/이용의 수월성)
	다양성	• 다양한 공간 및 가구(크기 및 형태의 다양화/선택 가능성)
	적합성	• 각 연령에 알맞은 인체공학적 시설, 설비 및 비품 및 교재/교구, 각종 가구의 디자인
자존성	자아존중감	• 사적 공간의 보로, 전용 공간의 존중 분위기 조성
	영역성	• 다양한 형태의 경계 표시
이동성	역동성	• 동적인 공간 배치(유도 공간/커뮤니케이션 공간)
	접근성	• 실내 · 외 자유롭게 움직일 수 있는 충분한 공간(움직임 허용 공간)
	소통성	• 모든 형태의 소통 가능(개방된 커뮤니케이션)
심미성	아름다움	• 아름다운 분위기(실내, 외 배색, 색체, 조경, 그림 등)
	조화로움	• 조도와 배색 등의 조화(채광, 벽, 바닥의 색깔, 재질 등)

출처: 심우경(2013)

첫째, 안전성은 공간의 안전성으로 유아는 예측 및 조정이 가능하고 자신의 특성에 알맞은 환경하에서 안전함을 느끼게 되므로 유아의 발달을 장려 할 수 있도록 하는 환경이어야 하며 또 안전성은 실내외의 공간 및 시설·설비, 비품 등에서 신체적 위험요소를 제거한 요소이다.

둘째, 쾌적성은 쾌적하고 안락한 환경의 조성이 유아들의 주의력, 기억력, 성취의 발달을 적극적으로 지원하며, 유아들이 휴식하고 재충전할 수 있도록 해 주며(Olds, 1989) 오감을 통한 공간의 감각적인 자극(온도, 공기, 습도, 소음, 환기 등)과 휴식성, 안락성, 깨끗하고 정돈된 환경의 청결성을 포함하는 요소이다.

셋째, 융통성은 유아의 연령과 소속 집단에 따라 구조적 요구나 건축적 공간에 대한 요구가 지속적으로 변화하며 이 같은 변화를 수용하기 위한 창의적인 노력이 프로그램 수정과 개선에 쉽게 반영될 수 있는 물리적인 공간계획이 필요함을 지적하였다(Moore, 1987). 또 융통성은 상황, 요구에 의한 가변성과 활용성, 영역과 자료의 교류성 등 다양한 형태로 변형될 수 있는 요소이다.

넷째, 편의성은 사람들의 행동과 주변의 상황을 관찰할 수 있도록 바닥의 높이 조절, 또는 부분적으로 유리를 사용하거나 낮은 칸막이, 소음과 조명의 조정, 명시성이 있는 그래픽 등의 디자인을 통해서 예측 가능성을 증진시킬 수 있다. 또 마음이 고요하고 평안 상태를 유지할 수 있게 하는 환경 분위기의 특성으로 다양성(공간 및 시설의 크기 및 형태 등), 선택 가능성, 적합성(연령에 알맞은 인체공학적 시설·설비 등)의 요소이다.

다섯째, 자존성은 유아 자신이 중요한 사람으로서 안정감을 느끼며, 행동에 대한 자신감을 갖게 되는 것은 자아 존중감 형성을 하는 데 있어 중요한 요소이다(Olds, 1989). 유아에게 존중감을 발현시킬 수 분위기로 공간과 시설·설비를 이용하면서 느끼는 심리적인 만족감과 자신감 등의 요소이다.

여섯째, 이동성은 발달에 중요한 시기인 유아기에 주변 환경과의 능동적이고 자발적인 상호작용을 허용하며 신체적 움직임과 실수를 통해서 조심성과 안전하게 움직이는 법을 학습할 수 있도록 하는 도전적인 환경의 조성 및 소통이 가능한 개방적인 공간이 필요하다. 더불어 이동성은 동적 활동을 수용할 수 있고 움직임을 유도할 수 있는 공간으로 정적이며 동적인 환경 구성과 접근의 용이성, 소통성 등의 요소이다.

일곱째, 심미성은 공간 규모나 공간 유무와는 거리가 있지만, 전체적인 외관이나 디자인에서 아름다움을 느끼는 것으로 상대적으로 고려됨을 알 수 있다. 이는 전체적인 공간 이미지에서 느끼는 미학적 감성으로 실내·외의 아름다운 분위기, 사용 조도와 배색 조화 등의 요소로 이루어져 있다.

이처럼 물리적 환경 구성요소는 유아들의 놀이에 영향을 미치는 중요 요인으로서 높은 질의 놀이 환경은 학습을 유도하고 어린이들의 발달을 지지해 준다는 것을 밝히고 있다(Dianne, W., Derek, H., Katie, H., Julie, M., Sarah, B., & Stewart, T. 2008).

한편, 유아의 사회적 감수성을 개발시키기 위해서는 유아와 성인과의 상호작용보다는 또래 집단 간의 상호작용이 훨씬 효과적이므로 유아교육기관 환경 내에서 친근한 상호작용의 기회가 빈번히 발행할 수 있도록 다양한 공간구성을 고려하는 것은 중요하다(Mark Dudek, Kindergarten Architecture, 2014). 유아들은 사회적 상호작용의 공간 외에도 틈새 공간, 집 속의 작은 집. 코너와 굴 같은 작은 스케일의 공간을 매우 좋아하므로 유아의 특성을 고려하여 유희실과 같은 넓은 공간에는 다양한 물리적 환경을 조성해 주는 것도 필요하다.

인간의 발달은 평생에 걸쳐 성장, 성숙, 학습되면서 이루어진다. 인간의 발달을 유전적인 요인과 유전과 환경의 상호작용이라는 두 가지 관점에서 연구하고 논쟁해왔으며 이 중 유전과 환경의 상호작용으로 인하여 인간이 발달한다는 측면에서 볼 때 환경 및 교육이 유아의 발달에 지대한 영향을 미치는 것을 알 수 있다. 이에 유아교육기관에서는 교육과 환경의 중요성을 인식하고 유아가 여러 가지 측면으로 원활히 발달 할 수 있도록 적합한 환경을 조성해 주도록 노력해야 할 것이다. 권태훈(2010)은 발달별 특성에 따른 공간의 조건을 〈표 3-2〉와 같이 제시하였다.

〈표 3-2〉 발달별 특성에 따른 공간의 조건

구분	조건	특성
인지	자아존중감	• 개인 욕구 충족 및 활동 용이성 • 시설물, 가구 및 공간이동에 대한 스스로의 조절능력 제공 • 가구, 설비물의 영유아스케일
	프라이버시	• 자극에서 분리된 사적인 공간 • 시각적, 청각적 분리를 통한 물리적인 경계
신체	움직임	• 신체적 기술 연마를 통한 사고능력 발달 • 세상에 대한 정보제공 • 신체와 사물에 대한 조절능력
	건강	• 영유아의 수에 따른 공간 밀도 • 친환경적 건축자재와 마감재 사용
	도전	• 환경과의 능동적, 자발적 상호작용을 통한 신체단련 • 신체적 움직임과 실수를 통한 조심성과 안정성 학습
	안전	• 물리적 시설의 안전 • 도전적인 환경과의 적절한 수준에서의 절충
사회성	질서	• 규칙적이며 질서 있는 시간과 공간 계획 • 복합성을 고려한 적절한 자극의 환경
	융통성	• 사회적 상호작용을 위한 공간구성 • 변형 조작 가능한 물리적 환경
언어	소통	• 영유아간의 친밀함을 유도하는 공간 계획 • 역할극놀이 등의 놀이 시행을 위한 놀이 교재 공간구성
	절제	• 교사의 또래 영유아 간의 행동 관찰이 가능한 공간구성 • 자신의 의견 표출이 가능하며 공간 교차 지원이 가능한 공간계획
정서	편안함	• 쾌적하고 안락한 환경 조성 • 휴식과 재충전의 기회 제공 • 공공장소에서의 친숙함, 신뢰감 제공
	통제	• 영유아의 행동과 주변상황을 관찰할 수 있는 공간구성 • 적절한 영유아의 활동제한과 폐쇄공간

출처: 권태훈(2010)

한편, 물리적 환경의 크기, 유아 1인당 면적, 물리적 환경이 주어지는 범위 등 유아교육기관의 물리적 환경은 교사와 유아 간의 상호작용뿐만 아니라 사회성 발달, 신체 발달 등 보육의 질에 영향을 줄 뿐만 아니라 궁극적으로는 유아가 받는 교육 전체의 질을 좌우하는 요인이 된다고 할 수 있다.

놀이와 공간구성에 관한 내용을 정리하면 유아들은 유아교육기관에서 자신들의 특별한 장소를 만들어 다른 유아와 관계를 맺으며 만들어진 장소에 의미를 부여하고, 자신의 존재감을 보여주기도 하며(권선영, 2017) 같은 연령의 공간이라도 구성원에 따라 그들의 경험과 맥락을 바탕으로 유아들의 공간에는 그들만의 의미가 담기는 것이다. 공간의 구성과 환경의 조성에 있어 유아의 다양한 발달별 특성에 따른 공간의 조건을 고려하는 공간이어야 하며 유아는 어른들과 달리 발달이 빠르기 때문에 각 시기에 적절한 놀이와 학습을 제공해주는 공간이 필요하다고 할 수 있다.

「2019 **개정 누리과정**」 **해설서에서 '유아가 다양한 놀이와 활동을 경험할 수 있도록 실내외 환경을 구성한다'**.

개정 누리과정에서 놀이 환경은 유아가 놀이하는 실내외 모든 공간과 놀이자료를 포함한다. 유아가 보고 듣고 만지며 자유롭게 표현할 수 있는 놀이 환경은 놀이가 다양하게 이루어지도록 하는 중요한 교육적 자원이다.

다양하고 안전한 실내외 놀이 공간 구성

- **교실을 포함한 실내 공간**은 유아에게 가장 친숙한 놀이 환경이다. 교사는 놀이 공간을 구성하고 변형해 나가며 유아의 자유로운 놀이를 지원할 수 있다. 교실의 흥미 영역은 유아들이 가장 좋아하는 놀이를 중심으로 구성하는 것이 좋으며, 유아들이 흥미를 보이지 않는 영역은 다른 영역과 통합하여 재구성하거나 다른 영역으로 대체하는 것도 가능하다. 또한 유아의 관심과 흥미, 요구에 따라 새로운 영역을 구성할 수 있으며, 이때 유아가 주도적으로 놀이 영역을 창조할 수 있도록 지원해야 한다.
- **실외 공간**은 유아가 마음껏 뛰어놀며, 자연과 계절의 변화를 만나고 탐색할 수 있는 놀이 환경이다. 교사는 유아가 몸을 충분히 움직여 즐겁게 놀이하고 위험으로부터 자신을 안전하게 보호하는 능력을 기를 수 있도록 지원해야 한다.

출처: 교육부, 보건복지부(2019)

1. 실내 놀이 공간

실내 놀이 공간은 유아들의 발달과 특성, 흥미, 개인차를 반영하고 유아들이 자유롭게 탐색하고 놀이를 확장시킬 수 있는 공간이어야 한다. 유아들은 놀이를 하고 싶은 욕구가 생기면 실내 공간과 실외 공간을 구별하지 않고 어디에서든 놀이를 하게 된다(이순복 외, 2011).

1) 실내 놀이 공간 구성

물리적 시설이 잘되어 있고, 교사 대 유아의 비율이 낮으며, 잘 훈련된 교사들이 있는 교육기관에서 교사와 유아의 긍정적인 상호작용이 많이 발견된다. 반면 비좁고 시설이 빈약하며 교사 대 유아 비율이 높은 교육기관의 유아들이 목적 없는 행동과 혼자 놀이에 더 많은 시간을 보내는 것이 발견된다(Vandell & Powers, 1983). 물리적 환경이 좋은 기관에 다니는 유아는 인지적 기능뿐 아니라 사회적 능력에서 뛰어나고, 또래와의 상호작용에서도 긍정적이고 적극적이었다(Kontos & Fiene, 1987).

(1) 교실과 보육실

교실과 보육실은 유아들이 하루 중 가장 많은 시간을 보내는 곳으로 교육 및 놀이 활동, 휴식 및 낮잠과 식사가 이루어지는 곳이다. 실내외 환경 중 학부모와 교사가 모두 중요시하는 공간이며, 안전하고 편리하게 활동할 수 있어야 하며 밝고 따뜻하고 청결하여 가정과 같은 느낌을 주어야 한다. 환경을 구성하는데 있어서 우선 주목할 것이 공간의 크기이며, 면적 기준은 어린이집의 경우 어린이집 전체 면적과 교실과 보육실 면적이 있다. 전체 면적은 어린이집으로 사용되는 부분의 면적 합계이며, 교실과 보육실 면적은 교실이나 보육실 또는 유아가 주로 사용하는 공간인 유희실, 낮잠실 등도 포함된다.

놀이공간으로서의 교실　　　휴식공간으로서의 교실

[그림 3-1] 교실과 보육실

(2) 유희실(실내 놀이공간 또는 체육실)

유희실은 일종의 실내 놀이터라고 할 수 있기 때문에 신체활동 기구나 설비를 갖춰야 한다. 교실과 보육실에서 충분히 다룰 수 없는 활동, 놀이기구를 이용한 동적인 활동과 학급 전체가 참여하는 활동, 기상 조건이 안 좋은 날의 옥내 놀이 공간, 대집단 활동 시 모임 장소 등의 목적으로 사용된다. 유희실은 구조를 수시로 변경할 수 있는 가변형 구조로 계획하면 유아의 놀이 시 효과적이며, 실외공간과 직접 연결되어 실내·외 놀이의 연계가 자유롭다면 더욱 좋다. 또한 유아들이 뒹굴고 눕고 기는 다양한 활동을 하는 실내 놀이실의 바닥은 재질이 부드럽고 완충작용을 할 수 있는 소재로 구성하는 것이 좋으며, 유희실에 반드시 갖춰야 할 설비는 미끄럼틀, 목마, 실내용 그네, 매트, 다양한 놀이기구 등이 있다.

대근육 놀이공간으로서의 유희실　　　유희실의 도서공간

[그림 3-2] 유희실(실내 놀이공간 또는 체육실)

(3) 복도

건축용어 대사전에서 복도는 ①건물과 건물 사이에 비나 눈이 맞지 아니하도록 지붕을 씌워 만든 통로 ②건물 안에 다니게 된 통로이다.

해외사례에서 복도는 유아들이 앉아서 놀거나, 쉬거나, 이야기하는 등 다양한 활동이 이루어질 수 있도록 포켓 공간(Den)을 조성하기도 한다. 개정 누리과정으로 변화한 후 우리나라 유아교육기관에서 복도는 새로운 놀이 및 휴식공간으로 재탄생되고 있다. 특히 실내놀이와 실외 놀이 공간의 연결, 전시 공간 등 다양한 기능을 가지게 되었다.

교실과 연결된 놀이공간

복도 전시공간

[그림 3-3] 복도

(4) 계단

계단은 사람이 오르내리기 위하여 건물이나 비탈에 만든 층층대이지만 개정누리 과정을 실행하는데 있어 유아들에게 위험한 곳, 오르내리기 위한 곳만이 아닌 놀이와 교육 활동에 새로운 공간으로 활용되고 있다. EDUMAC 사례집(2019) 해외사례에서 계단 가장자리에 장난감 자동차 트랙을 설치하여 놀이공간으로 활용, 계단 일부의 단 높이를 높게 하여 객석으로 활용, 계단 하부 자투리공간을 음악놀이 공간·도서공간·비밀스런 방으로 조성하는 등 계단을 유아의 놀이와 휴식으로 활용하기도 한다.

계단을 이용한 놀이　　　계단에서 듣는 동화

[그림 3-4] 계단

(5) 벽면

벽면은 놀이 영역의 연장으로써 인식되고 유아들이 다양한 표현활동의 산물을 개인적으로 또는 공동으로 벽면에 게시할 수 있도록 개방하고 있다.

개인 표현활동의 게시공간　　　공동작품 게시공간

[그림 3-5] 벽면

2) 교실 구성의 원리

유아교육기관 내 다양한 실내공간 중 유아의 놀이가 가장 활발히 이루어지는 공간은 교실(보육실)이므로 교실 환경에 대해 자세히 알아보도록 하겠다. 교실 구성의 원리는 유아의 신체적 안전, 심리적 안정, 발달적 적합성과 다양성을 고려하여 구성하는 것이 바람직하며, 구성원리는 다음과 같다(김지영 외, 2020. 재인용).

첫째, 놀이에 필요한 충분한 공간을 확보해야 한다.

놀이 환경은 유아가 활동할 수 있을 만큼 충분히 넓게 구성하는 것이 좋다. 공간이 넓지 않으면 유아의 놀이가 제대로 진행될 수 없고 다툼이 생기기도 쉽다. 교실에는 다른 공간으로 이동할 수 있도록 반드시 통로를 갖추고, 통로는 안전사고의 위험이 없도록 넓게 한다.

둘째, 놀이의 특징에 따라 영역을 구분하여 구성한다.

조용한 영역과 활동적인 영역은 분리, 배치하고 서로 연관되는 영역은 인접하게 배치한다. 영역 구분의 원리는 Frost & Kissinger(1976)의 구분에 따라 놀이의 활동성과 물의 필요성을 원칙으로 하여 네 가지 영역으로 구분한다.

▣ Frost & Kissinger의 실내 놀이영역 구성 ▣

- 제1구역(정적이고 건조한 영역): 언어영역, 수 · 조작영역, 책보기영역
- 제2구역(동적이고 건조한 영역): 쌓기놀이영역, 역할놀이영역, 음률영역
- 제3구역(정적이고 물이 필요한 영역): 미술영역, 요리영역
- 제4구역(동적이고 물이 필요한 영역): 물감놀이영역, 과학영역

유아교육기관의 교실의 구성은 위와 같은 네 가지의 공간의 특성에 근거하여, 흥미영역으로 구성될 수 있다. 정적이고 건조한 영역(제1구역)은 언어영역, 수·조작영역, 책보기 영역으로 구성이 가능하며, 동적이고 건조한 영역(제2구역)은

쌓기놀이영역, 역할놀이영역, 음률영역으로 구성할 수 있다. 정적이고 물이 필요한 영역(제3구역)은 미술영역, 요리영역, 동적이고 물이 필요한 영역(제4구역)은 물을 이용한 물감놀이영역, 과학영역 등으로 계획하여 구성할 수 있다.

셋째, 유아의 연령, 발달 특성, 교육프로그램을 반영하여 흥미(놀이)영역으로 구성한다.

유아의 놀이 욕구를 충족시키기 위해서는 유아의 연령, 발달수준 등을 고려하여 흥미영역 또는 놀이 영역으로 구성하여야 하며, 영역별로 매력적이고 교육적으로 의미 있는 활동을 제공하도록 한다. 흥미영역은 1년 내내 고정되게 두기보다는 교실의 크기, 유아의 연령, 흥미나 놀이 주제에 따라 융통성 있게 변화를 주도록 한다.

넷째, 놀이환경의 안전과 위생을 고려한다.

놀이환경의 안전, 위생, 환기, 청결을 신경써서 관리하고, 놀이가 최적으로 이루어질 수 있도록 적정온도와 습도를 유지해야 한다. 또한 시설·설비와 교구는 유아의 연령과 발달에 적합한 것으로 배치하여 유아가 안전하게 사용할 수 있도록 한다.

다섯째, 유아의 작품을 전시할 수 있는 공간을 마련한다.

미술, 언어, 과학 영역에서 유아가 활동한 결과물을 전시할 수 있는 공간을 실내에 마련한다. 평면적인 작품의 경우에는 유아의 눈높이에 맞도록 벽면에 게시하도록 하고, 입체작품의 경우에는 별도의 공간이나 영역을 마련하여 결과물을 전시하고 유아가 감상하도록 한다.

여섯째, 융통성과 변화가 가능하도록 한다.

영역의 구성을 쉽게 바꿀 수 있는 바퀴가 달린 교구장을 활용하거나 접이식 책상을 필요에 따라 활용하여 융통성 있는 환경 구성이 가능하도록 한다.

3) 실내 놀이 영역

실내 놀이 영역은 현재까지도 흥미영역별 실내 놀이 영역이 보편적으로 수용되고 있으며 Frost & Kissinger의 실내 놀이영역 구성 원리에 따라서 쌓기, 역할, 미술, 언어, 과학, 수·조작영역 등으로 구분할 수 있다.

(1) 쌓기놀이 영역

쌓기놀이는 유아가 놀이재료를 가지고 무언가를 만들고 구성하는 건축 활동이 포함되는 모든 종류의 놀이로, 유아가 수행하는 놀이의 상당 부분을 차지하고 있다. 다양한 쌓기놀이 놀잇감이 제공되는 쌓기놀이 영역은 활발한 활동으로 인해 소음이 발생하므로 정적인 영역의 활동에 방해가 되지 않는 장소에 배치하고 바닥에는 두꺼운 매트나 카펫을 깔아준다. 그뿐만 아니라 역할놀이 및 더 복잡한 놀이로의 전환을 위해 역할놀이 영역과 인접한 장소에 다양한 소품들과 함께 배치하여 놀이를 촉진시킨다(교육부, 보건복지부, 2018).

쌓기놀이 영역에서 가장 핵심이 되는 블록은 유니트 블록이며 오늘날에는 판지, 스펀지, 플라스틱, 천, 발포 고무와 같은 여러 가지 재료로 만들어진 블록들이 있다. 이 외에도 쌓기놀이 영역에 요구되는 다양한 놀잇감 및 교구들로는 국가 수준의 교육과정인 '3~5세 연령별 누리과정(교육부, 보건복지부, 2015a)'에서 필수 놀잇감으로 종이 벽돌 블록, 단위 블록 등의 다양한 블록들과 동물, 인형, 탈것과 같은 모형들, 사회극놀이 소품 그리고 쌓기놀이를 활성화시키기 위한 책이나 그림 자료 등을 제시하였다.

〈표 3-3〉 쌓기놀이 영역 놀잇감

쌓기놀이 영역 놀잇감 및 교구	
교육부 보건복지부(2015a)	단위 블록, 공간 블록, 종이 벽돌 블록, 우레탄 블록, 동물, 공룡, 사람 등의 인형 또는 모형, 탈것(기차, 여객기, 구급차, 경찰차, 트럭, 레미콘, 운전대등), 여러 종류의 가면, 교통 신호나 표지판, 쌓기 놀이 관련 그림 자료와 도서 등
엄정애(2009)	단위 블록(unit block), 폼 블록(foam block), 속이 빈 블록(hollow block), 플라스틱 블록 또는 테이블 블록(table block)
지성애(2009)	속이 빈 블록, 나무쪽 세트, 작은 테이블 블록 세트, 단위 블록, 틴커 장난감, 목공놀이 (꺽쇠, 망치, 끈, 자, 못, 너트, 볼트, 모래종이, 톱, 워셔), 나무 블록, 페인트, 털실, 인형, 농장모형, 탈것(비행기, 차, 보트 등), 블록을 담고 실어 나를 수 있는 트럭

출처: 왕혜원(2019)

(2) 역할놀이 영역

역할놀이는 유아가 비현실적 상황에서 여러 역할을 흉내 내고, 필요에 따라 사물의 용도를 바꾸거나 다른 사물로 대체하는 놀이영역으로 유아가 다양한 행동 및 역할을 가작화하여 놀이할 수 있도록 역할놀이 놀잇감 및 소품들이 구비된 장소이다. 교실 내 역할놀이 영역은 많은 유아가 놀이에 가담할 수 있도록 충분한 공간이 제공되어야 하고, 쌓기놀이 영역과 가까이 배치하여 놀이가 확장될 수 있도록 해야 한다(교육부, 보건복지부, 2015a).

Dinnerstein(2016)에 의하면 역할놀이 필수 놀잇감은 주방놀이를 위한 플라스틱 접시와 컵, 프라이팬 같은 요리도구, 청소를 위한 유아용 빗자루와 막대 걸레, 남아와 여아 모두에게 적합한 역할 의상과 의상을 담거나 걸 수 있는 바구니, 새로운 의상을 창조하기 위한 다양한 크기와 종류의 천 등과 인형, 인형 옷, 그리고 인형 소품들과 다양한 종류의 가방, 필기구와 노트, 휴대전화, 담요 등이 있다.

〈표 3-4〉 역할 놀이영역 놀잇감

역할놀이 영역 놀잇감 및 교구	
Dinnerstein(2016)	주방놀이 소품(플라스틱 접시, 컵, 요리도구, 식탁보 등), 청소용품(유아용 빗자루, 쓰레받기, 막대걸레), 역할놀이 의상, 옷걸이, 천, 인형, 인형 옷, 인형 소품, 담요, 침대, 가방(지갑, 손가방, 여행가방, 서류가방, 열쇠), 필기구, 노트, 전화기, 휴대전화 등
교육부 보건복지부(2015a)	기본 가구(유아용 옷장, 탁자, 의자, 소파, 거울 등), 가족놀이 소품(인형류, 의류, 신발류, 가방, 빗, 머플러, 넥타이, 주방용품, 일상용품, 열쇠, 우산 등), 교통기관놀이 소품(여행 가방, 승차권, 지도, 여행 소책자 등), 가게 놀이 소품(시장바구니, 모형과일, 지갑 등), 병원놀이 소품(의사 가운, 청진기, 혈압계, 주사기, 붕대 등) 기타 은행놀이, 서점놀이, 방송국놀이, 주유소놀이, 목욕탕놀이, 미장원놀이 등의 각종 역할놀이용 소품들
지성애(2009)	손 인형, 병원놀이 소품(반창고, 병원가운, 유니폼 등), 다리미, 양동이, 수건, 요리활동과 식기(우유병, 식탁도구, 접시, 그릇, 음식모형, 인형, 아기옷 등), 소품영역 가구(흔들의자, 성인용의자, 전신거울, 냉장고, 카펫, 싱크대, 가스레인지, 탁자, 전화 등), 나무찬장, 빨랫줄, 빨래집게, 시계, 저울 등
Sluss(2018)	음식모형, 의상, 가스레인지, 냉장고, 싱크대, 탁자, 접시, 옷걸이, 행거 등

출처: 왕혜원(2019)

(3) 수·조작 영역

수·조작 영역에 제공되는 놀잇감 및 교구는 학습과 발달을 위해 고안된 입체적인 실체물로 유아는 퍼즐을 조작하며 문제해결력을 습득하고 게임이나 빙고를 하며 규칙에 대해 학습한다. 수·조작교구를 사용하여 천이나 인형 등을 바느질하거나 구슬을 끼워 목걸이를 만들고, 재료를 분류하고, 여러 종류의 게임 등을 하며 다양한 기술과 지식을 습득하게 될 뿐만 아니라 문제해결력을 기르고 추상적 개념의 구체적 표상과 감각적 정보 분석을 위한 기초를 다지게 된다.

분류, 배열, 비교와 같은 수학적 문제해결과 끼우기, 맞추기 등의 논리적 문제해결 및 소근육 발달과 관련된 개별적인 탐색 활동을 하게 되며, 이러한 경험은 유아에게 일반적 수학 학습에 대한 동기를 부여하여 결과적으로 유아의 눈과 손의 협응력, 전략적 사고력, 문제해결기술, 공간 지각력을 발달시킨다(교육부, 보건복지부, 2015). 조작 영역의 대표적인 놀잇감과 교구로는 레고 블록, 꽂 블록과 같은 구성 활동을 위한 놀잇감과 퍼즐, 볼트 너트와 같은 조작 활동을 위한 놀잇감, 바느질, 끈 매기, 구슬 꿰기와 같은 일상생활 활동을 위한 놀잇감 그리고 간단한 게임, 로토와 같은 게임활동을 위한 놀잇감들이 있다(교육부, 보건복지부, 2015a).

영아의 경우 감각·탐색 영역으로 영아의 오감을 자극할 수 있는 다양한 재질과 형태의 놀잇감을 제공하는 것이 바람직하며, 가장 중요한 것은 영아가 만지고 맛보고 냄새 맡는데 위험한 요소가 없어야 한다.

〈표 3-5〉 영아 감각·탐색 영역 놀잇감

감각 · 탐색 놀잇감	
영아 (만 0~1세)	감각활동 자료(여러 가지 재질과 질감의 촉각판, 다양한 소리가 나는 플라스틱통 등, 탐색 및 조작활동 자료(누르면 튀어나오는 놀잇감, 오뚝이, 고무나 플라스틱으로 된 고리 끼우기, 모양 찾아 맞추기 등)
영아 (만 2세)	감각활동 자료(오감을 이용한 여러 가지 감각 놀잇감, 소리상자, 촉감판 등) 탐색활동 자료(돋보기, 식물, 동물, 주변에서 찾아낸 여러 모양의 나무껍질, 조개 껍질 같은 여러 가지 자연물), 조작활동 자료(큰 조각 퍼즐, 모양 찾아 맞추기, 크기 순으로 고리 끼우기, 색깔 맞추기 등)

〈표 3-6〉 수·조작영역 놀잇감 및 교구

역할놀이 영역 놀잇감 및 교구	
교육부 보건복지부(2015a)	조작활동자료(퍼즐, 볼트와 너트 맞추기, 자물쇠 맞추기), 구성활동자료(코코 블록, 레고, 꽃 블록, 다목적 블록), 일상생활 활동자료(끈 끼우기, 끈 매기, 구슬 꿰기, 지퍼 올리기, 단추 끼우기, 옮겨 담기, 바느질), 게임활동자료(색깔 맞추기 게임, 로토 게임, 기억하기와 같은 간단한 게임) 등
엄정애(2009)	퍼즐(모양판 퍼즐, 조각그림 퍼즐), 끈 끼우기, 구슬레일, 짝 맞추기(그림 찾기판, 그림 연결 카드, 같은 용도의 카드 맞추기), 같은 모양 끼워 맞추기(볼트와 너트, 자물쇠와 열쇠 등), 디자인과 패턴 만들기(탱그램, 페그보드, 지오보드), 일상생활 훈련 놀잇감(단추끼우기, 스냅 채우기, 지퍼, 벨트 등), 작은 물건 옮겨 담기, 포개거나 쌓을 수 있는 놀잇감 등
고진영(2019)	그림 맞추기 자료(퍼즐, 도미노 카드 등), 일상생활 훈련자료(밸크로 붙이기, 단추 끼우기, 지퍼 올리기), 바느질하기 등, 모형놀이 자료(모형류, 입체도형류, 칠교놀이류 등), 게임자료(게임판, 주사위, 말 등), 카드류, 민속 놀이자료(윷, 고누, 오목)

Freeman, Decker, & Decker(2016)	레고, 마그나 타일(Magna Tiles), 마그넷 빌더(Magnet Builders), 브리스틀 블록(Bristle Blocks), 구슬 꿰기, 패턴 카드, 퍼즐, 링컨 로그(Lincoin Logs), 구슬 레이싱(Marble Run), 바닥퍼즐 등
지성애(2009)	퍼즐, 로토, 플란넬판, 플란넬판 숫자, 기하학적 도형이 입체, 후각 재료, 나무판, 못, 만져서 알 수 있는 재료, 맛보고 알 수 있는 재료 등

출처: 왕혜원(2019)

(4) 미술 영역

미술 영역은 유아교육기관에서 가장 많이 발생하는 놀이 행동인 그리기 활동과 조형 활동이 이루어지는 곳(임부연 외, 2009)으로 유아가 자신의 상상력을 바탕으로 개인적인 예술작품을 창조하고, 교과와 관련된 탐구를 연장시키기 위해 시각예술을 사용하는 장소이다. 유아는 미술 영역에서 그리고 만들고 꾸미고 구성하며 다른 방법으로 전달할 수 없었던 자신만의 감정과 생각을 시각적으로 자유롭게 표현하고 이를 통해 성취감을 느끼며, 정서적 긴장감을 완화시킨다(교육부, 보건복지부, 2015a).

교육부와 보건복지부(2015a)는 3~5세 연령별 누리과정 교사용 지침서에서 미술 영역의 필수적인 놀잇감 및 재료를 도화지, 색종이, 색지, 골판지, 포장지 등의 종이류와 크레파스, 색연필, 볼펜, 물감, 먹물, 붓, 사인펜, 매직, 핑거 페인트와 같은 그리기 도구, 가위, 풀, 테이프, 스테이플러, 펀치, 핑킹 가위 등의 만들기 도구, 찰흙, 고무 점토, 밀가루 점토, 나뭇가지, 나무젓가락, 빨대, 실, 솜, 스펀지, 수수깡, 자연물과 같은 각종 자료와 상자, 헝겊, 요구르트병, 휴지심 등의 재활용품으로 구분 지어 제시하였다.

〈표 3-7〉 미술 영역 놀잇감 및 교구

미술영역 재료 및 교구	
지성애(2009)	도화지, 색종이, 색지, 골판지, 포장지, 크레파스, 먹물, 붓, 물감, 매직, 핑거페인트, 색연필, 사인펜, 볼펜, 풀, 테이프, 스테이플러, 가위, 펀치, 핑킹 가위, 실, 솜, 고무 점토, 밀가루 점토, 찰흙, 나무젓가락, 빨대, 스펀지, 수수깡, 자연물(돌, 솔방울, 나뭇잎, 깃털, 조개껍질 등), 상자, 헝겊, 요구르트병, 휴지심 등
교육부 보건복지부(2015a)	구성종이, 두꺼운 종이, 포장지, 크레이프, 마닐라지, 포스터, 카드, 페인트, 크레파스, 붓, 분필, 핑거페인트, 템페라 페인트, 연필, 펜, 지우개, 목탄, 가위, 풀, 접착테이프, 마스킹 테이프, 접착제, 스테이플러, 압핀, 커터기, 찰흙, 밀가루 점토, 점토틀, 스펀지, 끈, 털실, 우드스틱, 이쑤시개, 나무조각, 천, 식용색소, 밀가루, 핀과 바늘, 클립, 콜라주 재료, 종이가방, 신문지 등
Dinnerstein(2016)	다양한 색과 크기의 공작 종이, 도화지, 연필, 크레파스, 색연필, 분필, 드로잉 붓펜, 파스텔, 다양한 굵기의 붓, 물감, 가위, 가위거치대, 풀, 접착테이프, 스테이플러, 신문지, 이면지, 자연물(꽃잎, 나뭇가지, 돌멩이 등) 등
Sluss(2018)	다양한 크기의 종이, 물감, 채색도구, 안전가위, 스템프, 스템프 패드, 공작용 점토 등

출처: 왕혜원(2019)

(5) 언어 영역

언어 영역에는 '듣기', '말하기', '읽기·쓰기에 관심 가지기' 등과 같은 여러 가지 언어 활동을 위한 자료를 준비한다. '듣기' 활동은 언어 발달의 기초가 되는 과정으로 유아들이 다른 사람의 말이나 동화·동시 등을 잘 듣고 바르게 이해하는 능력과 태도를 길러 주기 위한 것이다. 유아들은 혼자 혹은 집단으로 편안히 앉아 있을 수 있어야 하며 또한 이곳에 있는 교구들을 여가 시간에 자유롭게 꺼내서 사용할 수 있어야 하며 창조적이고 매력적인 분위기로 구성하여야 한다(Diane Trister Dodge, 1992). 언어영역에는 일상생활에서 볼 수 있는 친근하고 익숙한 자료뿐 아니라 유아의 사고능력과 의사소통능력을 확장시켜 주는 자료들을 구비하는 것이 좋다(이지현 외, 2009).

〈표 3-8〉 언어영역 놀잇감과 자료

구분	언어자료	자료예시
영아	듣기 · 말하기 자료	– 영아(만 0~1세): 그림자료, 사진자료, 전화기, 짧은 이야기와 노래 테이프 등 – 영아(만 2세): 손 인형, 사진자료, 친숙한 일상생활 용품의 사진과 이름이 있는 그림카드, 전화기, 녹음된 목소리를 들어볼 수 있는 자료, 짧은 이야기와 노래 CD 등
	읽기 자료	– 영아(만 0~1세): 입으로 물거나 던져도 좋을 만큼 안전하고 견고한 재질과 형태의 그림책 (헝겊책, 촉감책, 비닐책, 스펀지 책, 소리나는 책 등), 다양한 그림이나 사진 자료(영아에게 친숙한 인물, 동 · 식물) 등 – 영아(만 2세): 글자 수가 많지 않은 다양한 주제의 그림책을 포함하여 재질과 형태가 다양한 책 (촉감책, 퍼즐책, 소리나는 책 등), 그림이나 사진 자료(그림책의 주인공, 영아에게 친숙한 인물, 지역사회, 자연물) 등
	쓰기 자료	– 영아(만 0~1세): 영아가 물거나 빨아도 안전한(무독성) 짧고 굵은 크레용이나 부드럽게 써지는 색연필, 전지, 쓰기판 등 – 영아(만 2세): 굵은 크레용, 굵은 색연필이나 4B 연필, 자석 쓰기판, 종이 등
유아	듣기 · 말하기 자료	교사나 부모 등 친근한 사람의 목소리가 녹음된 자료, CD 플레이어와 이야기 CD, 헤드폰, 유아가 스스로 이야기를 꾸미거나 자신이 아는 이야기를 반복하도록 촉진시키는 소품(막대 인형이나 테이블 인형, 융판이나 자석 인형, 손인형, 손가락 인형, OHP 그림, 인형극 틀 또는 언어 놀이를 할 수 있는 수수께끼 상자나 순서대로 사건을 연결하여 이야기해 보는 그림카드, 목소리를 녹음해 볼 수 있는 녹음기, 마이크 등)
	읽기 자료	다양한 주제의 각종 그림책 (창작그림책, 전래동화, 글 없는 그림책, 과학동화, 생활동화 등), 사진첩, 유아들이 만든 그림책, 주제에 따른 화보 모음책, 동요, 동시집, 어린이용 잡지나 카탈로그, 간판, 메뉴판, 광고나 포스터 등 실생활에서 볼 수 있는 환경 인쇄물, 각종 글자 모양과 글자 퍼즐 등
	쓰기 자료	크기와 모양이 다양한 종이, 굵은 색연필이나 연필, 사인펜 등의 다양한 필기도구, 소형 화이트보드와 마커 펜, 글자 상자, 단어 카드, 자 · 모음 카드, 독서 카드, 글자 도장, 컴퓨터와 프린터 등

출처: 보건복지부, 보육진흥원(2019)

(6) 과학 영역

과학 영역에서는 유아들이 접하게 되는 자연환경을 생물과 무생물, 물질의 성질, 자연 현상으로 나누어 자연환경을 감상하고 탐구하고 이해하기 위한 활동들이 이루어진다. 살아있는 동·식물도 준비해 주고 유아들이 만지고 두들기고 발견할 수 있는 여러 가지 탐색적인 환경을 마련한다. 실내에서 곤충이나 작은 동물, 식물을 기를 경우에는 조용하고 햇빛이 잘 들어 안정된 공간에 과학영역을 배치하도록 하고, 큰 동물(토끼, 염소, 돼지 등)이나 식물의 사육 재배는 유아들과 자유롭게 뛰어다닐 수 있는 넓은 실외 공간인 실내나 실외를 연결하여 구성하는 것이 좋다. 자석, 현미경, 확대경, 라디오나 여러 가지 기계 부품류, 저울, 낙엽, 씨앗, 개미집, 조개껍질 등을 진열해 주어 유아가 나름대로 만지고 두들기고 발견할 수 있는 탐색적인 활동을 할 수 있도록 하기 위해서는 활동적인 영역에 또 하나의 과학영역을 설치해 주는 것이 바람직하다.

〈표 3-9〉 과학 영역 놀잇감과 자료

과학 영역 놀잇감과 자료	
기본 자료	거울, 자석, 돋보기, 프리즘 등의 도구, 바퀴와 부속품 등
생물 관련 자료	꽃, 야채, 나뭇잎, 열매, 씨앗, 나뭇가지, 꽃잎, 솔방울 등 자연에서 수집한 자연물과 식물 관련 자료, 거북이, 금붕어, 달팽이 등 기르는 동물과 먹이 등 동물 관련 자료
자연현상과 관련된 자료	자연현상 사진, 온도계, 습도계와 관찰 용지, 필기도구 등
도구와 기계류	간단한 도구와 기계, 기계와 도구를 만들 수 있는 주변의 여러 가지 물건(나무 토막, 상자) 등

출처: 보건복지부, 보육진흥원(2019)

(7) 음률 영역

모든 유아는 음악적인 능력을 가지고 태어나므로, 이러한 능력을 계발하여 음악이나 율동을 통해 자신의 느낌을 표현하여 볼 수 있는 기회를 제공해 주도록 한다. 이 영역에는 노래 부르기나 악기 다루기, 동작해 보기 이외에도 다양한 종류의 음을 듣고 구분하고, 다양한 종류의 음에 대한 느낌을 다른 종류의 활동이나 상황에도 적용할 수 있게 한다. 음률 영역은 소리를 들으면서 활동하기 때문에 소음이 많이 나므로 조용한 곳보다는 활동적인 쌓기 놀이영역이나 역할 놀이영역 가까이에 위치하도록 배치하며 유아가 악기를 조작하며 신체를 자유롭게 움직일 수 있는 공간이 되어야 하므로 트인 공간에 배치한다.

〈표 3-10〉 음률 영역 놀잇감과 자료

구분	음률 자료
영아	• 영아(만 0~1세): 소리 나는 물건을 흔들거나 두드리는 것을 좋아하므로 딸랑이나 안전한 방울 마라카스, 녹음기, 음악 CD, 소리가 나는 놀잇감, 주변에서 볼 수 있는 소리 나는 물건 • 영아(만 2세): 북이나 흔들고 두드릴 수 있는 단순한 리듬 악기(리듬 막대, 마라카스, 탬버린 등), 녹음기, 음악 CD, 동작 표현을 돕는 소품(여러 가지 색 보자기, 스카프, 리본 막대, 부드러운 수건 등)
유아	• 리듬악기(리듬 막대, 우드 블록, 마라카스, 캐스터네츠, 탬버린, 트라이앵글, 소고, 자은북 등), 가락악기(실로폰, 멜로디언, 피아노, 키보드, 기타 등), 전통악기(소고, 장구, 북, 징, 꽹과리 등과 같은 우리나라 전통악기와 외국의 전통악기), 음악가 및 악기 사진이나 악기 연주 또는 노래 부르는 모습의 사진, 그림이 있는 노래가사, 그림 악보, 음악 포스터 등, 이 밖에 다양한 음악을 감상하는 기회를 갖도록 녹음기, 헤드폰, CD 플레이어, 음악 테이프 등, 동작 활동을 위한 여러 가지 색 보자기, 스카프, 리본 테이프, 리본 막대, 한삼, 부드러운 수건, 각종 동물 가면이나 탈춤 소품, 거울 등

출처: 보건복지부, 보육진흥원(2019)

(8) 신체 영역

신체 영역은 영아가 움직임의 범위가 한층 넓어지게 되면서 움직임과 이동의 욕구를 적극적으로 수용하고 다양한 대·소근육 활동을 함으로써 신체와 사물의 조절능력을 증진시킬 수 있도록 자극하고 지원하는 환경이다. 신체 영역은 영아들의 신체발달을 도모하게 되고 욕구충족과 전인 발달을 도모하게 되며 스트레스를 해소하게 된다. 또 신체 움직임을 통해 자신의 신체적 이미지를 형성하게 되어 자아 형성에 도움을 준다.

신체영역을 환경구성을 할 때 몇 가지 주의해야 할 점은 영아들 간의 충돌이 발생하지 않도록 신체영역의 놀이기구는 충분한 공간을 확보한 후에 비치해야 한다는 점과 영아의 탐색과 움직임을 위한 공간이 충분히 확보해야 한다. 또한 안전한 공간을 위해 고무나 스펀지, 매트, 충격 흡수 카펫 등을 깔아주어야 한다. 신체 영역의 대근육 놀잇감으로는 영아용 침대에서 사용 가능한 놀이기구(손이나 발동작으로 효과를 나타낼 수 있는 것), 기어오를 수 있는 계단이나 경사로(부드러운 솜이나 스펀지를 넣는 것), 실내용 그네(등이나 양옆, 앞면에 안전벨트가 있는 것), 운동기구(손으로 발동작으로 이동·비 이동·조작 운동을 할 수 있는 기구), 잡고 걸을 수 있도록 벽을 따라 설치된 봉, 스펀지 블록, 큰 공(천이나 플라스틱), 밀고 당기는 놀잇감(단순하고 손에 쥘 수 있을 만한 크기)이 있다. 신체 영역의 소근육 놀잇감으로는 흔들면 소리 나는 딸랑이, 오뚝이, 까꿍 놀잇감 등이 있다.

〈표 3-11〉 신체 영역 놀잇감

구분	놀잇감
13~24개월	• 밀고 당기는 놀잇감 • 타는 놀잇감
25~36개월	• 오르고 내리는 기구 • 밀고 당기는 놀잇감 • 다양한 크기의 공

4) 실내 놀이 공간의 변화

2019 개정 누리과정에서는 '유아가 다양한 놀이와 활동을 경험할 수 있도록 실내외 환경을 구성한다'라고 기술하고 있다. 이는 3~5세 연령별 누리과정(2015)에서 '실내·외 공간을 흥미영역으로 구성하여 운영'하도록 명시하고 흥미영역으로 구성할 것을 제안한 과거 놀이 공간과는 다른 해석으로 실내공간을 유아의 놀이와 흥미에 따라 흥미영역을 통합하고 재구성하고, 대체 가능한 공간으로 변화될 수 있다는 것을 의미한다. 유아가 놀이의 주도권을 가짐과 동시에 실내외 공간 활용에 있어서도 놀이영역을 창조할 수 있다는 것을 의미하며 그들은 다양한 공간을 경험하고 그들의 관심과 흥미에 따라 놀이공간을 변화할 수 있으며 교사는 이를 지원해야 한다.

다양한 흥미영역으로 구성된 놀이공간이 인접한 흥미영역과 통합되기도 하고 유아의 놀이 흥미나 관심에 따라 새로운 영역이 나타나기도 한다. 가령 물고기 놀이가 실행되고 있을 때 낚시터 놀이영역이 새롭게 나타나기도 하고 시장놀이가 실행되면서 자연스럽게 아이스크림 가게가 생겨나면서 아이스크림 전문가게 영역이 등장하기도 한다. 또 기존 블록, 쌓기영역의 특정 놀잇감이 하나의 영역으로 나타나기도 한다. 예를 들어 레고영역, 자석블록영역 등이 있다. 공유공간인 유희실은 개정 누리과정 이전에도 대근육놀이나 협동놀이 등이 진행되어 왔으나 개정 누리과정에서는 더 다양하게 유아들의 흥미와 요구에 따라 놀이공간, 전시공간, 도서공간, 휴식공간 등으로 활용되고 있다.

교실 영역의 변화

과거 흥미영역으로 구성된 놀이공간

흥미영역의 통합

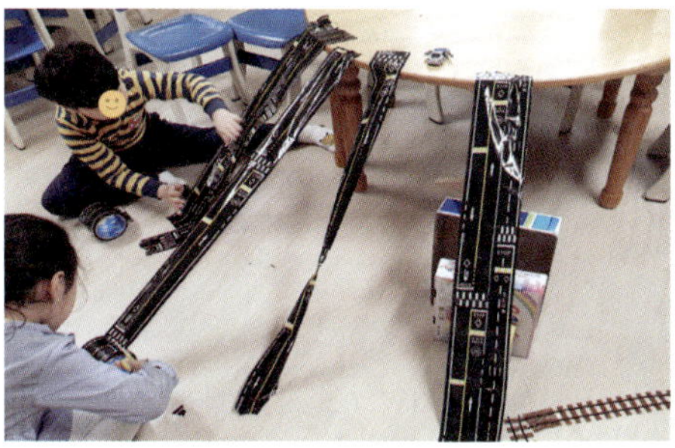

놀이공간인 교실

공유공간으로 놀이영역의 확장

[그림 3-6] 교실영역의 변화

기존 놀이영역의 2~3개를 유아의 흥미와 요구에 따라 통합하여 운영할 수 있고 책상은 위험한 물건이기도 하지만 유용한 놀잇감으로 변형되어 사용되기도 한다. 책상을 뒤집어 사용하기, 기울여 사용하기, 겹쳐서 사용하기 등 유아들의 필요에 따라 변형되어 사용되고 있다.

놀이주제는 유아의 흥미에 따라 2주 이상 지속되는 경우가 대부분으로 놀이의 흔적은 교실의 어느 일부공간이 아닌 전체공간으로 확장되어 나타나기도 한다. 놀이주제와 다른 놀이를 하는 유아에게 방해가 되지 않게 하거나 서로 토의하는 과정을 걸쳐 공간의 사용에 대해 이야기할 수 있다.

재구성된 교실(보육실)

미술-언어-과학영역의 통합구성

책상의 용도 변경

놀이영역 확장 I

놀이영역의 확장 II

[그림 3-7] 재구성된 교실(보육실)

실내 공간에서 놀이를 하는 유아는 더 넓은 놀이공간의 확장을 요구하기도 한다. 공유공간은 기관 내 다른 반이나 연령 동의를 통해 일정 기간 동안 교실전체를 이동하여 사용할 수도 있고 또 교실 공간이 협소하여 유아들의 자유로운 표현놀이가 어렵다면 넓은 공유공간으로 이동하여 놀이를 진행할 수 있다.

교실에서 유희실, 교실에서 복도 등으로 놀이공간을 연장하여 놀이하면서 동적인 놀이를 즐길 수 있고 실외 공간에서 놀이하는 다른 유아에게 자신들이 하는 놀이 참여를 제안하면서 실외와 연결된 데크로 확장되기도 한다. 이로 인해 유아들은 좀 더 자유로운 표현이 가능하다.

재구성된 공유공간

유희실로 놀이영역 이동

공유공간으로 놀이영역 확장

새로운 영역의 탄생 Ⅰ

복도 놀이공간

실내공간의 연장 Ⅰ

실내공간의 연장 Ⅱ

[그림 3-8] 재구성된 공유공간

2. 실외 놀이 공간

실외 놀이 공간에서 진행되는 실외놀이는 유아교육의 중요성이 인식되기 시작한 초기부터 그 교육적 잠재성이 인식되어왔고, Rousseau를 비롯한 Froebel 등 유아교육의 선구자들로부터 매우 중요시되어온 영역이다(Wellhousen, 2002).

1) 실외 놀이 공간 구성

실외 놀이 환경은 실내보다 덜 구조적인 경우가 많아서 자유를 느끼면서 자신의 활동을 선택할 수 있고, 시끄럽게도 할 수 있으며, 거칠고 모험적인 놀이에도 참여할 수 있게 된다. 실외놀이 환경은 실제 세계를 경험하게 하므로 유아의 발달, 학습, 교육을 위해 매우 중요하다. 실외의 자연환경이 어떤 특별하고 무한한 방법으로 놀이와 학습을 자극하면 유아들은 계속해서 모든 감각을 총동원하여 집중한다.

유아교육기관의 실외 놀이 환경이란 유아교육기관 전체 공간에서 건물을 제외한 나머지 대지를 말하며 실내공간에서는 할 수 없는 각종 활동을 할 수 있는 필수적 공간으로 유아의 놀이에 큰 영향을 미치는 중요한 요소이다. Pulaski(1973)는 유아의 실외 환경에 실내 환경과 같은 다양한 놀이재료가 제공되면, 실내놀이에서 일어났던 다양한 놀이가 실외놀이에서도 관찰됨을 보고하였다. 그러므로 유아교육기관에는 필수적으로 실외 놀이 환경이 제도적으로 확보되어야 하며, 유아의 발달과 학습을 최대한 지지하는 환경으로 꾸며져야 한다.

유아교육기관에서 실외 놀이 공간을 대표하는 것은 실외놀이터이며 실외 놀이 공간의 질이 유아의 놀이를 충족시키지 못하는 점을 보완하기 위해 많은 유아교육기관에서는 자연 세계와의 상호작용에 초점을 두어 자연과 자연친화적인 프로그램 등 생태에 관련된 연구들이 많을 뿐 아니라 유아교육활동에서도 숲 또는 자연체험, 텃밭활동, 신체활동, 바깥놀이 프로그램, 산책 프로그램 등이 주목받고 있다. 실외 놀이 공간은 바깥놀이 이상의 의미를 가지는 경험의 장으로 제한된 유아교육기관의 공간 혹은 잘 다듬어지고 구조화된 놀이공간의 의미를 넘어서서 계절의 변화를 느낄 수 있고 나무와 풀, 흙과 공기, 수많은 곤충이나 벌레 등 생명의 자연스러운 성장 모습 그대로가 존재하는 숲이나 공원과 같은 공간을 의미한다.

여기서는 실외 놀이 공간을 대표하는 실외놀이터에 대해 자세히 알아보기로 하겠다. 유아교육기관의 실외놀이 환경의 유형은 Frost(1986)에 의해 목적에 따라 전통적 놀이터, 현대적 놀이터, 모험 놀이터, 창의적 놀이터의 네 가지 유형으로 나뉜다.

(1) 전통 놀이터(Traditional playground): 대근육 시설 중심

전통 놀이터란 우리 주변에서 쉽게 찾아볼 수 있는 형태로, 그네, 미끄럼틀, 시소, 기어오름대와 같은 철제 고정 시설물이 질서 정연하게 설치되어 있는 놀이터를 말한다(이숙재, 2004). 이러한 실외 놀이 공간은 바닥이 흙, 콘크리트, 아스팔트 등으로 덮여 있으며, 일반적으로 대근육 발달과 활발한 신체적 놀이를 위한 개방적인 공간이 마련되어 있다(Holmes & Procaccino, 2009).

▣ 장점

- 신체적 발달을 촉진

▣ 단점

- 시설의 고정된 부분들을 제한된 방법으로 사용해야 함
- 단순하여 금방 싫증이 남
- 금속성 시설로 인한 안전사고의 위험성 높음

A시 D어린이집 놀이터

G시 어린이공원 놀이터

[그림 3-9] 전통 놀이터

(2) 현대의 놀이터(Contemporary playground)

현대의 놀이터는 기존의 전통 놀이터에서 개선된 놀이터의 유형으로 볼 수 있는데(Holmes & Procaccino, 2009) 어린이의 놀이를 중심으로 하지 않고 주변환경과 조화를 고려하여 조경에 맞추어 설계된 놀이터를 말한다.

▣ 장점

- 전문 건축가나 디자이너가 디자인하여 미적으로 우수
- 주변 건축물과 조화를 이룸

▣ 단점

- 유아들의 지속적이고 집중적인 놀이가 어려움
- 흥분을 유도
- 놀이 욕구가 반영되지 않았음
- 유아놀이터로서 부적절한 요소 많이 내포

I광역시 P아파트 놀이터

K광역시 K유치원

[그림 3-10] 현대의 놀이터

(3) 모험 놀이터(Adventure playground)

모험 놀이터는 완성된 놀이터가 아니라 창조하여 완성시키는 놀이터로, 유아들은 놀이지도자의 보살핌을 받으면서 건축 자재로 집을 짓거나 굴 파기, 물·모래놀이, 모닥불 놀이, 동·식물 키우기 등의 다양한 놀이를 자유롭게 할 수 있다(이숙재, 2004). 이러한 모험 놀이터는 자연적인 환경과 놀이 시설로 되어 있으며 폐기된 자료를 한데 모아 놓고 사용하는 비형식적인 놀이 공간이다. 유럽에 많이 보급되어 있고, 공사장에서 사용하는 여러 건축자재를 사용하여 직접 건축물을 만들 수 있는 모험 놀이 영역, 실내 놀이실, 식물 재배영역 및 동물 사육 영역, 음식을 만들 수 있는 곳, 여러 가지 놀이 재료를 보관하는 간이창고 등으로 구성되어 있다(신은수 외, 2002).

▣ 장점

- 기본 학습과제, 독립심과 자아 존중감, 경계를 시험하고 긍정적인 위험을 탐색할 기회 등을 제공
- 유아들의 자연 학습과 탐구하는 행동을 촉진
- 도시에 사는 유아들에게 모험과 같은 특별한 실외놀이 경험을 제공
- 운동능력 외에도 인지, 언어, 사회성 등을 증진

▣ **단점**

- 미관상 보기 좋지 않음
- 유지보수에 비용이 많이 듦
- 바닥 표면의 경우 화재의 위험
- 연못, 헐거워진 못, 날카로운 도구에 대한 개방성으로 인한 위험에 노출영역

미국 버클리 마리나 모험 놀이터

미국 어바인 대학 공원 모험 놀이터

[그림 3-11] 모험 놀이터

(4) 창조적 놀이터(Creative playground)

창조적 놀이터는 유아의 창의력을 신장하기 위해 특별히 고안된 놀이터를 말한다(윤재국, 유진형, 2010). 여러 가지 고정시설물 이외에도 타이어, 목재, 전선감개, PVC 파이프 등과 같은 이동 기구를 제공하여 어린이 스스로 놀이 기구를 창조해 보도록 계획된 놀이터로, 형식적인 전통 놀이터와 비형식적인 모험 놀이터가 절충된 반 형식적인 놀이 환경이다(이숙재, 2004).

▣ **장점**

- 블록이나 모래와 같은 고정되지 않은 비구조적인 자료들 제공
- 유아들의 의도에 따라 변경될 수 있어 변화를 느끼고 계속 흥미를 유지

외국 창조적 놀이터

S시 엉뚱발뚱 기적의 놀이터

[그림 3-12] 창조적 놀이터

(5) 자연친화적 놀이터(Natural-friendly playground)

자연친화적 놀이터는 자연 그대로의 환경과 조화를 이루는 놀이터로, 천연소재를 주재료로 사용하고, 나무, 흙, 물 등의 자연 소재를 충분히 놀이 공간과 시설물에 이용하는 놀이터이다. 자연지형을 최대한 활용하고 풍부한 식생, 자연형 숲공간 등의 조성을 통해 자연 속에 조성한 놀이터와 같은 느낌을 주는 놀이터를 말한다(김자경, 2013).

▣ 장점

- 유아가 오감을 사용하여 자연을 직접 체험함으로써 자연과 친숙해짐
- 자연 속에서 직접 만지고 느끼고 발견할 수 있는 자연친화적인 교육이 가능
- 다양한 비구조적인 놀잇감으로 체험 및 조작하며 상호작용하는 환경
- 유아들의 운동 발달을 촉진
- 협력적으로 놀이 및 상상력을 발휘하여 확장된 놀이 가능

M시 하당 둥근공원 놀이터

독일 프리이부르크시 놀이터

[그림 3-13] 자연친화적 놀이터

유아들은 질적으로 우수한 물리적 환경이 제공된 곳에서 놀이에 집중할 수 있으며, 이러한 놀이 활동을 통해 신체, 언어, 사회, 인지, 정서, 창의성 등의 전인 발달을 이룰 수 있다. 따라서 유아의 놀이에 대한 자연적인 요구를 충족 시켜 줌과 동시에 유아의 흥미를 불러일으킬 수 있는 도전감, 신기함, 복합성 및 다양성을 갖춘 놀이 환경을 제공하는 것은 유아의 발달을 위해 매우 중요하다(김명준, 2000).

Tip

실외놀이 vs 바깥놀이

***실외놀이**: 실내놀이와 반대되는 개념으로 교실, 유희실 등의 실내에서 이루어지는 놀이가 아닌 유아교육기관의 실외에서 이루어지는 놀이를 의미한다.

***바깥놀이**: 바깥놀이는 유아교육기관에서는 유아교육기관의 실내공간에서 이루어지는 놀이가 아닌 실외에서 이루어지는 놀이이다. 또 유아교육기관에 속해 있는 실외뿐만 아니라 유아교육기관의 담장을 넘어선 기관 밖까지도 의미한다. 즉 자연친화적인 요소가 가미된 마당, 놀이터, 숲 등 자연환경에서 자연과 함께 하는 놀이이다(교육과학기술부, 2008).

놀이기구 종류

- **(고정식) 대근육활동 놀이기구**
  ① 영유아의 대근육 발달을 위한 놀이기구
  ② 그네, 미끄럼틀, 정글짐, 회전놀이기구, 공중놀이기구, 흔들놀이기구, 오르는 기구, 건너는 기구, 또는 이를 2가지 이상 결합한 조합 놀이대, 고정식 수영장 등
  ③ 2종 이상의 대근육활동 놀이기구를 결합한 조합놀이대는 2종 이상 설치로 간주하며, 아동 안전을 위하여 영아용과 유아용으로 각각 구분하여 설치하는 것을 원칙으로 함(예: 미끄럼틀 건너는 기구를 결합한 조합놀이대는 2종 설치로 인정)
  ③ 기타 고정식 대근육활동 놀이기구로 인정할 만한 놀이기구
- **(이동식) 대근육활동 놀이기구**
  ① 영유아의 대근육 발달을 위한 놀이기구 중 이동 가능하거나 실내용으로 제작한 놀이기구
  ② 놀이집, 널빤지와 안전 사다리, 삼각대, 뜀틀, 평균대, 점핑 바운서, 구르기용 매트, 헌 타이어, 대형블록류, 이동식 농구대, 이동식 수영장 등
  ③ 기타 이동식 대근육활동 놀이기구로 인정할 만한 놀이기구
- **모래놀이기구**
  ① 영유아의 감각 및 정서발달 등을 위한 모래놀이기구
  ② 모래밭과 모래놀이대 등이 포함됨
  ※ 물놀이 도구, 게임놀이, 공놀이, 사회극적 놀이도구(역할놀이) 등 놀이도구는 놀이기구에 해당하지 않음

출처: 보육사업안내(2021)

2) 실외 공간 구성의 원리

실외 놀이 공간은 놀이공간이 크기 때문에 유아에게 보다 큰 자유를 제공해 주고 활발한 신체활동을 통해 긴장과 격한 감정을 해소하도록 하며 또한 자연과의 직접적이고 다양한 경험을 제공해 준다. 실외 놀이 공간의 가치에 대해 이미 많은 학자는 실외 놀이 공간 연구를 통하여 그 중요성을 강조해 왔다.

(1) 실외 놀이 환경의 구성요소

실외 놀이 공간은 유아에게 직접 또는 간접적으로 영향을 주는 환경이다. 유아의 실외놀이 환경 중에 현재 우리나라 유아교육기관에서 가장 많이 볼 수 있는 것은 그네, 미끄럼틀, 정글짐, 회전놀이기구, 공중놀이기구, 흔들놀이 기구, 오르는 기구, 건너는 기구 등 고정 시설물, 또는 이를 2가지 이상 결합한 조합놀이대 등이 질서 정연하게 설치된 대근육 시설 중심 전통놀이터이다. 실외놀이터가 다양한 놀이 활동을 제공하기 위해서는 연계성, 융통성 있는 놀잇감, 점진적인 도전감, 다양한 종류의 경험이 제공되어야 한다. 이에 Goltsman & Iacofano(1992)는 실외놀이 환경을 구성하는 중요한 요소로 접근 용이성, 안전한 도전, 다양성과 명확성, 점진적 도전감 및 융통성을 들고 있다. Susan과 Chandra(2006)도 벤쿠버시 어린이집의 환경 설계 시 고려되는 7C 요소를 제시하고 있다.

〈표 3-12〉 놀이터 공간 환경 설계 시 고려할 7가지 구성요소

내용	구성요소
Character (특성)	– 놀이터의 전반적인 특성, 느낌 및 디자인 의도가 나타나야 함.
Context (맥락)	– 유아들의 수, 기후 조건, 놀이공간 사이의 주변 상황, 태양과 그림자의 정도, 공간제약에 따른 옥상에 구성된 놀이터 등 놀이터 공간의 상황적 맥락을 고려해야 함.
Connectivity (연결성)	– 놀이 공간 자체의 신체적, 시각적 및 인지적 연결성을 나타냄. – 놀이 공간에서의 움직임을 조율 할 수 있는 방식으로 유아들이 그 공간을 이해하도록 도와줌.
Change (변화)	– 놀이 공간에서 디자인된 다양한 크기의 공간과 이러한 공간이 시간이 지남에 따라 어떻게 변하는지 관심을 가져야 함. – 가변적인 공간의 중요성을 강조하며 아동의 개인적인 공간과 식물을 키우는 공간 등을 수용함.
Chance (기회)	– 유아들 스스로 공간을 디자인 할 수 있는 공간형성 재료로 놀 수 있는 기회를 갖도록 구성함. – 자발적인 탐험을 자극하는 보다 미묘한 활동을 포함함.

내용	구성요소
Clarity (명확성)	– 유아들의 눈높이와 크기를 고려한 놀이 구조와 입 · 출구 공간 및 놀이공간의 지리적 위치를 고려하여 명확한 배치 경계를 가져야 함.
Challenge (도전)	– 놀이공간이 신체적, 인지적 발전 가능한 도전을 의미함. '위험'과 '도전'이 이해되어야 함. – 놀이의 아이디어를 탐구하고 극대화 할 수 있기 때문에 연령에 따른 발달 이정표를 고려하여 놀이 공간 요소를 구성함. 예를 들면, 키 94~117cm 만 4세 유아를 위한 공간으로 리듬과 템포에 대한 인식을 위한 달릴 수 있는 울퉁불퉁한 표면과 소리가 나는 표면 공간을 구성하는 것

출처: Susan과 Chandra(2006)

(2) 실외 놀이의 중요성

실외 놀이 공간에서 이루어지는 실외놀이의 중요성을 알아보면 다음과 같다.

첫째, 실외 놀이 공간은 유아의 운동기술의 발달과 신체적 발달에 영향을 미친다. 취학 전 유아에게 잘 조직된 실외 놀이 공간이 실내 체육 프로그램에 비해 충분한 활동을 제공하여 유아의 신체 발달을 도모(Mayer, 1985)하였으며 성장기에 있는 유아에게 대근육 활동은 신체적·정신적 발달에 중요한 영향을 미친다.

둘째, 실외 놀이 공간은 유아에게 다양하고 풍부한 정서적인 경험을 하게 한다.
유아는 밖에서 놀면서 날씨의 춥고 따뜻함, 바람의 세기 및 습도의 높고 낮음 등을 감각적으로 느끼며 실외 놀이 공간에서 들리는 다양한 소리 등을 통해 다양한 감각 경험을 통해 정서적 발달이 촉진될 수 있다.

셋째, 실외 놀이 공간은 실내 놀이공간의 놀이를 보다 더 확장하고 보충하는 역할을 한다.
실내 놀이공간과 실외 놀이 공간 간의 통합을 이룰 때 놀이가 더욱 확장되며 실외 놀이 공간은 실내에서 불가능한 여러 가지 놀이가 심화, 확장되어 다양하게 이루어질 수 있다.

넷째, 실외 놀이 공간은 유아들의 상호작용을 자연스럽게 돕는다.

유아들의 실외놀이를 통해서 또래집단을 형성하였고 집단적인 참여 의식, 소속감, 또래 인정과 지지 등 상호작용 기술이 향상될 수 있다.

다섯째, 실외놀이를 통한 유아들의 상호작용은 유아들의 대인관계 기술을 습득하도록 돕는다.

실외놀이에서 유아들은 서로에게 부여하고 있는 기대의 틀과 상호작용하고 타인의 행동을 해석하면서 놀이의 규칙을 이해한다. 그럼으로써 자신만의 대인관계 기술을 습득할 수 있다.

종합하면 실외 놀이 공간에서의 유아의 놀이는 신체 발달 효과뿐 아니라, 실내공간에서 가질 수 없었던 다양한 경험을 함으로써 다양한 발달을 도모할 수 있다.

3) 실외 놀이(바깥놀이) 영역

실외 놀이 공간에서 배치할 수 있는 흥미 영역으로는 신체활동 영역, 물·모래놀이 영역, 목공놀이 영역, 식물 기르는 영역, 동물 기르는 영역, 조용한 영역을 중심으로 하는 동적·정적인 영역으로 구성되며, 실내 자유놀이에서 제시한 역할 놀이 영역, 쌓기놀이 영역, 조형 영역, 과학 영역 등을 함께 둘 수도 있다.

(1) 신체활동 영역

신체활동 영역은 유아의 대근육 운동능력을 기르고 기구를 이용하는 방법을 습득할 수 있도록 하기 위해 놀이 시설을 설치하는 것이 일반적이다. 미끄럼틀, 정글짐, 그물망 등을 갖춘 복합놀이 시설을 설치하거나 뜀틀, 농구대 등 기구를 준비하거나 공, 줄, 훌라후프 등 다양한 소도구를 제공할 수 있다.

〈표 3-13〉 신체활동을 돕는 시설과 도구

분류	종류
시설	복합놀이시설, 미끄럼틀, 그네 등
기구	뜀틀, 농구대, 축구대, 매트 등
타는 도구	세 발 자전거, 수레, 마차, 소방차, 여러 가지 표지판
소도구	공, 줄, 리본, 스카프, 훌라후프, 리듬막대, 풍선, 작은 고리, 줄넘기 줄, 유니바, 고무줄, 나무 블록 등
전통놀이도구	제기, 팽이, 널뛰기, 투호 놀이, 공기놀이, 굴렁쇠 등
악기류	큰 북, 작은 북, 소고, 우드블록, 마라카스, 캐스터네츠, 트라이앵글 등

출처: 김원준(2004) 재구성

[그림 3-14] 신체활동 영역

(2) 물·모래 놀이 영역

물·모래놀이 영역은 유아교육기관의 사정이나 형편에 따라 실내에 둘 것인가 실외에 둘 것인가 하는 문제가 대두되며 계절과는 밀접한 관련이 있으므로 유동적인 영역이라고 볼 수 있다. 이 영역에서 유아들은 기쁨을 느끼며 근육운동의 조정발달과 상상 활동을 통해 창의력과 정서적 만족감을 주며 협동놀이를 통해 사회성을 기른다. 유아들이 물과 모래를 탐구하는 활동은 그들을 자연스럽게 학습으로 유도하며 유아들이 수학과 과학의 원리에 직접 접하도록 한다. 물과 모래를 혼합하면 물이 흡수되어 모래와 물 둘 다의 속성이 변해 버리는 것을 유아들은 발견하게 된다.

물놀이 영역은 물이 잘 빠질 수 있는 플라스틱 바구니로 된 선반 등에 놀이 도구를 종류, 모양, 크기에 따라 분류 정리할 수 있도록 하며 물놀이를 할 때 안전사고에 특히 유의하고 비닐로 앞치마를 입도록 하는 것이 좋다.

모래놀이를 하는데 갖추어야 할 조건에 대해 모래놀이 영역은 유아의 통행이 빈번치 않는 곳에 위치하면서 물을 쉽게 공급받을 수 있는 곳에 비치한다. 모래놀이 영역을 실외에 설치할 경우에는 모래를 평지보다 낮게 설치하여, 유아가 모래 상자의 가장자리에 앉거나 모래놀이 영역 내에 들어가서 놀 수 있도록 하며 모래놀이를 실내에 설치할 때에는 모래 대신 톱밥이나 옥수수 가루, 마카로니, 곡식, 자갈 등을 사용할 수 있다.

물놀이 영역

모래놀이 영역

[그림 3-15] 물·모래 놀이 영역

(2) 목공 놀이 영역

목공놀이 나무를 자르고, 못질하고, 모래종이로 나무의 거친 면을 다듬는 활동에서 몇몇 어린이들이 쉽게 협동하며, 서로 도움을 주고 받을 수 있다. 눈·손의 협응력과 대·소근육의 발달을 기르며 주의력, 집중력, 전체 각 부분의 조정능력 등도 발달될 수 있다. 목공놀이 영역은 실제 연장을 사용하고 나무를 통한 다양한 경험을 제공하는 구성 활동 영역으로, 복도나 실외 놀이 공간 중 테라스나 그늘진 장소에 유아의 왕래가 적고 독립적인 조용한 영역에 배치하고, 인접한 곳에서 완성한 작품을 장식할 수 있도록 한다.

목공놀이에 필요한 연장과 도구, 목공 놀이대, 목공 놀이장 등은 유아의 안전을 고려하여 유아의 신체에 적합한 것을 제공하고, 유아의 신체 사이즈에 맞는 보안경, 장갑, 앞치마를 착용한 후 교사의 감독하에 개별적으로 활동이 이루어지도록 한다.

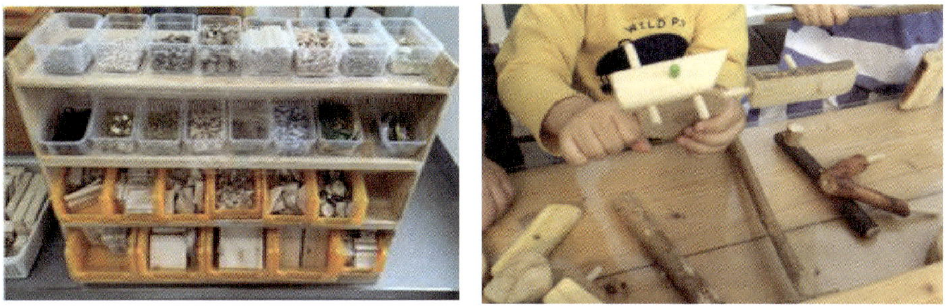

[그림 3-16] 목공 놀이 영역

(3) 자연탐구 및 관찰 영역

자연탐구 및 관찰 영역은 식물 기르기 영역과 동물 기르기 영역으로 구성할 수 있다. 식물과 동물 기르기 영역은 유아들의 관심과 호기심을 가지고 자연현상과 주위의 사물을 탐구하는데 필요한 기초능력과 태도를 기르기 위한 영역이다.

식물 기르기 영역은 유아가 직접 흙을 만지며 씨앗심기, 모종심기, 물주기, 갈이 등의 과정을 체험하면서 자연에 대한 관심이 증대되고 유아의 능동적인 태도 함양 및 사회성의 증진뿐만 아니라 의사 소통에도 효과적이라고 할 수 있다. 식물 기르기 영역은 햇빛이 잘 들고 물을 사용하기 좋은 곳에 배치한다.

동물 기르기 영역은 유아가 동물을 돌보고, 동물의 성장 과정을 지켜보면서 관찰능력을 기르고, 자연의 모든 생명체에 대한 친근감을 갖는다. 또한 동물의 서식지와 인간의 관계를 이해하고, 주변 환경에서 자연의 아름다움을 발견하고, 동물을 위한 서식지를 구성하며 즐거워한다. 동물 기르기 영역은 햇빛이 잘 들고 바람이 잘 통하고 배수가 잘되는 곳에 배치한다.

동물 기르기 영역

식물 기르기 영역

[그림 3-17] 동·식물 기르기 영역

(3) 바깥놀이로써의 숲 놀이

장난감 없는 숲속에서 떨어지는 솔방울과 나뭇가지 등 다양한 자연물에게 생명을 불어넣는 상상놀이를 함으로써 상상력과 창의성이 발달하게 된다. 자연물을 다양하게 관찰하거나 직접 체험하는 자연은 자연에 대한 지식이 형성 될 수 있는 자연스러운 여건을 조성 할 수 있는 가능성이 있다.

[그림 3-18] 숲 놀이

4) 실외 놀이 공간의 변화

대부분 전통놀이터가 있는 놀이터에서는 놀이터 공간구성 및 활용에 자율성이 부여되고 있다. 과거에는 대형 조합놀이대를 설치한 후 바깥놀이 시 조합놀이대를 중심으로 놀이가 이루어졌으나 최근에는 조합놀이대를 축소하고 마당을 선호하며 유아의 흥미에 따라 다양한 놀이가 진행되고 있다.

놀이터에 나타난 변화

마당을 활용한 놀이

실외 한글놀이

쉼이 있는 공간

공동작업을 위해 실외공간 활용

실외공간으로 놀이의 이동

작품발표공간으로 활용

[그림 3-19] 놀이터에 나타난 변화

유아교육기관은 기관마다 특성을 살려 다양한 방법으로 자연친화교육을 실시하고 있다. 자연친화적 요소를 실외환경에 자연스럽게 포함시켜 유아들이 관심을 가질 수 있도록 지원함으로써 유아는 지적 호기심이 자극되고 다양한 영역의 발달을 촉진할 수 있다.

자연친화놀이와 실외환경

자연물을 이용한 실외놀이

꽃을 가꾸는 실외환경

낙엽쓸기 놀이

앵두꽃 관찰

낙엽길 걷기

자연물을 이용한 놀이

[그림 3-20] 자연친화놀이와 실외환경

최근의 유아교육기관은 다양한 방법으로 유아의 텃밭 활동을 지원하고 있다. 원내 텃밭, 지역사회 텃밭 활용, 상자 텃밭, 주머니 텃밭 등으로 유아에게 생명의 소중함과 수확의 즐거움을 나누고 텃밭 활동은 텃밭 작물을 활용한 놀이, 텃밭 작물을 활용한 요리활동으로 연계하여 교육적인 효과가 더욱 증진될 수 있다.

실외 텃밭놀이터

옥상텃밭

주렁주렁 오이

식물 관찰하기

수확물 손질하기

텃밭 작물을 활용한 놀이

텃밭 작물을 활용한 요리

[그림 3-21] 텃밭놀이터

생각해 보기

- 우리 주변에서 실외 놀이터를 찾아 유형을 분류해 보고 그 이유를 생각해 보기

토론하기

- 유아의 놀이가 진행됨에 따라 나타날 수 있는 새로운 놀이영역에 대해 토론해 보기

제2절 놀이자료 (놀잇감)

놀이자료는 학습자와 교수자 간에 사용하는 모든 수단으로 등원부터 귀가까지 모든 활동에서 사용되는 자료를 의미한다. 놀이자료는 세상을 만나고 자신의 감정과 생각을 표상하는 매개의 역할을 한다(교육부, 보건복지부, 2019).

1. 놀잇감의 의미와 유형

놀잇감은 장난감이나 완구와 유사한 의미이지만 놀이 또는 교육 현장에서 활용되면 교육적 가치를 지닌 물건의 의미를 지니게 된다. 이런 의미에서 놀잇감은 유아의 놀이행동, 놀이유형, 놀이양상을 결정하는 중요한 매개체가 된다.

놀잇감은 유아의 놀이에 중요한 영향을 미치는 요인으로 유아의 감정과 흥미 등을 표현할 수 있는 매체가 되고, 다른 사람들과의 사회적 상호작용에 도움을 주는 역할을 한다(Garvey, 1977). 놀잇감은 놀이 흥미를 유발하고, 유아의 성장과 발달에 도움을 주며 놀이를 활발하게 하는데 필요한 도구이다. 좋은 놀잇감은 유아의 상상력을 촉진하고 자극하고 몰두할 수 있게 해주며, 유아들의 놀이 유형과 내용에 영향을 미친다(Wardle, 1991).

놀잇감은 다양한 유형으로 나눌 수 있으나 일반적으로 그 특성에 따라 실물 놀잇감, 모형 놀잇감, 구성 놀잇감, 교육용 놀잇감, 대근육 놀잇감, 전자 놀잇감으로 나눌 수 있다(Johnson, Christie & Yawkey, 1999).

- **실물 놀잇감**: 사실적 자료라고도 하며 일상생활에서 사용하는 실제 물건들을 의미하며 물이나 나무, 흙과 같은 자연물도 포함된다. 장난감이나 모형이 아닌 실제 사물을 가지고 다양한 감각 및 구성, 상상놀이를 할 수 있도록 하는 놀잇감이다. 모래, 물, 진흙과 같은 형태가 용기에 따라 형태가 달라지는 것, 점토, 밀가루 반죽 찰흙과 같이 유아가 여러 모양으로 만들 수 있는 것, 목공 도구 등이 모두 실물 놀잇감에 포함된다.
- **모형 놀잇감**: 모형 놀잇감은 크기가 큰 물건이나 대상을 축소하거나 장소의 제한이 있고, 실물로 유아들이 사용할 수 없을 때 모형화한 놀잇감으로 동물 모형, 사람모형, 교통수단 등이 있다.
- **구성 놀잇감**: 무엇인가 창조할 수 있도록 고안된 놀잇감으로 다양한 방법으로 놀이할 수 있도록 설계되었다. 예를 들어, 다양한 크기와 종류의 블록, 적목, 점토 등이 있다.
- **교육용 놀잇감**: 교육용 놀잇감은 학습과 발달의 증진을 위해 제작된 놀잇감이다. 이 놀잇감은 특정 기술과 개념을 학습시키기 위해 고안되었기 때문에 다른 유형의 놀잇감에 비해 교수적·구조적·결과지향적이다. 예를 들어, 퍼즐, 신발 끈 매기, 줄꿰기 놀잇감 등이 있다.
- **대근육 놀잇감**: 유아들의 대근육 능력과 협응력을 기르기 위하여 고안된 놀잇감으로 큰 움직임이 필요하므로 넓은 공간에서 사용된다. 예를 들어, 줄넘기, 미끄럼틀, 자전거, 그네와 같은 탈 수 있는 놀잇감, 공과 막대 등이 있다.
- **전자 놀잇감**: 정보화시대에 맞추어 유아들이 쉽게 접할 수 있는 전자매체이다. 예를 들어, 컴퓨터와 스마트폰, 비디오 등이 있으며 전자 놀잇감은 시청각적 자극이 강하기 때문에 조절력이 약한 유아들은 성인의 규제가 필요하다.

2. 놀잇감의 선정기준

유아를 위한 놀잇감을 선정하는 기준은 학자마다 차이가 있지만, 공통적인 측면은 다음과 같다(김민재, 2017).

첫째, 안전성이다.

유아들이 놀잇감을 사용할 때 가장 중요한 것은 다치지 않고 안전하게 가지고 놀 수 있어야 한다. 안전성은 유아의 인체에 부해함, 적당한 강도, 무게·크기·기울기·균형·모서리와 같은 디자인, 위생적인 측면에서 고려해 보아야 한다. 재료에 따라 강조되는 부분이 다른데 나무제품의 경우 표면에 가시가 없고 매끄러운지를 확인해야 하지만 천은 표면을 확인하기보다 바느질 처리가 잘 되어있는지를 신경을 쓰는 것이 더 중요하다.

둘째, 적합성이다.

놀잇감의 형태, 크기, 난이도가 유아의 연령 및 발달 수준과 흥미에 적합해야 한다. 유아의 연령이나 발달수준, 흥미에 적합하지 않을 경우 유아의 성장을 저해하고 쉽게 질려버리며 놀이에 대한 흥미를 떨어뜨릴 수 있다. 또한, 놀잇감이 고정된 성 역할 개념, 공격성, 유아의 생활환경과 같은 사회·문화적 가치를 내포하고 있는지에 관하여도 고려해야 한다.

셋째, 교육성이다.

유아는 놀이를 통하여 배움이 일어나기 때문에 학습적인 측면도 충족되어야 한다. 다양한 감각 경험과 문제해결력, 사고력을 포함하는 지적발달을 촉진하는지, 근육을 발달과 협응력을 증진하는 신체발달을 활성화하는지, 타인의 입장에서 생각하고 집단활동의 경험으로 사회·정서발달을 충족시키는 것도 중요하다.

넷째, 내구성이다.

유아는 놀잇감을 반복하여 사용하기 때문에 견고해야 한다. 내구성에는 재질이나 구조, 각 부품의 부착 견고함, 보관과 관리의 용이함도 포함된다.

다섯째, 심미성이다.

유아의 미적 감각을 고취하고 호기심이나 성취감 등 다양한 영역에서 유아를 만족시킬 만한 높은 수준의 질을 보장하는 놀잇감이어야 한다. 유아기의 경험은 이후 성인이 되어서 영향을 미치기 때문에 놀이를 통하여 풍부한 미적 경험을 해야 한다.

〈표 3-14〉 좋은 놀잇감 기준

항	기준 지표	①	②	③	④	⑤	⑥
1	놀잇감은 아이의 호기심, 나이, 흥미, 능력에 적절한가?						
2	놀잇감은 아이가 도움 없이 놀 수 있는가?						
3	놀잇감은 여러 유아들이 함께 놀기도 가능한가?						
4	놀잇감은 여러 방법으로 다양한 놀이가 가능한가?						
5	놀잇감은 상상력과 창의력을 자극하며 개방적인가?						
6	놀잇감은 조립하고 분해하고 쌓거나 연결이 가능한가?						
7	놀잇감은 놀이자들 간 협력적 상호작용의 매개가 가능한가?						
8	놀잇감은 안전한가?(유해물질, 청결, 모서리, 크기(삼키기) 등)						
9	놀잇감은 튼튼한가?						
10	놀잇감은 재질이 좋으며 심미적으로 아름다운가?						
11	놀잇감은 경제적인가? (비용, 보관용이/최소의 경비로 최대의 효과 등)						
12	놀잇감은 편견을 조장하지 않는가? (성별, 인종, 빈부, 직업, 가족형태 등)						
13	놀잇감은 아이 자신에게 즐거움과 성취감을 주는가? (긍정적 자아)						
14	놀잇감은 아이의 발달을 돕는가? (언어, 신체, 사회-정서, 예술, 탐구, 인지)						
15	놀잇감은 사회와 문화의 이해를 돕는가?						

출처: 이숙재(2019)

3. 놀잇감의 분류

놀잇감의 특징은 사실성과 구조성으로 나눌 수 있다. 사실성은 놀잇감이 실제 사물과 닮은 정도를 의미하며, 구조성은 놀잇감의 사용 방법에 있어서 경직성 정도를 의미한다(정성희, 2011). 이에, 높은 사실성을 지닌 놀잇감은 활용도가 한정적이고, 구조성이 높은 놀잇감은 특정한 사용 방법으로만 활용이 가능하다. 2~3세에게는 사실성과 구조성이 높은 놀잇감이 적합하고, 4~6세에게는 사실성과 구조성이 낮은 놀잇감이 창의성을 촉진시킨다.

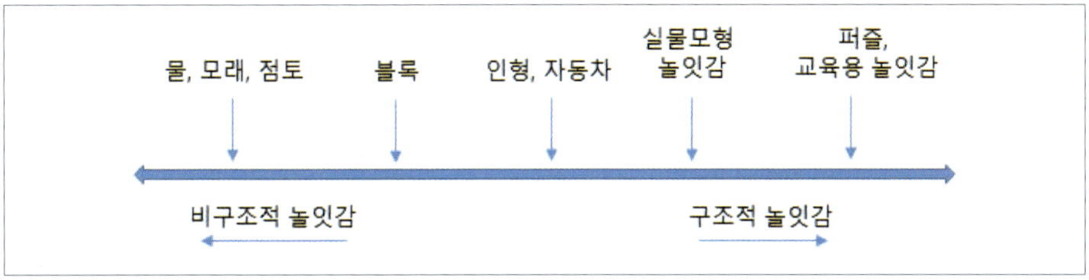

출처: 염정애(2012), 신은수 외(2011)

[사진 3-1] 구조성 정도에 따른 놀잇감의 분류

놀잇감의 종류를 사실성과 구조성에 따라 분류하면 구조적 놀잇감과 비구조적 놀잇감으로 나눌수 있으며 여기서는 그 의미와 특징을 알아보기로 하겠다.

1) 구조적 놀잇감

구조적 놀잇감은 폐쇄적 놀잇감 또는 상품화된 놀잇감으로 불리기도 하며 실제 사물과 거의 흡사한 놀잇감이며 동시에 사용 방법이 획일적으로 결정되어 있는 놀잇감이다. 구조적 놀잇감의 가치는 형태나 기능에 따라 유아가 조작하기 비교적 쉬워 편리하게 사용이 가능하다는 점이다. 구조적 놀잇감의 종류는 실물과 닮은 음식모형, 세밀하게 묘사된 장난감, 퍼즐, 빌딩, 자동차, 가구가 완전히 갖추어진 인형집, 그릇, 머리빗, 전화기, 청진기, 계산기, 점토 모양 틀, 바비 인형, 군대 장난감 등과 같은 기성품 놀잇감 등이 있다.

실물과 닮은 음식모형

모형휴대전화와 계산기

[그림 3-22] 구조적 놀잇감

2) 비구조적 놀잇감

비구조적 놀잇감은 개방적 놀잇감 또는 비 상품화된 놀잇감으로 불리기도 하며 부분이나 요소가 어떤 전체를 이루지 않은 것으로 완성도가 낮아 스스로 변형이 가능한 놀잇감을 말한다(정성희, 2011). 놀잇감의 용도가 정해져 있지 않고 유아의 생활 속에서 쉽게 구할 수 있는 물건을 이용하여 유아가 생각한 대로 변형할 수 있는 위험요소가 배제된 물건을 의미하기도 한다. 비구조적 놀잇감의 가치는 비구조적 놀잇감을 이용하여 구성해 보고, 변형해 보는 과정에서 자신의 경험을 회상하여 적용할 수 있다. 또한 경험을 통해 습득한 지식을 기반으로 상상력을 발휘하여, 자신이 구성한 구조물을 설명하는 활동들이 창의성과 관련이 있고, 놀이할 때 상상력을 발휘하여 창의적인 결과를 도출하고, 놀이에 대한 지속력과 새로움을 제공하며, 다양한 상호작용과 놀이 양상이 나타나 놀이의 질적 수준 향상을 가져올 것으로 기대된다. 비구조적 놀잇감의 종류로는 블록, 카드보드, 파이프, 청소 도구, 찰흙, 모래, 물, 미술 및 구성자료, 단순한 인형 등이 있다.

할로우 블록

[그림 3-23] 비구조적 놀잇감

〈표 3-15〉 구조화된 놀잇감과 비구조화된 놀잇감의 비교

	구조화된 놀잇감	비구조화된 놀잇감
의미	실제 사물과 거의 흡사한 놀잇감이며 동시에 사용 방법이 획일적으로 결정되어 있는 놀잇감	부분이나 요소가 어떤 전체를 이루지 않은 것으로 완성도가 낮아 스스로 변형이 가능한 놀잇감
가치	형태나 기능에 따라 유아들이 조작하기 쉬워 편리하게 사용가능	• 자신의 경험을 회상하여 적용하고 상상력을 발휘함. • 창의적인 결과를 도출하고 놀이에 대한 지속력과 새로움을 제공하며, 다양한 상호작용이 놀이양상에 나타나 놀이의 질적 수준 향상을 가져옴
종류	실물과 닮은 음식모형, 그릇, 가구가 완전히 갖추어진 인형집, 머리빗, 전화기, 청진기, 계산기, 퍼즐, 세밀하게 묘사된 장난감 빌딩, 자동차, 점토 모양 틀, 바비 인형, 군대 장난감 등과 같은 기성품 놀잇감 등	물, 모래, 흙, 나뭇잎, 나뭇가지 등과 같은 다양한 자연물, 다양한 재활용품, 블록, 카드보드, 파이프, 청소 도구, 찰흙, 모래, 물, 미술 및 구성자료, 단순한 인형 등
적정연령	2~3세 등 어린 연령	4~6세(유아)

다양한 재활용품 용기를 활용하여 비구조적인 놀이를 할 수 있으며 [그림 3-24]는 재활용품 용기로 놀이하는 영아반의 놀이이다.

비구조적 놀잇감의 활용 1

비구조적 놀잇감의 활용 2

[그림 3-24] 비구조적 놀잇감의 활용 1

밀가루 놀이, 모래놀이, 물놀이, 재활용품을 활용한 놀이는 다양한 변형이 가능한 비구조적 놀이를 할 수 있고 유아의 다양한 발달을 촉진할 수 있다.

비구조적 놀이감 활용

밀가루 놀이

모래놀이

물놀이

재활용품 놀이

[그림 3-25] 비구조적 놀잇감을 활용한 놀이 2

Tip **'개방적인 재료(Loose Parts)'**

개방적인 재료(Loose Parts)는 비구조적 놀잇감과 비슷한 용어로 사용할 수 있다. Nichclson (1972)은 여러 가지 방법으로 사용하고 조작할 수 있는 개방형 재료(Open-ended)를 설명하기 위해 개방적인 재료(Loose Parts)라는 용어를 창조하였다. 그는 개방적인 재료에 대해 "어떤 환경에서도 창의성과 창의성의 점도, 그리고 발견의 가능성은 그 안에 있는 변수의 수와 종류에 정비례한다." 라고 지적하며, '너무 깨끗하고 정적인 곳'보다 개방적인 재료가 많은 환경에서 유아가 재미를 느끼고 창의적으로 놀이할 수 있다고 하였다(이동연, 2020 재인용).

4. 교육현장의 비구조적 놀이 사례

일시	2020년 3월 24일 (화) 10시 50분~12시
장소	실내 유희실 자유놀이
환경	만 4세 반은 20명의 유아로 구성되었으며 벽면에 교구장이 배치되어 있고 중앙은 둥근 책상이 있다. 영역판, 유아 이름표는 없으며 구성된 영역은 미술, 음률, 조작, 언어, 휴식, 과학, 쌓기, 역할 영역으로 함께 통합되어 구성되어 있다. 유아들은 자신이 하고 싶은 놀잇감을 가지고 자유롭게 원하는 곳에서 자유롭게 놀이할 수 있으며 자유 놀이시간 유희실로 이동하여 보드게임, 미술놀이, 대근육을 할 수 있다. 유희실에는 누리보조교사가 놀이상황을 관찰하고 최소한 개입하며 안전하게 생활할 수 있도록 관찰하고 있다.
놀이 상황	교실에서 대집단으로 안전교육을 마친 후 자유놀이가 10시 20분부터 시작되었다. 처음에는 교실에서 그리기, 쌓기, 역할놀이를 하던 유아들이 하나 둘 유희실에 모여 놀이하기 시작한다. 유희실에는 자유롭게 미술놀이를 할 수 있는 낮은 책상과 다양한 재료들이 준비되어 있어 여아들 여러 명이 만들기를 하고 있으며 남아 1명은 둥근 매트가 깔린 곳에서 슬라이드 뱅뱅 보드게임을 펼쳐놓고 있다. 나머지 공간에서는 남아 여러 명이 호핑말을 타거나 미술 재료장에서 발견한 스티로폼 공으로 놀이하고 있다.
사례1	(미술놀이를 하면서) 윤우: (스티로폼 공을 과일싸개에 넣은 후) 이거 뭐게? 민지: 괴물공?

<table>
<tr><td>사례1</td><td>윤우: 무서운 거지! (보여주며) 신기하지?
도원: (눈사람을 만들며) 얼음집도 만들 거야.
(재료장에서 네모 스티로폼을 여러 개 찾아서) 이렇게 쌓으니까 정말 얼음집이다.
(눈사람을 넣으며) 올라프 자고 있어~~~~
민지: (눈사람을 만들며) 목도리도 반짝반짝 빛나는 거로 만들 거야?
(재료장으로 가서 반짝이 모루를 들고) 이게 좋겠다~~
도원: (민지의 반짝이 모루를 보며) 민지야~ 나도 좀 빌려줘.
내 올라프한테 목도리 만들어주어야겠어.
민지: (가위로 자르며) 잘 안 잘라진다. 선생님~~ 이거 잘라주세요.
교사: 얼만큼 자를까? 이만큼? 이만큼?
민지: 도원이 올라프한테 줄 거니까 이만큼이요.
교사: (잘라주며) 어디에 쓸 건데?
도원: 이건 올라프 목도리에요. 이건 얼음집이고요.
교사: 따뜻하겠다~~~~
도원: (올라프 목에 반짝이 모루를 두른 후 투명테이프로 붙인다.
그리고 얼음집에 넣는다) 잘 자~ 난 놀다 올게.
민지: 나도 다 만들었으니까~ 도원아, 우리 같이 놀까?
도원: (호핑 말이 있는 곳으로 빠르게 가서 호핑 말을 탄다) 민지야~ 난 놀고 올게.
우리 올라프 잘 돌봐줘
민지: 나도 이거 타고 싶어.
도원: 저기 있잖아.
민지: (호핑 말을 타고 유희실 이곳저곳을 다닌다)
혜원: (눈사람을 여러 개 앞에 놓고 사인펜으로 눈, 코, 입을 그린다) 선생님, 이거 잘라 주세요.
교사: (교사 반짝이 모루를 자르며) 가위로 힘을 줘서 이렇게 자르면 돼~
혜원: 안잘라져요.
교사: (잘라진 반짝이 모루를 들어 보이며) 이거면 될까?
혜원: (잘라진 모루를 목에 두른 후 투명테이프로 붙인다) 선생님 이거 잘라주세요.
(혜원은 눈사람 7개에 목도리, 머리띠를 두르고 교사는 알맞은 길이로 잘라준다)
혜원: 옷도 입히고 싶은데....
교사: 눈사람 옷으로 어울릴 만한 걸 혜원이가 찾아볼까?
혜원: (누런 종이를 가져와서) 옷은 어떻게 만들어요?
교사: 혜원이는 어떤 옷을 입히고 싶은데?
혜원: (손가락으로 그려 보이며) 이런 거요~
교사: 그럼 혜원이가 그려서 오려보면 어떨까?
혜원: (종이에 동그라미를 그린 후 교사에게 내민다) 오려주세요
교사: 혜원이가 오려봐~ 가위질은 이렇게 하는 거야
혜원: (가위질을 하나 서툴다) 조금 가위질을 하더니 손으로 동그라미 종이를 찢기 시작한다.
혜원: 이거 집에 가서 혜진이랑 놀거에요.
교사: 몇 개를 만들었는데?
혜원: (손가락 8개를 펼쳐 보이며) 7개요~</td></tr>
</table>

사례1	교사: (손가락을 하나씩 접어주며) 8개 만들었어? 혜진이는 좋겠다. 언니가 눈사람 많이 만들어서... 혜원: (자신의 가방에 넣고 온다) (다른 유아들은 호핑말을 타며 재료장에 있는 사각 스티로폴과 뽕뽕이를 눈이 온다며 던지며 놀이한다) 혜원: (싸인펜 뚜껑을 닫으며 책상 위를 정리한다) 교사: (큰소리로) 우리 혜원이는 마지막까지 정리도 잘하네. 여기서 놀던 친구들은 다 어디로 갔지~~~ (교사의 말에 호핑 말을 타고 있던 유아들이 하나둘 모여든다) 윤우: (상자를 찾아서 사각스티로폼을 차곡차곡 담는다) 교사: 우리 윤우는 상자에 한꺼번에 모아 정리하니까 금방 정리하겠다. (윤우의 모습을 본 유아들은 미술 재료장에서 큰 상자를 꺼내와 정리하기 시작한다) 교사: 희준이는 16개나 모아왔네. 지수: (모아온 상자를 보여주며) 저도 많이 모았어요. 교사: 여기 바구니에 넣어 주세요. 민지: (뽕뽕이를 보여주며) 저는 이 공을 모아 왔어요. 교사: 그건 저기 재료장에 넣어주세요. 지혁: 저도 이거 많이 모았어요. 교사: 정말 많이 모았네. 여기에 담아주세요. 희준: (여기저기 둘러보더니) 이제 정리 다 했다. 마지막으로 말을 정리하자~ (유아들 호핑말을 창가에 나란히 정리하고 차례대로 교실로 들어간다.)
사진	   

사진	 
평가	긴급보육기간으로 만 4세 유아들은 9명 등원하였으며 신입 원아, 재원 원아가 함께 놀이하고 있다. 미술 놀이를 30분 이상 몰입하고 있는 유아는 신입 원아로 가위질이 서툴러 교사에게 도움을 청해 눈사람을 완성하면서 만족감을 나타낸다. 특히 가위질을 하다 잘 안 되자 손으로 동그라미를 찢으며 눈사람 옷을 만들기도 한다. 유희실에서 놀이하는 또 다른 유아들은 스티로폼과 뽕뽕이로 눈놀이를 하지만 가지고 있는 놀이감의 양이나 종류로 인해 서로 다툼이 생기기도 한다. 그러나 스스로의 놀이 규칙이 있어 자정되고 있었다. 마지막에 교사의 개입으로 가득 어지러진 재료, 놀이감도 모두 스스로 정리하면서 만족스러워한다. 비구조적 놀잇감은 시행착오를 통해서 스스로 문제를 해결할 수 있었고 만족감을 나타냈으며 자유로운 놀이 가운데 보이지 않는 규칙이 존재하여 안전사고 없이 놀이가 잘 마무리되었다. 특히 20명의 유아가 함께 사용하기에는 비좁은 교실공간을 유희실까지 개방하여 유아들은 동적인 놀이 욕구를 충족 시켜 주었더니 놀이를 스스로 마치며 더 놀고 싶다고 하기보다는 오늘 놀이 정말 재미있었다며 만족감을 나타냈다.

[그림 3-26] 교육현장의 비구조적 놀이 사례

생각해 보기

- 우리 주변의 비구조적 놀이자료 생각해 보기

토론하기

- 유아의 비구조적 놀이사례 토의해보기

제3절 놀이와 부모환경

오랫동안 학자들은 부모의 역할에 관심을 갖고, 부모의 행동이 자녀의 발달을 형성하는데 미치는 영향을 연구하는 데 많은 노력을 기울여 왔다(Belsky, 1984). 부모는 유아가 출생 이후 가장 처음 만나는 환경이다. 부모와 접촉하며 기본적인 정서를 형성하고 사회적 기술을 익히며 인지적, 언어적, 정서적, 사회적 발달을 형성해 나간다. 부모는 유아교육기관에서 다양한 활동을 통해 환경으로서의 영역을 넓혀 나가고 있고 유아에게 직·간접적으로 영향을 미치고 있다. 부모는 유아와 친밀한 환경으로써 가정환경을 분류할 때 일반적으로 물리적 환경과 심리적 환경으로 분류하는데 물리적 환경에서 가족 구성원에 포함되며, 심리적 환경에는 가족 간의 관계, 태도, 분위기 모두가 포함될 수 있다.

1. 부모와 함께 만드는 놀이환경

유아교육기관은 부모의 협력과 지원을 통해 유아의 놀이가 더욱 활성화 될 수 있다. 가정과의 놀이 연계는 부모의 놀이이해를 이끌어 내고 유아의 놀이가 가정으로 이어져 다음날 유아교육기관에서의 놀이 지속성과도 깊은 관계가 있을 수 있다. 구체적으로 놀이에 있어 부모의 역할은 다음과 같다.

첫째, 부모는 놀이에 대한 올바른 이해와 역할에 대해 충분한 소양과 지식을 갖는다.

교육(보육)과정에 대한 이해와 놀이에 대한 올바른 이해는 부모로서 유아의 놀이를 지원하고 확장할 수 있도록 한다.

둘째, 유아와의 상호작용과 더불어 가정에서 놀이 환경을 잘 만들어 준다.

교사는 유아의 놀이에 귀 기울여 놀이의 의미와 배움을 발견하고, 이를 확장하기 위해 다양한 상호작용을 한다(교육부, 보건복지부, 2019). 부모 또한 유아의 놀이를 관찰하고 놀이를 지원할 수 있는 상호작용과 놀이 환경을 만들어 주는 것이 중요하다.

셋째, 수시로 환경을 변형해준다.

유아의 놀이를 잘 관찰하면 환경의 변화가 필요한 순간이 있다. 부모는 유아의 놀이의 연계, 확장, 심화를 위해 환경의 변화를 주는 것이 필요하다.

넷째, 유아의 의견을 존중해주고 허용적인 분위기와 일관성 있는 태도가 필요하다.

놀이중심, 유아중심은 유아의 주도적이고 자발적인 놀이가 무엇보다 중요하다. 부모는 유아의 의견을 존중하고 안전을 바탕으로 허용적인 분위기를 조성하며 칭찬, 격려, 미소, 공감 등 정서적 또는 언어적 상호작용으로 유아의 놀이를 수용하고 격려한다.

다섯째, 격려와 칭찬을 하여 유아가 다양한 놀이 경험을 할 수 있도록 한다.

유아의 놀이는 칭찬과 격려를 통해 놀이가 지속되고 다양한 경험은 놀이에 대한 관심의 증가로 놀이가 연계 및 확장될 수 있다.

여섯째, 부모의 적극적인 놀이 참여가 중요하다.

유아의 주도적인 놀이, 유아의 놀이를 존중하는 놀이지만 유아의 놀이를 바라만 보거나 방관하는 것이 아니라 함께 놀이에 참여하고 지원하는 부모의 역할이 중요하다. 이를 통해 유아의 놀이를 이해할 수 있으며 지지하고 교감할 수 있다.

한편, 부모 참여적 놀이신념은 유아의 놀이에 대해 부모가 참여하여 상호작용을 하는 것이 유아의 전반적인 발달과 놀이에 도움이 된다고 생각하는 부모의 신념이다. 부모 참여적 놀이신념을 측정하기 위하여 Fogel(2003)의 부모 놀이신념 척도를 심미영(2018)은 한국 샘플을 대상으로 '부모 참여적 놀이신념'으로 사용하였다.

〈표 3-16〉 유아기 부모의 부모 참여적 놀이신념

번호	내용	전혀 그렇지 않다.	그렇지 않다.	보통이다.	그렇다.	매우 그렇다.
1	나는 아이가 놀이를 하는 동안 자신의 감정을 조절하는 법을 배우도록 도움을 줄 수 있다.	①	②	③	④	⑤
2	나는 놀이를 하며 아이의 사회적 기술을 가르칠 수 있다.	①	②	③	④	⑤
3	가정에서의 놀이는 어린이집/유치원의 적응에 도움이 될 것이다.	①	②	③	④	⑤
4	나는 아이와 함께 놀 때 정말 즐겁다.	①	②	③	④	⑤
5	내가 아이와 놀이를 한다면 아이는 놀이를 통해 더 많은 것을 얻게 될 것이다.	①	②	③	④	⑤
6	내가 아이와 놀이 시간을 갖는다면 아이는 친구들과 더 잘 놀게 될 것이다.	①	②	③	④	⑤
7	아이와 함께 노는 것은 나에게 중요한 일이다.	①	②	③	④	⑤

출처: 심미영(2018)

〈표 3-16〉의 부모 참여적 놀이신념은 부모가 유아의 놀이에 함께 참여하여 상호작용을 하는 것이 유아의 놀이에 도움이 된다고 믿는 신념으로 총 7문항으로 측정된다. 점수는 7~35점으로, 총 합이 높게 나타날수록 부모 참여적 놀이신념이 높은 것으로 해석된다.

부모는 유아교육기관에 직·간접적으로 참여하여 놀이를 지원할 수 있다. 유아교육기관은 전문강사를 초빙하여 부모가 유아의 놀이에 참여할 수 있도록 환경을 조성할 수 있으며 놀이 재료 등을 제공하여 가정에서의 놀이 지원으로 간접적으로 지원할 수도 있다.

부모의 직접 놀이참여

비행기 놀이

슈퍼맨 놀이

파라슈트 & 풍선 놀이

다람쥐 도시락 놀이

[그림 3-27] 부모의 직접 놀이참여

2. 부모의 놀이지원

유아교육기관은 다양한 방법으로 유아의 환경으로서의 부모를 지원할 수 있다.

첫째, 놀이의 이해를 위한 부모교육을 실시하여 부모를 지원할 수 있다.

개정된 교육과정은 기존의 교육과정과 달리 유아의 자발적인 놀이, 유아로부터 발현된 놀이를 교사가 지원하는 것으로 부모도 이러한 교육과정의 이해를 기초로 유아에게 놀이를 지원할 수 있도록 지속적이고 다양한 방법으로 부모교육을 실시할 수 있다.

둘째, 스마트 알림장, 가정통신문 등으로 놀이방법을 공유하여 부모를 지원할 수 있다.

최근 유아교육기관에서는 실시간으로 부모와 소통할 수 있는 스마트 알림장을 많이 활용하고 있다. 부모와 공유할 수 있는 놀이자료와 놀이방법을 다양한 경로를 통해 지원하여 유아의 놀이환경으로서 부모의 놀이를 지원할 수 있다.

셋째, 유아에게 바람직한 놀이환경을 제공해 줄 수 있도록 부모를 지원할 수 있다. 예를 들어 가정으로 놀이방법을 포함한 놀이꾸러미를 제공하여 유아가 가정에서도 놀이를 이어갈 수 있도록 할 수 있다.

부모의 놀이지원 환경의 조성을 위해 온·오프라인으로 부모교육을 실시할 수 있으며 현재 진행되고 있는 놀이주제에서 활용할 수 있는 다양한 놀이방법을 공유하거나 실제 놀이자료를 제공함으로써 유아의 놀이환경으로서 부모의 놀이를 지원할 수 있다.

부모의 놀이지원

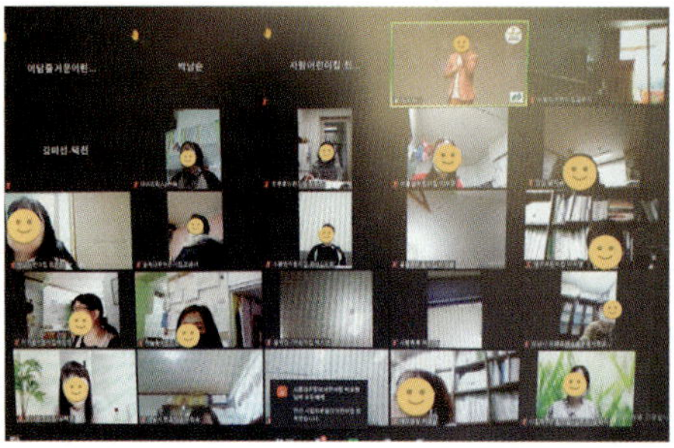

놀이이해를 위한 부모교육

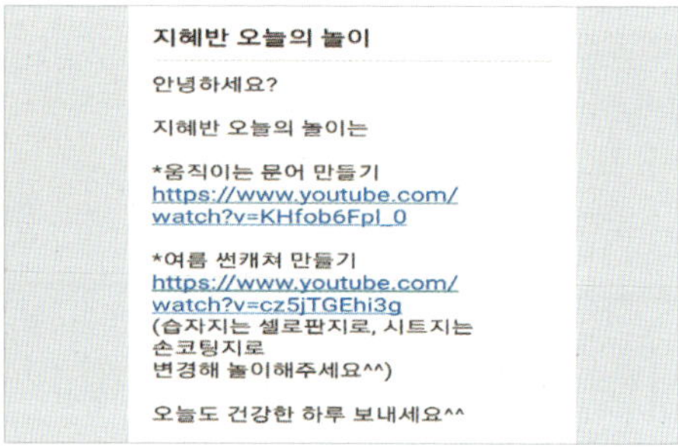

지혜반 오늘의 놀이

안녕하세요?

지혜반 오늘의 놀이는

*움직이는 문어 만들기
https://www.youtube.com/watch?v=KHfob6Fpl_0

*여름 썬캐처 만들기
https://www.youtube.com/watch?v=cz5jTGEhi3g
(습자지는 셀로판지로, 시트지는 손코팅지로 변경해 놀이해주세요^^)

오늘도 건강한 하루 보내세요^^

놀이방법 공유

놀이방법 공유
https://youtu.be/JjtnAQM69M0

놀이꾸러미

[그림 3-28] 부모의 놀이지원

생각해 보기

- 놀이주제를 선정하고 교사로서 가정에 제공할 수 있는 놀이지원 사례 생각해 보기

토론하기

- 가정에서 부모가 놀이를 지원할 때 고려해야 할 사항에 대해 토론해 보기

제4절 놀이와 지역사회

1. 지역사회의 의미

Bronfenbrenner(1995)은 생태학적 접근의 맥락에서 인간발달을 설명하였다. 그는 맥락의 상이한 수준을 미시체계, 중간체계, 외체계, 거시체계로 나누어 설명하였다. 미시체계(microsystem)는 가족, 또래집단, 학급, 종교 등과 같이 유아에게 직접적인 영향을 주는 환경맥락이다. 지역사회는 유아의 일차적 생태학적 환경의 가족이 포함된 곳으로써, 유아에게 직접적이고도 간접적인 경험에 영향을 미친다. 유아는 일상생활에서 지역사회의 구성원과 상호작용하면서 성장하고 학습의 과정을 통해 사회화되어간다. 이에 급변하는 현대의 사회 환경은 지역사회의 구조, 구성원, 역할을 변화시키기 때문에 각 지역사회의 독특한 사회, 역사, 문화적 맥락 내에 성장하는 유아와 지역사회는 뗄 수 없는 관계에 있다고 할 수 있다(이경희, 2005).

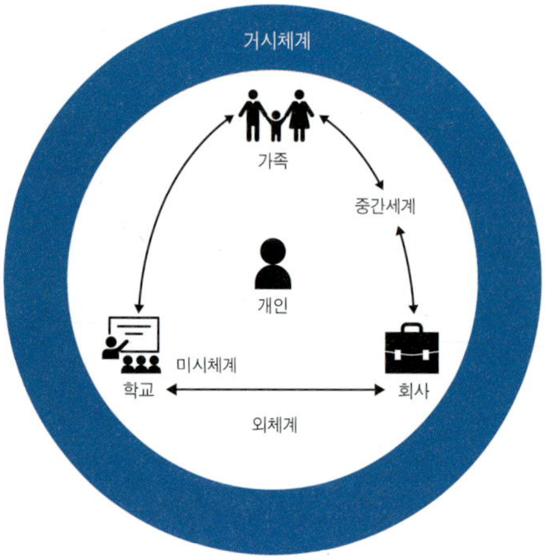

• 지역사회: 일정한 지역 내에서 함께 살며 서로의 상호작용을 통해 공동의식을 가지고 있는 공동체
• 4가지 요소: 일정한 지리적 공간, 인간, 사회적 상호작용, 공동유대감
• 지역사회 자원: 공적 자원, 민간 자원, 비공식적 자원 등

[그림 3-29] Bronfenbrenner: 환경체계

2. 지역사회의 자원 유형

지역사회에는 유용하게 활용될 수 있는 다양한 지역사회 자원들이 있으며, 지역사회자원을 자연적, 인적, 물적, 문화적 자원의 네 가지 유형으로 분류하였다(강선미, 2009 재인용).

1) 지역사회의 자원 유형

(1) 자연적 자원(natural resource)

가장 쉽게 활용할 수 있는 지역사회 자원으로 각종 상점들과 지하철이나 버스 등과 같은 운송수단 체계, 지역사회에 위치한 종교시설, 동물원, 박물관, 소방서와 같은 공공기관, 공원과 같은 휴식공간 등이 있으며, 이러한 지역사회자원들은 유아들에게 다양한 교육적 경험들을 제공해 준다.

(2) 인적 자원(people resource)

의사, 간호사 등 유아들의 진료 활동 및 위생에 관한 교육 활동 진행이 가능한 사람들로, 그 밖에 유아에게 안전에 관한 교육 활동을 위한 경찰관이나 소방관 등 지역사회에서 근무하는 사람들을 말한다. 반대로 유아들 자신도 지역사회를 위한 인적 자원으로의 역할을 할 수 있다. 예를 들면 아나바다운동이나 프리마켓 등의 활동을 통하여 경제적으로 어려운 지역사회 주민이나 관련 기관에 물품을 수집하여 제공하거나 모금 활동을 통해 보탤 수도 있을 것이다. 이와 같은 활동을 통해 유아들은 지역사회에 이바지할 기회를 경험하게 되며, 지역사회자원 연계의 교육 활동 과정을 통하여 유아들은 지역사회 인적 자원으로서의 역할과 역량을 키우게 된다.

(3) 물적 자원(material resource)

교육프로그램 진행 과정에서 필요한 다양한 자료를 지역사회에 속해 있는 기관으로부터 활용할 수 있다. 주변에 가까운 사업체, 지역 재활용센터 등으로부터 유아들이 활용할 물품들과 재활용품을 지원받아 다양한 교육프로그램에 활용할 수 있다. 기관의 경우, 자료 지원을 통하여 기관의 홍보 효과를 거둠과 동시에 지역사회 유아들은 더 나아가서 장기적인 미래의 고객이 될 수도 있게 된다.

(4) 문화적 자원(cultural resource)

지역사회에서 주최하는 행사, 문화공연 등 각종 행사에 유아들이 참여하여 지역 문화의 향유 활동 등 지역사회의 문화적 자원을 유아와 연관된 가정과 교육과 보육 전반에 연계하여 유아들이 풍성하게 체험할 수 있게 해 준다.

〈표 3-17〉 지역사회 자원의 유형

	특징	종류
자연적 자원	• 가장 쉽게 활용 가능	• 각종 상점, 운송수단, 종교시설, 공공기관, 공원 등 휴식공간
인적 자원	• 유아들의 진료 활동 및 위생에 관한 교육 활동 진행이 가능한 사람, 영유아의 안전에 관한 교육 활동이 가능하며 지역사회에서 근무하는 사람 • 유아 자신도 지역사회를 위한 인적 자원의 역할 수행	• 의사, 간호사, 경찰관, 소방관 등
물적 자원	• 보육프로그램 진행과정에서 필요한 다양한 자료를 지역사회에 속해 있는 기관으로부터 활용	• 지역의 사업체 등
문화적 자원	• 지역사회의 문화적 자원을 영유아와 연관된 가정과 교육과 보육 전반에 연계하여 경험	• 지역사회가 주최하는 행사, 문화공연 등

자연적 자원, 인적 자원, 물적 자원, 문화적 자원 등 지역사회의 다양한 자원을 직접 간접적으로 유용하게 활용한 후 사전경험을 바탕으로 놀이가 나타나며 놀이를 하는 동안 활발한 상호작용과 함께 유아들에게 협동놀이로 나타나는 경우가 많다.

지역사회 자원 유형과 관련된 놀이

자연적 자원(도로 놀이)

자연적 자원(공원휴식 놀이)

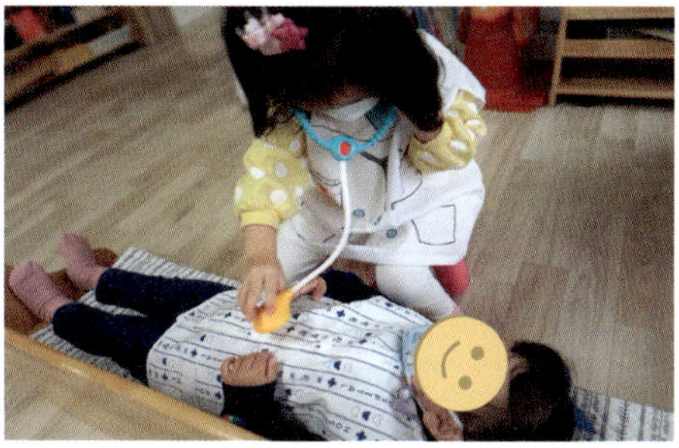
인적 자원(의사놀이)

인적 자원(상점주인 놀이)

물적 자원(피아노 놀이)

문화적 자원(공연놀이)

[그림 3-29] 지역사회 자원유형과 관련된 놀이

3. 지역사회 현장체험 활동과 놀이연계

Decker와 Decker(2005)는 현장체험 활동을 학교건물 바깥으로 나가는 계획된 여행이라고 정의하였다. 유아교육현장에서 지역사회자원을 활용하거나 연계하는 것으로 가장 많이 활용하고 있는 것은 현장체험 및 견학이다. 현장체험 활동은 지역사회 사람들의 상호작용과 관계, 직업의 중요성, 이들에 대한 존경에 대해 관심을 가지고 유아들은 놀이에 이러한 현장체험 활동을 표현하게 된다.

1) 역할놀이와 직업놀이

지역사회의 인적자원이 많은 은행, 박물관, 회사, 공사장, 공장, 병원 등의 현장에서 성인들이 수행하는 일을 직접경험하기도 하면서 역할놀이, 직업놀이에 관심을 갖고 가작화하여 놀이가 진행될 수 있다.

은행 견학

번호표를 뽑은 후 은행놀이

지구대 견학

경찰차를 구성하고 경찰관 놀이

[그림 3-30] 역할놀이와 직업놀이

2) 계절에 관련된 놀이

'계절(봄·여름·가을·겨울)'에 따라 자연적 자원의 활용이 높은데 산, 하천, 공원 등의 자연을 경험한 후 또는 사전경험을 바탕으로 놀이가 진행될 수 있다.

예를 들어, 가을철 낙엽이 많이 떨어진 공원을 다녀온 후 사전경험을 바탕으로 원내 바깥놀이터에서 낙엽관련 놀이가 재연되기도 한다.

A시 시민공원

실외 놀이터에 떨어진 낙엽으로 탐색놀이

A시 중앙공원

물놀이터를 만든 후 물놀이

[그림 3-31] 계절과 관련된 놀이

3) 전통놀이

통합적 전통문화체험은 지역사회의 자원을 활용하여 전통문화를 경험하고 이해하며 자연스럽게 유아들의 생활과 연결되는 체험으로 민속박물관, 민속촌, 전통문화 행사를 기획하는 특별한 지역사회 행사장을 찾을 수도 있다. 이러한 체험활동은 흥미가 지속되면서 유아가 자발적인 놀이로 진행될 수 있다.

예를 들어, 한국민속촌을 다녀온 후 전통가옥, 각종 우리나라 소품에 관심을 가지게 되고 교사는 유아의 흥미와 요구에 따라 전통가옥을 함께 구성해 볼 수 있다. 유아는 자연스럽게 사전경험을 바탕으로 놀이하고 교사의 자료·소품의 지원으로 놀이가 풍성해 질 수 있다.

한국 민속촌

구성된 전통가옥에서 역할놀이

부채춤 감상

자유놀이시간 부채춤 추기

[그림 3-32] 전통놀이

생각해 보기

- 지역사회의 다양한 자원 유형의 종류 생각해 보기

토론하기

- 지역사회의 다양한 자원을 놀이에서 활용할 수 있는 방법 토의해 보기

CHAPTER

04

놀이실행과 공유

본 장에서는 유아교육 현장에서 나타나는 놀이의 실제 사례를 중심으로 영유아의 놀이계획 및 실행 방법을 소개하고, 놀이 평가와 관찰을 통한 놀이 공유하기에 대해 알아보고자 한다.

놀이 실행에서는 영유아의 흥미와 관심에 따른 놀이 계획과 영유아 주도적 놀이 실행 및 연계된 놀이 기록 방법을 알아보고 현장 사례를 알아보고자 하였으며, 놀이관찰과 놀이평가를 통해 영유아 놀이를 공유하고 적용하는 방법을 알아보고자 한다.

제1절 놀이 실행

1. 영유아 흥미중심 놀이

유아교사는 놀이를 지원하기 위해서 계획안을 작성한다. 놀이계획을 세울 때는 각 기관의 교육철학과 지역적 특성을 고려하여 유아의 요구가 반영된 놀이계획을 세운다. 교육과정에서 제시하는 기본사항으로 1일 4시간에서 5시간을 기준으로 놀이를 편성하며 하루일과 운영에 따라 확장하여 놀이를 편성해야 한다. 표준보육과정과 누리과정에서는 놀이계획 및 실행 중에서 고려해야 할 공통적인 기준을 안내하고 있다(교육과학기술부, 보건복지부, 2019).

1) 교육(보육)과정 놀이

(1) 1일 4시간~5시간을 기준으로 편성

모든 유아들에게 공통적인 교육과정을 제공하기 위하여 편성해야 할 운영시간은 4~5시간이다. 놀이 운영시간은 유아가 중심이 되고 자율적인 놀이가 있는 유아놀이 중심교육과정 운영시간이 되며 국가가 제공해주는 행정적과 재정적 지원을 운영하는 시간을 의미한다.

(2) 하루 일과 운영에 따라 확장하여 편성

어린이집과 유치원은 1일 주어진 운영시간 외에도 놀이 운영시간을 확장하여 편성하거나 운영할 수 있다. 각 기관의 지역적인 특성과 실정을 반영하여 융통성 있게 편성하고 운영하여 유아 놀이중심 교육과정이 이루어질 수 있도록 한다.

(3) 교육과정을 바탕으로 유아교육기관의 상황에 알맞은 계획을 수립하여 운영

어린이집과 유치원은 국가 수준에서 교육과정(누리과정 및 표준보육과정)을 바탕으로 기관의 실정에 따라 적합한 계획을 세우고 운영하여야 한다. 놀이계획에는 유아의 흥미에 따라 놀이를 지원하며 유아가 요구하거나 놀이에 필요한 항목을 생각하여 준비해 나가는 모든 과정이 포함될 수 있다.

자율적인 계획 수립

계획안을 작성할 때는 각 유아교육 기관의 교육철학과 가정과 지역사회의 특성이 포함되고 유아의 요구가 반영되어 계획을 자율적으로 수립한다. 놀이계획 수립을 위하여 계획안을 각 기관 및 반의 특성에 맞게 변경하여 사용할 수 있다. 계획안의 종류나 형식 그리고 분량 등은 자율적으로 조정하여 작성할 수 있다.

어린이집과 유치원에서 가정으로 배부하는 계획안은 유아가 활동하게 되는 내용을 미리 안내하는 방식에서 유아가 실제로 놀이한 내용과 배움에 관련된 기록을 공유하는 방식으로 계획을 변화할 수 있다.

놀이를 지원하는 계획안 작성

각 기관에서는 놀이를 지원하는 계획안을 작성한다. 유아가 주도하는 놀이는 교사가 계획하기 어렵기 때문에 계획안을 면밀히 작성할 수는 없으나 유아가 전날 경험한 놀이를 바탕으로 계획안을 작성할 수 있다. 유아가 실제로 놀이한 내용 및 놀이를 교사가 지원하는 내용을 포함하여 자율적인 형식으로 작성할 수 있다. 이러한 사항은 유아가 실제로 경험하는 내용을 지원하는 계획을 기술하는 방식으로, 사전계획을 최소화하여 계획을 수립한다.

2) 교육(보육)과정 내용범주

표준보육과정에서 제시된 연령은 만 0세~1세, 만 2세로 나뉜다. 영역별 목표의 내용범주는 기본생활, 신체운동, 의사소통, 사회관계, 예술경험, 자연탐구로 분류한다.

만 0세~1세의 내용범주 및 내용으로 기본생활에서는 건강하게 생활하기, 안전하게 생활하기로 나뉘며 신체운동에서는 감각과 신체 인식하기, 신체활동 즐기기로 나눈다. 의사소통에서는 듣기와 말하기, 읽기와 쓰기에 관심 가지기, 책과 이야기 즐기기로 나뉘며 사회관계에서는 나를 알고 존중하기, 더불어 생활하기로 나눈다. 예술경험에서는 아름다움 찾아보기, 창의적으로 표현하기로 나뉘며 자연탐구에서는 탐구과정 즐기기, 생활 속에서 탐구하기, 자연과 더불어 살기로 나뉜다.

만 2세의 내용범주 및 내용으로 기본생활에서는 건강하게 생활하기, 안전하게 생활하기로 나뉘며 신체운동에서는 감각과 신체 인식하기, 신체활동 즐기기로 나뉘고 의사소통에서는 듣기와 말하기, 읽기와 쓰기에 관심 가지기, 책과 이야기 즐기기로 나뉜다. 사회관계에서는 나를 알고 존중하기, 더불어 생활하기로 나뉘며 예술경험에서는 아름다움 찾아보기, 창의적으로 표현하기로 나뉘며 자연탐구에서는 탐구과정 즐기기, 생활 속에서 탐구하기, 자연과 더불어 살기로 나뉜다. 현장에서는 표준보육과정 내용을 기초로 교사는 영아 흥미와 관심을 고려하여 만 0세~1세, 만 2세의 연령에서 영역별 목표와 내용범주를 중심으로 놀이계획을 세울 수 있다.

〈표 4-1〉 표준보육과정 영역별 목표 및 내용범주(만0세~만1세)

영역별 목표	내용범주	내용
기본생활	건강하게 생활하기	• 도움을 받아 몸을 깨끗이 한다. • 음식을 즐겁게 먹는다. • 하루일과를 편안하게 경험한다. • 배변 의사를 표현한다.
	안전하게 생활하기	• 안전한 상황에서 놀이하고 생활한다. • 안전한 상황에서 교통수단을 이용해 본다. • 위험하다는 말에 주의한다.
신체운동	감각과 신체 인식하기	• 감각적 자극에 반응한다. • 감각으로 주변을 탐색한다. • 신체를 탐색한다.
	신체활동 즐기기	• 대소근육을 조절한다. • 기본 운동을 시도한다. • 실내외 신체활동을 즐긴다.
의사소통	듣기와 말하기	• 표정, 몸짓, 말과 주변의 소리에 관심을 갖고 듣는다. • 상대방의 이야기를 들으면서 말소리를 낸다. • 표정, 몸짓, 말소리로 의사를 표현한다.
	읽기와 쓰기에 관심 가지기	• 주변의 그림과 상징에 관심을 가진다. • 끼적이기에 관심을 가진다.
	책과 이야기 즐기기	• 책에 관심을 가진다. • 이야기에 관심을 가진다.
사회관계	나를 알고 존중하기	• 나를 인식한다. • 나의 욕구와 감정을 나타낸다. • 나와 친숙한 것을 안다.
	더불어 생활하기	• 안정적인 애착을 형성한다. • 또래에게 관심을 가진다. • 다른 사람의 감정과 행동에 관심을 가진다. • 반에서 편안하게 지낸다.
예술경험	아름다움 찾아보기	• 자연과 생활에서 아름다움을 느낀다. • 아름다움에 관심을 가진다.
	창의적으로 표현하기	• 소리와 리듬, 노래로 표현한다. • 감각을 통해 미술을 경험한다. • 모방 행동을 즐긴다.

영역별 목표	내용범주	내용
자연탐구	탐구과정 즐기기	• 주변 세계와 자연에 대해 호기심을 가진다. • 사물과 자연 탐색하기를 즐긴다.
	생활 속에서 탐구하기	• 친숙한 물체를 감각으로 탐색한다. • 물체의 수량에 관심을 가진다. • 주변 공간과 모양을 탐색한다. • 규칙성을 경험한다.
	자연과 더불어 살기	• 주변의 동 · 식물에 관심을 가진다. • 날씨의 변화를 감각으로 느낀다.

출처: 보건복지부, 2020

〈표 4-2〉 표준보육과정 영역별 목표 및 내용범주(만2세)

영역별 목표	내용범주	내용
기본생	건강하게 생활하기	• 자신의 몸을 깨끗이 해 본다. • 음식에 관심을 가지고 즐겁게 먹는다. • 하루일과를 즐겁게 경험한다. • 건강한 배변 습관을 갖는다.
	안전하게 생활하기	• 일상에서 안전하게 놀이하고 생활한다. • 교통수단을 안전하게 이용해 본다. • 위험한 상황에 대처하는 방법을 경험한다.
신체운동	감각과 신체 인식하기	• 감각 능력을 활용한다. • 신체를 인식하고 움직인다.
	신체활동 즐기기	• 대소근육을 조절한다. • 기본 운동을 즐긴다. • 실내외 신체활동을 즐긴다.
의사소통	듣기와 말하기	• 표정, 몸짓, 말에 관심을 갖고 듣는다. • 상대방의 이야기를 듣고 말한다. • 표정, 몸짓, 단어로 의사를 표현한다. • 자신의 요구와 느낌을 말한다.
	읽기와 쓰기에 관심 가지기	• 주변의 그림과 상징, 글자에 관심을 가진다. • 끼적이며 표현하기를 즐긴다.
	책과 이야기 즐기기	• 책에 관심을 가지고 상상한다. • 말놀이와 이야기에 재미를 느낀다.
사회관계	나를 알고 존중하기	• 나와 다른 사람을 구별한다. • 나의 감정을 표현한다. • 내가 좋아하는 것을 한다.

영역별 목표	내용범주	내용
사회관계	더불어 생활하기	• 가족에게 관심을 가진다. • 또래와 함께 놀이한다. • 다른 사람의 감정과 행동에 반응한다. • 반에서의 규칙과 약속을 알고 지킨다.
예술경험	아름다움 찾아보기	• 자연과 생활에서 아름다움을 느끼고 즐긴다. • 아름다움에 관심을 갖고 찾아본다.
	창의적으로 표현하기	• 익숙한 노래와 리듬을 표현한다. • 움직임과 춤으로 자유롭게 표현한다. • 미술재료와 도구로 표현해 본다. • 일상생활 경험을 상상놀이로 표현한다.
자연탐구	탐구과정 즐기기	• 주변 세계와 자연에 대해 호기심을 가진다. • 사물과 자연을 반복하여 탐색하기를 즐긴다.
	생활 속에서 탐구하기	• 친숙한 물체의 특성과 변화를 감각으로 탐색한다. • 물체의 수량에 관심을 가진다. • 주변 공간과 모양을 탐색한다. • 규칙성에 관심을 가진다. • 주변 사물을 같고 다름에 따라 구분한다. • 생활 도구에 관심을 가진다.
	자연과 더불어 살기	• 주변의 동 · 식물에 관심을 가진다. • 날씨와 계절의 변화를 감각으로 느낀다.

출처: 보건복지부(2020)

누리과정의 연령은 만 3세에서 만 5세 연령으로 나뉜다. 누리과정에서 제시된 영역별 목표는 신체운동·건강, 의사소통, 사회관계, 예술경험, 자연탐구 5가지로 나뉜다. 내용범주 및 내용에서 신체운동·건강은 신체활동 즐기기, 건강하게 생활하기, 안전하게 생활하기로 나뉘며 의사소통은 듣기와 말하기, 읽기와 쓰기에 관심 가지기, 책과 이야기 즐기기로 나뉘고 사회관계는 나를 알고 존중하기, 더불어 생활하기, 사회에 관심 가지기, 예술경험은 아름다움 찾아보기, 창의적으로 표현하기, 예술 감상하기와 자연탐구는 탐구과정 즐기기, 생활 속에서 탐구하기, 자연과 더불어 살기가 포함된다. 교사는 누리과정에서 유아 흥미를 고려하여 〈표 4-3〉의 누리과정 영역별 목표 및 내용범주를 고려하여 놀이계획을 세울 수 있다.

〈표 4-3〉 누리과정 영역별 목표 및 내용범주(만 3세~만 5세)

영역별 목표	내용범주	내용
신체운동 건강	신체활동 즐기기	• 신체를 인식하고 움직인다. • 신체 움직임을 조절한다. • 기초적인 이동운동, 제자리 운동, 도구를 이용한 운동을 한다. • 실내외 신체활동에 자발적으로 참여한다.
	건강하게 생활하기	• 자신의 몸과 주변을 깨끗이 한다. • 몸에 좋은 음식에 관심을 가지고 바른 태도로 즐겁게 먹는다. • 하루 일과에서 적당한 휴식을 취한다. • 질병을 예방하는 방법을 알고 실천한다.
	안전하게 생활하기	• 일상에서 안전하게 놀이하고 생활한다. • TV, 컴퓨터, 스마트폰 등을 바르게 사용한다. • 교통안전 규칙을 지킨다. • 안전사고, 화재, 재난 학대, 유괴 등에 대처하는 방법을 경험한다.
의사소통	듣기와 말하기	• 말이나 이야기를 관심 있게 듣는다. • 자신의 경험, 느낌, 생각을 말한다. • 상황에 적절한 단어를 사용하여 말한다. • 상대방이 하는 이야기를 듣고 관련해서 말한다.
	읽기와 쓰기에 관심 가지기	• 바른 태도로 듣고 말한다. • 고운 말을 사용한다. • 말과 글의 관계에 관심을 가진다. • 주변의 상징, 글자 등의 읽기에 관심을 가진다.
	책과 이야기 즐기기	• 자신의 생각을 글자와 비슷한 형태로 표현한다. • 책에 관심을 가지고 상상하기를 즐긴다. • 동화, 동시에서 말의 재미를 느낀다. • 말놀이와 이야기 짓기를 즐긴다.
사회관계	나를 알고 존중하기	• 나를 알고 소중히 여긴다. • 나의 감정을 알고 상황에 맞게 표현한다. • 내가 할 수 있는 것을 스스로 한다.
사회관계	더불어 생활하기	• 가족의 의미를 알고 화목하게 지낸다. • 친구와 서로 도우며 사이좋게 지낸다. • 친구와의 갈등을 긍정적인 방법으로 해결한다.

영역별 목표	내용범주	내용
사회관계	더불어 생활하기	• 서로 다른 감정, 생각, 행동을 존중한다. • 친구와 어른께 예의 바르게 행동한다. • 약속과 규칙의 필요성을 알고 지킨다.
	사회에 관심 가지기	• 내가 살고 있는 곳에 대해 궁금한 것을 알아본다. • 우리나라에 대해 자부심을 가진다. • 다양한 문화에 관심을 가진다.
예술경험	아름다움 찾아보기	• 자연과 생활에서 아름다움을 느끼고 즐긴다. • 예술적 요소에 관심을 갖고 찾아본다.
	창의적으로 표현하기	• 노래를 즐겨 부른다. • 신체, 사물, 악기로 간단한 소리와 리듬을 만들기를 한다. • 신체나 도구를 활용하여 움직임과 춤으로 자유롭게 표현한다. • 다양한 미술 재료와 도구로 자신의 생각과 느낌을 표현한다. • 극놀이로 경험이나 이야기를 표현한다.
	예술 감상하기	• 다양한 예술을 감상하며 상상하기를 즐긴다. • 서로 다른 예술 표현을 존중한다. • 우리나라 전통 예술에 관심을 갖고 친숙해진다.
자연탐구	탐구과정 즐기기	• 주변 세계와 자연에 대해 지속적으로 호기심을 가진다. • 궁금한 것을 탐구하는 과정에 즐겁게 참여한다. • 탐구과정에서 서로 다른 생각에 관심을 가진다.
	생활 속에서 탐구하기	• 물체의 특성과 변화를 여러 가지 방법으로 탐색 • 물체를 세어 수량을 알아본다. • 물체의 위치와 방향, 모양을 알고 구별한다. • 일상에서 길이, 무게 등의 속성을 비교한다. • 주변에서 반복되는 규칙을 찾는다. • 일상에서 모은 자료를 기준에 따라 분류한다. • 도구와 기계에 대해 관심을 가진다.
	자연과 더불어 살기	• 주변의 동 · 식물에 관심을 가진다. • 생명과 자연환경을 소중히 여긴다. • 날씨와 계절의 변화를 생활과 관련짓는다.

출처: 교육과학기술부, 보건복지부, 2019

3) 놀이를 위한 준비

교사는 유아들의 놀이를 위한 준비로 공간을 제공하고, 시간을 조정하며, 놀이와 관련된 재료를 준비한다.

놀이공간(환경)에서는 유아의 놀이를 확장하기 위하여 인근 공원이나 인근 놀이터를 이용하여 계획을 세울 수 있다. 유아교육기관의 공간에서는 교실이나 유희실 그리고 실외놀이터나 옥상을 이용하여 놀이를 확장 시킬 수 있다. 놀이를 위한 준비로 교사는 유아들과 함께 하루일과 중에서 충분히 놀이를 할 수 있는 시간을 융통성 있게 제공해 주어야 하며 교실에서는 블록, 소품, 미술재료 등 구조적 놀잇감과 재활용품, 자연물, 소모품 등의 비구조적인 놀잇감을 제공해 주어야 한다. 놀이를 활성화시키기 위하여 가정에서 많은 관심을 갖도록 가정연계를 실시하는 것도 중요한 놀이준비가 될 수 있다.

놀이를 위한 준비

놀이공간(환경)

- 기관의 공간(교실, 유희실, 실외놀이터 등)
- 안전한 공간이라면 어느 곳이든 놀이환경이 가능

놀이시간

- 유아들과 함께 정하는 하루일과
- 충분히 놀이 할 수 있는 시간을 융통성 있게 제공

놀이재료

- 구조적 놀이감(블록, 소품, 미술재료 등)
- 비구조적 놀이감(재활용품, 자연물, 테이프 등)
- 가정연계 지원자료 협조

4) 놀이 교육(보육)계획 및 실행하기

2019년에 개정된 교육(보육)과정은 계획의 중요성이 약화되었다. 이는 유아들의 흥미와 관심이 상황에 따라 놀이흐름이 바뀌기 때문에 교사가 세운 계획보다는 실행되는 놀이에 중점을 두었기 때문이다.

아래 자료의 일과의 흐름에서도 일과의 흐름 속에 시간에 대한 계획을 세우고 있다. 놀이로 계획된 시간도 유아의 흥미에 따라 바뀔 수 있음을 유의하며 바뀐 활농에 대한 표시도 반드시 필요하다. 〈표 4-4〉에서 제시된 유아반 놀이계획 및 실행을 중심으로 살펴보면 다음과 같다.

〈표 4-4〉 유아반 놀이계획 및 실행

<table>
<tr><td>○○반
(만 3세)</td><td colspan="3">놀이여정 담기 (놀이 실행안)</td></tr>
<tr><td>유아의 흥미</td><td>알록달록 색깔괴물</td><td>날 짜</td><td>2020년 3월 23일 화요일</td></tr>
<tr><td>교사의 기대</td><td colspan="3">의사소통) 주말지낸이야기를 통해 자신의 경험과 느낌, 생각에 대해 말하기
예술경험) 실외놀이터에서 신체와 도구를 활용하여 자유롭게 표현하기</td></tr>
<tr><td>일과의
흐름
(계획)</td><td colspan="2">– 등원 및 오전간식(07:30~09:50)
– 인사 및 하루일과 이야기 나누기(09:50~10:00)
– 오전 자유놀이 및 실외활동(10:00~11:50)
– 점심식사 및 양치(11:50~12:30)
– 특별활동(12:30~13:10)
– 낮잠 및 휴식(13:10~15:00)
– 오후간식 및 자유놀이(15:00~15:30)
– 귀가지도(15:30~16:00)
– 연장보육 및 자유놀이(16:00~19:30)
– 출결확인(결석원아체크)</td><td>(일과의 흐름 평가)
• 동화를 듣고 놀이활동을 실외놀이와 연계하여 진행하기 위해 놀이터로 나갔지만 10분 뒤 미세먼지 농도 나쁨으로 교실로 들어와 활동을 이어나감.
• 유아들이 놀이를 지속하고 싶다고 하여 실외활동으로 시간을 실내놀이로 이어나감.</td></tr>
<tr><td colspan="4">◆ 놀이를 위한 준비
놀이환경: 교실 및 실외놀이
놀이시간: 유아의 흥미에 따라 점심시간을 넘지 않도록
놀이재료: 블록, 소품, 미술재료 및 가정지원재료</td></tr>
<tr><td colspan="4">◆ 놀이 흐름 과정
○○아 ○○아 주말에 뭐했니? ➡ 알록달록 색깔괴물</td></tr>
</table>

〈관심의 시작〉
알록달록 색깔괴물 동화를 듣고 놀이가 시작됨

"알록달록 색깔괴물 그림책을 볼까요?", "노란색은 기쁨, 초록색은 편안함, 파랑색은 슬픔, 검정색은 무서움, 빨간색은 화가나요!", "우리 꽃들반 친구들은 무슨 색인가요?", "엄마가 보고 싶어서 파란색이에요.", "친구가 자꾸 밀어서 빨간색이에요.","저는 기분이 너무 좋아서 노란색이요

"선생님 우리 점토로 색깔괴물 만들어봐요!", "알록달록하니까 화가나는 빨간색이랑 기쁜 노란색을 합치면 무슨색이 나와요?", "우리 한번 섞어볼까?", "우와 주황색이 나와요!", "선생님 곤충들도 기분이 있을까요?", "곤충의 기분도 놀이해볼래요!", "색종이 깔아주세요!", "여왕개미는 무서우니까 갈색에 사슴벌레는 슬퍼요", "메뚜기는 풀을 좋아하니까 초록색 !"

- *유아 주도의 놀이를 전개하며 놀이 속에서 즐거움 찾기, 놀이에 즐겁게 참여하는 유아 격려하기*
- *곤충의 기분 놀이를 위해 필요한 재료 지원 및 공간 마련해주기 <환경적지원>*

◆ **편성 및 교수학습 (상호작용/자료의 변화/일과의 변화/공간의 변화/안전)**

1. 상호작용: 교사도 놀이의 참여자로 함께 놀이하며 놀이 속 유아들의 생각 상호작용
2. 공간의 변화: 영역구분 하지 않고 책상 옮기기

◆ **놀이지원 실제 및 평가**

1. 교사도 놀이의 참여자로 함께 놀이하며 유아들의 생각 상호작용함
2. 놀이 진행에 있어서 놀이의 방해가 되는 책상을 옮겨주기
3. 알록달록한 색깔 괴물 표현을 위해 점토의 색을 섞어서 색의 변화 알아보기

◆ **다음날 지원하기**

1. 알록달록 색깔 괴물 동화 속 기분들을 표현하는 미술놀이

위에 제시된 내용처럼 유아의 흥미와 관련된 놀이 계획을 세우며 일과의 흐름을 시간대별로 간략하게 계획을 세울 수 있다.

편성 및 교수학습에서는 놀이 시 이루어진 상호작용, 자료의 변화, 놀이로 인하여 변화된 일과, 놀이확장을 위한 공간의 변화와 놀이 시 진행된 안전에 관한 사항도 기록을 남길 수 있다. 놀이지원 실제 및 평가에서는 놀이를 지원하기 위한 물적 지원, 정서적 지원, 공간의 지원 등 교사가 놀이를 위한 실제적인 지원 평가를 기록한 후 다음날 놀이에 반영할 수 있다. 다음날 지원하기에서는 놀이평가에서 나타난 결과를 중심으로 다음날 놀이 지원하기를 계획한다.

2. 영유아 주도적 놀이실행

교사는 유아의 흥미와 관심에 따라 놀이를 계획하며, 유아가 주도적으로 놀이를 실행할 수 있도록 준비를 해야 한다. 놀이 실행은 융통성 있는 하루일과를 운영하고 놀이의 끊김이 없이 충분한 놀이를 운영할 수 있도록 노력해야 하며, 유아들의 신체적인 특성, 성, 종교, 장애, 가족 및 문화적인 배경 등으로 차별이 없도록 주의를 기울여야 한다. 유아의 발달과 장애 정도에 따라서 놀이의 수준을 조정하여 운영할 수 있다.

1) 교육(보육)과정 놀이실행

(1) 하루일과 중 바깥놀이를 포함하여 놀이가 충분히 이루어지도록 편성하여 운영

유아 놀이중심 교육과정에서는 교사가 사전에 계획하여 운영하기보다 유아의 흥미와 관심여부에 따라 놀이를 즐길 수 있도록 편성하고 운영하는 것이 중요함을 강조한다.

가. 융통성 있는 하루 일과 운영

어린이집과 유치원의 하루일과는 유아가 주도성을 가지고 놀이를 운영하도록 한다. 유아는 하루일과에서 놀이나 일상생활 등을 통하여 다양한 경험을 한다. 놀이는 실내놀이와 바깥놀이를 포함하여 유아가 충분한 놀이할 수 있도록 한다. 활동은 유아가 흥미 있어 하는 놀이를 확장하기 위한 교사의 지원이다. 즉 놀이 속에서 궁금한 점이 생기면 이야기 나누기를 실시하고 놀이에 맞는 노래가 있으면 음률활동을 전개해 나가며, 자연 현상을 알아보기 위한 과학 활동을 전개하여 놀이와 연계되는 확장 활동을 실시 할 수 있다.

나. 2시간 이상의 충분한 놀이시간을 운영

유아들의 놀이시간은 짧게 제공하기보다 긴 시간으로 편성하여 흥미 위주의 놀이 흐름이 끊기지 않도록 몰입할 수 있도록 한다. 2019 교육과정에서는 바깥놀이를 포함하여 놀이시간을 2시간 이상으로 운영하되, 날씨와 계절, 기관의 상황 그리고 유아의 흥미 있는 관심사와 놀이 특성을 고려하여 융통성 있게 놀이를 운영함을 강조한다. 즉 바깥놀이는 미세먼지나 날씨 등을 고려하여 실내놀이로 운영할 수 있으며 날씨 좋은 날은 유아의 흥미에 따라 바깥놀이를 길게 편성할 수도 있다.

(2) 신체적인 특성, 성, 종교, 장애, 가족 및 문화적인 배경 등으로 차별없도록 운영

유아가 신체적인 특성, 성, 종교, 장애, 가족 및 문화적인 배경 등으로 차별받지 않도록 운영하여야 하며 서로가 서로를 배려하는 마음을 가질 수 있도록 운영해야 한다. 유아가 다른 사람을 대할 때 다른 특성으로 받아들이고 개인적인 편견없이 다른 사람을 대할 수 있도록 지원한다. 또한 유아들에게 다양한 문화적 배경 및 가족형태를 이해할 수 있는 경험을 제공하여 다양함을 존중하고 배려한다.

(3) 유아의 발달과 장애 정도에 따라서 놀이를 조정하여 운영

유아의 놀이는 연령 및 발달 특성에 따라 다양한 형태로 나타난다. 같은 연령의 유아들일지라도 관심과 흥미, 경험, 개인의 발달, 가정의 문화 등에서 많은 차이가 있으므로 유아 자신에게 적합한 방법으로 놀이할 수 있도록 조정하여 운영한다.

발달지연이나 장애 유아도 또래 유아와 함께 놀이하는 경험이 필요하다. 개인의 특성이 있는 유아들이 차별없이 또래와 함께 놀이하도록 지원해야 한다. 놀이를 지원하는 교사는 모든 유아가 보편적인 환경에 참여할 수 있도록 교육환경이나 교육내용 그리고 교육방법을 조정하여 운영할 수 있다. 교사는 장애유아의 개인적인 특성과 요구를 파악하여 개별화교육계획안(I.E.P)을 작성하고 장애유아의 요구에 맞는 교육이 이루어질 수 있도록 한다.

2) 놀이 실행하기

(1) 놀이실행의 기초

놀이 들여다보기

자유놀이, 실외놀이 등 교사의 놀이계획에서 영유가가 주도한 놀이로 확장, 축소, 연계하여 진행된 놀이 들여다보기

놀이 흔적남기기

교사가 영유아의 놀이를 관찰하며 해석 및 지원한 놀이 기록하기
(주제 및 놀이의 연결, 언어적, 물리적 정서적 지원 등을 기록하기)

놀이 의미 찾기

영유아가 놀이하는 내용에 추구하는 인간상 찾아보기
(건강한 사람, 자주적인 사람, 창의적인 사람, 더불어 사는 사람, 감정이 풍부한 사람)

놀이 평가 및 다음 날 지원하기

유아교사는 놀이 실행시 놀이 들여다보기를 통하여 놀이 관찰이 이루어져야 하며, 관찰된 놀이를 흔적(기록)을 남길 수 있다. 놀이 흔적(기록)에서 유아교사는 놀이의 의미를 찾을 수 있다.

놀이관찰을 통한 놀이 들여다보기는 놀이 속에서 나타난 자유놀이와 실외놀이 등 교사의 놀이계획에서 나타난 유아가 주도한 놀이를 확장, 축소, 놀이 연계가 어떻게 이루어졌는지를 관찰한다.

교사가 유아의 놀이를 관찰하여 나타난 놀이는 확장, 축소, 연계에 따라 흔적(기록)을 남길 수 있다. 이때 교사는 주제 및 활동의 연계성과 언어적, 물리적 그리고 정서적으로 지원하여 놀이가 이루어질 수 있도록 노력해야 하며 이러한 자료를 흔적(기록)으로 남길 수 있다.

놀이 흔적(기록)은 유아의 놀이를 다시 한번 회상해 보고 유아의 놀이 속에서 추구하는 인간상(건강한 사람, 자주적인 사람, 창의적인 사람, 더불어 사는 사람, 감성이 풍부한 사람)을 찾아보며 유아의 흥미와 관심이 무엇인지 파악해보는 시간 속에서 놀이 의미를 찾을 수 있다.

이러한 일련의 하루 과정을 통하여 놀이를 평가하고 다음 날 지원할 수 있는 체계로유아 중심의 놀이 흔적(기록) 남기기를 할 수 있다.

영유아 중심의 놀이 흔적 남기기

놀이 들여다보기, 놀이 흔적남기기, 놀이 의미 찾기

영유아의 놀이를 들여다보며
교사가 계획한 놀이에서 유아들이 놀이하며 일어난 확장, 축소, 연계활동과
교사의 지원, 놀이 속에 일어난 의미를 찾아 흐름대로 기록

↓

놀이 평가 및 다음 날 지원하기
(대그룹활동 평가, 전체 영유아 놀이 평가, 지원 계획)

유아중심 놀이는 놀이 들여다보기(관찰), 놀이 흔적(기록), 놀이 의미찾기를 연결할 수 있다. 유아의 놀이를 들여다보며 교사가 계획한 놀이에서 유아들이 놀이하며 일어난 놀이의 확장과 축소, 연계 활동이 일어날 수 있으며, 교사의 지원을 통하여 놀이가 활발하게 이어갈 수 있다. 교사는 이러한 흐름을 파악하여 놀이 속에서 일어난 의미를 찾을 수 있다.

놀이에서 나타난 의미를 파악하여 대그룹 활동, 지원계획을 세워 다음날 놀이를 계획한다.

3) 놀이실행 기록하기

2019년 개정 교육(보육)과정에서는 놀이 관찰과 기록의 중요성이 강조되었다. 기존의 형식적인 방법에서 벗어나 유아의 놀이가 잘 나타낼 수 있도록 교사들은 다양한 방법으로 놀이실행을 기록한다.

교사는 놀이 관심의 시작을 어떻게 실행하는지부터 놀이가 확장, 연계되어 나가는 부분을 기록에 남기로 놀이에서 교사의 지원이 어떻게 이루어졌는지를 간략하게 기록으로 남겨야 한다. 이러한 기록은 향후 놀이 실행 시 참고하여 유아의 놀이를 지원해 줄 수 있다.

(1) 기록으로 남기는 놀이실행

〈표 4-5〉 자료의 기록으로 남기는 놀이 기록자료이다. 놀이지원 교사는 영아들의 관심을 파악하고 놀이 속에서 배움을 찾아보고 가정연계와 함께 이루어진다. 영아반 놀이 활동에서 중점적으로 나타나는 놀이나 변화되어가는 놀이를 사진을 찍어서 영아들의 관심이 어떻게 변화되어가는지를 파악하고 영아들의 놀이의미를 찾아볼 수 있다.

〈표 4-5〉 기록으로 남기는 놀이실행

놀이: 테이프 탐색 놀이/종이컵과 테이프가 만났어요/종이 숲 놀이	
이번 주 놀이의 관심	영아들이 테이프에 관심을 가지며 색, 느낌, 질감 등을 탐색합니다. 탐색을 통하여 자연스럽게 손등 및 발등과 같은 신체와의 접촉이 일어납니다. 피부에 닿는 끈적끈적한 촉감을 느낀 영아들이 자연스럽게 매트, 종이, 바닥에 테이프를 붙여보며 테이프의 용도를 발견합니다. 교구장과 벽면 사이로 테이프를 이어붙인 뒤 길게 늘어뜨려 테이프 숲이 만들어지자 빠른 걸음으로 종이 숲을 지나가기도 하고, 테이프가 머리가 닿지 않도록 엉금엉금 기어서 지나가보며 감각 능력을 활용한 신체 놀이도 즐겨보았습니다.
놀이 배움	이번 주는 종이와 테이프를 주제로 종이와 테이프가 만나는 특정한 상황을 통해 새로운 발견을 해보았습니다. 손가락 사이사이에 닿는 끈적이는 촉감을 감각으로 느끼며 자연스럽게 손등, 발등과 같은 신체와의 접촉으로 이어졌고, 종이컵과 종이컵을 테이프로 붙여보며 테이프를 이용하면 사물끼리 붙을 수 있다는 사실을 발견하였습니다. 또, 하늘 위로 길게 늘어진 종이 숲에 종이 꽃가루, 미니컵, 종이컵 등 다양한 사물을 붙여보며 테이프가 바닥으로 떨어지지 않도록 서로서로 테이프를 손으로 잡아주는 작은 협동이 이루어지기도 했습니다. 이번 한 주도 영아반 친구들은 놀이 속에서 만난 다양한 시행착오와 발견을 통하여 문제 해결 능력을 키워보았습니다.

(2) 사진 및 대화 내용을 중심으로 기록 남기기

〈표 4-6〉 자료는 유아반 놀이 기록 자료이다. 유아 대화 내용 및 중점 놀이 내용을 중심으로 기록하는 유아반 일일 놀이 기록자료로서 유아들의 관심과 흥미를 파악하고 놀이 속에서 배움을 찾아보고 유아들의 관심이 어떻게 변화되어가는지를 파악하고 영아들의 놀이 의미를 찾아보기 위한 놀이 실행기록이다. 유아 대화 내용 및 중점놀이를 중심으로 기록하는 유아반 놀이실행 기록은 다음과 같다.

〈표 4-6〉 유아 대화 내용 및 중점 놀이를 중심으로 기록하는 유아반 놀이실행 기록

마트와 미용실놀이

가게 놀이에 계속해서 즐거움을 느끼는 아이들과 또 어떤 가게를 만들고 싶은지 이야기를 나누고 필요한 놀잇감을 교사가 지원하여 여러 가지 가게 놀이를 경험하였어요.

"지금 마트를 만드는 중이에요."
"여기는 과자를 진열하자!"

"이 과자 얼마에요?"
"천원입니다~"

"동생아~ 어떤 과자를 사러 왔어?"

"미용실 이름은
브레드 이발소 어때?"

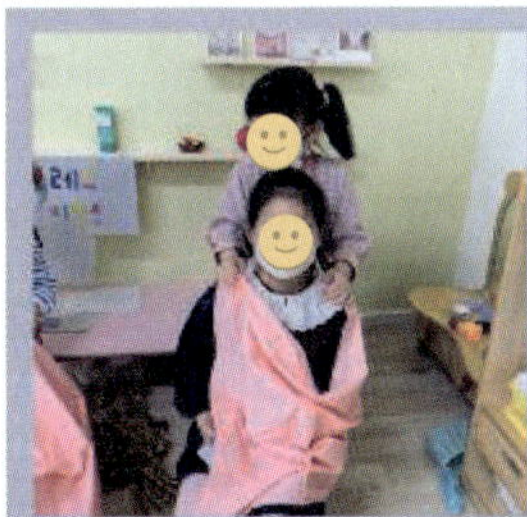

"손님~
가운을 먼저 입을게요~"

꽃 피자 가게 놀이를 통해 가게 놀이에 필요한 것들에 대해 알게 된 아이들이 마트, 미용실 등 원하는 가게를 자유롭게 구성해 놀이를 즐겼어요. 사랑반 동생들은 물론이고 이번에는 초롱반 동생들도 초대하여 즐겁게 가게 놀이를 즐겼답니다. 놀이 속에서 아이들이 동생들을 배려하고 도와주는 멋진 형님의 모습을 보여주기도 했어요. 이렇게 친구들과 동생들과 함께 놀이하며 배려하고 협동하는 태도를 배울 수 있었고 지혜반 친구들은 이 외에도 노래방 놀이, 모자 가게 놀이 등 흥미를 계속해서 이어나갔답니다.^^

*가정에서의 지원으로 더 즐거운 놀이였습니다. 감사합니다.^^

5월에도 많은 관심 부탁드리며 아이들이 더 즐겁게 놀이할 수 있도록 지혜반 교사도 열심히 지원하겠습니다.

(3) 교사지원을 중심으로 기록남기기

〈표 4-7〉은 교사의 지원을 중심으로 놀이를 실행한 기록자료이다. 유아의 놀이 관심으로 시작된 놀이, 관심을 극대화하기 위하여 교사의 지원이 무엇인지를 파악하여 놀이를 위한 준비를 시작한다.

놀이를 실행하는 유아의 모습에서 교사들은 놀이를 바라보고 평가를 통하여 놀이를 통한 배움이 무엇인지를 파악한 후 다음날 놀이지원을 위한 준비를 할 수 있다.

〈표 4-7〉 교사의 지원을 중심 놀이실행 기록

나무가 궁금해요! 탐색놀이 〈나무로 시작한 놀이〉	
"우와 이게 뭐지?" "나뭇잎이에요!" "어디에서 떨어진거지?" "저기 나무 위에서 떨어졌어요"	"떨어지는 나뭇잎을 잡아보자!" "잘 안 잡혀!" "그럼 바닥에 떨어진 걸 주우면 되지! "이거봐 나는 이만큼이나 모았어~"

유아의 관심과 교사의 지원

- 관심: 나무와 나뭇잎 관찰하기
- 지원: 유아가 흥미를 보이는 나무와 나늣잎의 모양과 생김새에 대해 언어로 표현해주어 유아의 흥미를 지원함(언어적 지원). 유아가 관찰놀이에 활용할 수 있는 도구 현미경, 확대경을 지원함(물리적지원)

교사의 생각

- 생각1: 여름이 되어 푸른 빛으로 변한 나무의 모습에 유아들이 스스로 나무에 흥미를 보이며 적극적인 탐색 놀이가 이루어지고 있다.
- 생각2: 나무 탐색놀이와 교실에서 놀이를 연계 & 확장시킬 수는 없을까?

놀이를 통한 배움

- 유아: 스스로 시작한 놀이에서 새로운 것을 발견하는 '탐구력'
- 교사: 놀이의 주도권 유아에게 넘겨주고 유아와 함께 즐겁게 놀이하는 '놀이 참여자'

유아반에서 나타난 놀이에서 관심의 시작은 커다란 택배상자를 발견한 유아의 흥미가 반영된 놀이이다. 커다란 상자가 침대로 변신을 하고 상자를 이용하여 유아들은 많은 놀이를 발견해 나가며 이와 관련된 상자로도 집을 꾸며보는 놀이를 이어나간다. 상자로 만들집이 많아지게 됨에 따라 교사는 다른나라 집 그림책을 보여주어 유아들의 관심을 높이게 된다. 그림책 속에서 유아들은 차가운 북극집에 관심을 보여 이글루를 만들어 보는 놀이까지 이어지는 2달 간의 활동자료이다.

아래 자료는 놀이에 대해 유아의 고민과 교사의 지원을 통하여 놀이변화 과정을 나티내었다.

〈표 4-8〉 놀이에서 나타나는 문제점 협의하기

놀이에 대해 유아와 협의한 사항	→	**[유아의 고민]** "선생님 진짜 지렁이를 보고 싶어요" **[교사의 지원]** – **공간의 변화:** 비가 온 다음 날 실외 놀이터에 나가 함께 지렁이를 찾아볼 수 있도록 지원함.	→	**[유아의 고민]** "지렁이를 무엇으로 만들면 좋을까요?" **[교사의 지원]** – **다양한 재료 지원:** 유아들과 함께 지하 문구방에 내려가 유아들이 직접 고른 재료를 지원함.
[유아의 고민] "재활용품은 쓰레기가 아니에요?" **[교사의 지원]** – **재활용품으로 만들기 활동 제안:** 재활용품은 쓰레기가 아니라 우리가 다시 만들기를 하거나 재사용할 수 있는 것이라고 놀이를 통해 알 수 있도록 지원함.	→	**[유아의 고민]** "북극곰을 만들고 싶어요! 어떻게 만들면 좋을까요?" **[교사의 지원]** – **북극곰 만드는 공간 변화:** 여러 명이 함께 놀이가 가능하도록 공간 변화 및 실외 놀이터에서 물감 칠하기가 이루어질 수 있도록 지원함. – **재활용품 제공:** 유아들이 북극곰을 만들 수 있도록 박스와 신문지, 재활용품을 제공함.	→	**[놀이의 변화]** 유아들이 원하는 다양한 재료들과 우리가 일상생활 속에 나오는 다양한 재활용품을 가정연계로 가져와 교실에 제공해두면서 다양한 만들기 및 미술활동이 이루어지고 있으며, 환경을 보호하는 마음을 가지고 쓰레기를 분리수거 하며 생활하는 모습이 나타났다. 그리고 산들반에선 아직 놀이가 진행중이다.

생각해 보기

- 유아 흥미로 이루어지는 놀이가 무엇인지를 생각해 본다.

토론하기

- 놀이의 계획 및 실행을 위한 준비를 해보고 토의한다.
  대상: 만3세
  유아의 관심놀이: 동물

제2절 놀이 공유하기

놀이평가와 놀이관찰은 유아들의 놀이를 지원하기 위한 방법을 고민하고 해결하기 위한 과정이며, 놀이 평가 및 관찰자료를 다른 교사 및 부모들과 공유하기 위한 자료로 활용한다. 부모 면담 시 부모들과 공유하기 위하는 과정으로 유아가 실행해 나가는 놀이를 통하여 놀이 발달을 분석하고 놀이를 지원하기 위한 노력 과정이다.

놀이 평가를 통하여 교육과정 운영의 질을 진단하고 개선하기 위한 방안을 모색하며 유아의 특성 및 변화 정도와 교육과정의 운영을 평가한다. 놀이평가의 목적에 맞는 적합한 방법을 사용하여 평가하고 유아에 대한 이해와 교육과정 운영 개선을 위한 자료로 평가결과를 활용할 수 있다.

1. 놀이 평가

1) 교육(보육)과정에서 나타난 놀이 평가

교육과정에서 놀이평가는 유아가 주도성을 가지고 유아 중심으로 놀이가 나타나는 교육과정 운영을 되돌아보고 개선해 나가는 과정이다. 교육과정은 각 기관에서 유아 놀이중심 교육과정을 운영해 나가는 데 도움이 되고자 평가를 하고 각 기관의 특성에 맞게 자율적인 평가를 강조한다. 놀이평가는 아래 사항에 중점을 두고 실시한다.

(1) 교육과정 운영의 질을 진단하고 개선을 위한 평가

놀이 평가의 목적은 유아중심 놀이가 살아나는 운영을 자체적으로 평가하여, 교육과정의 질을 진단하고 유아중심 놀이과정이 보다 나은 방향으로 개선하는데 목적을 둔다. 어린이집과 유치원에서는 지역의 특성과 각 기관 및 학급의 상황을 고려하여 개선할 수 있도록 자율적으로 평가를 실시한다. 평가의 주기 및 시기와 평가 방법에 관한 부분은 교사회의를 통한 민주적인 협의를 통하여 결정한다.

(2) 유아의 특성 및 변화 정도와 교육과정의 운영을 평가

놀이 평가는 유아평가와 교육과정 운영 평가로 나뉜다. 유아평가는 유아의 전인적 발달을 지원하며 유아의 즐거움 흥미를 지원하는데 목적이 있다. 교사는 유아의 일상 생활 및 놀이를 통하여 유아의 특성을 발견하고 의미 있는 변화를 발견하여 배움과 성장을 위한 평가를 실시할 수 있다. 교사는 유아의 놀이의 특성, 유아의 배움, 친구 관계, 놀이를 이어나가기 위한 자료 활용에 주목하여 관찰하고 변화를 이해하도록 한다.

교육과정 운영 평가는 어린이집과 유치원에서 교육과정이 유아 놀이중심과정으로 적절하게 운영되고 있는지를 평가하는 데 목적을 두고 있다. 놀이 과정에서 놀이 시간이 충분히 운영되고 있는지 유아의 주도로 놀이와 배움이 일어나고 있는지, 교사들의 놀이지원이 적절하게 나타나고 있는지 등을 평가할 수 있다. 이러한 과정은 놀이 속에서 나타나는 유아의 특성 및 변화 정도와 연계하여 파악해 나갈 수 있다.

(3) 놀이 평가의 목적에 맞게 적합한 방법을 사용하여 평가

놀이 평가의 방법은 평가의 목적과 놀이 대상에 따라 달라질 수 있다. 교사는 놀이에서 나타난 유아의 특성과 변화 정도를 파악하기 위하여 실제 놀이 모습을 계획안에 기록으로 남길 수 있고, 놀이 결과물과 작품 등을 수집하여 남길 수 있다. 유아들의 놀이를 관찰할 때는 유아의 말과 몸짓 그리고 표정에서 나타나는 놀이의 의미와 특성에 주목하여 필요한 내용을 메모나 사진 등 할 수 있는 방법으로 기록한다.

교사는 유아의 놀이 관찰기록 유아평가 등의 평가자료를 만들고 수집하는 데 많은 노력을 기울이기보다 유아의 놀이에 집중하고 지원하는 것이 중요함을 강조한다.

(4) 평가 결과는 유아에 대한 이해와 교육과정 운영 개선을 위한 자료로 활용

교사는 유아에 대한 이해와 교육과정 운영 개선을 위한 자료로 평가 결과를 활용한다. 평가 결과는 유아의 놀이와 일상생활을 통하여 모인 자료를 종합하여 얻을 수 있다.

평가는 다음 사항에 중점을 두고 실시한다(누리과정 총론)

가. 교육(보육)과정 운영의 질을 진단하고 개선하기 위해, 평가를 계획하고 실시한다.
나. 유아의 특성 및 변화 정도와 표준보육과정의 운영을 평가한다.
다. 평가의 목적에 따라 적합한 방법을 사용하여 평가한다.
라. 평가의 결과는 유아에 대한 이해와 교육(보육)과정 운영 개선을 위한 자료로 활용할 수 있다.

2) 놀이 의미 파악하기

(1) 놀이경험의 의미

"유아의 삶은 놀이다"라는 명제는 놀이는 유아와 떼어 놓을 수 없는 중요한 경험이며, 성인에게는 여가, 취미 등과 같은 이름으로 지속적으로 영위하게 되는 경험이다. 유아에게 있어서 놀이경험의 의미는 어제와 다른 끊임없이 차이를 만드는 놀이와, 끊어지고 이어지고 변화하고 변신하는 유아의 충만한 힘이 발현되는 놀이 그리고 놀이 속에서 발견과 우연한 놀이가 되는 다양한 마주침을 통한 놀이로 놀이의 의미로 설명할 수 있다.

가. '끊임없이 차이를 만드는 놀이' – 따라하고 계속하고 반복하는 놀이

유아들은 놀이 안에서 다양한 반복을 경험한다. 다른 유아의 놀이를 따라하며 그 놀이를 반복하거나 같은 행동을 하기도 하고, 하나의 놀이 안에서 계속적으로 놀이를 반복하거나 여러 날 반복적으로 같은 주제나 같은 놀잇감, 같은 행동의 놀이를 하면서 놀이 안에서 다양한 반복이 나타난다.

유아는 친구가 놀잇감 만드는 것을 따라하기, 친구의 행동을 따라하기, 친구의 말 따라하기 등 자주 다른 유아의 놀이를 따라하며 놀이를 반복하는 모습을 보인다. 이에 놀이를 따라하고 반복하며 우연히 다른 놀이를 발견하고 자연스럽게 연계 확장해 나가는 모습이 관찰되어 하나의 놀이를 반복하며 다음 단계로 넘어가며 끊임없이 차이를 만드는 놀이를 이어간다.

나. '유아의 충만한 힘이 발현되는 놀이' – 끊어지고, 이어지고, 변화하는 놀이

유아들의 놀이는 역동적으로 움직인다. 놀이가 역동적으로 보여지는 것은 유아들의 놀이가 와해되었다고 생각한다. 다시 시작하거나 한창 하나의 주제로 놀이를 하고 있다가도 갑자기 다른 것에 관심을 갖고 새로운 주제로 놀이를 하는 등의 계속적인 변화를 보여주고 있기 때문이다.

또한 유아들은 놀이를 계속 이어나가는 가운데에 자신과 놀잇감, 놀이 공간 등을 계속 변화시킨다. 이러한 놀이에서의 계속적인 변화는 놀이가 역동으로 움직이는 것처럼 느끼게 하여 놀이에 계속 새로운 의미를 부여하며 새로운 형태로 변화시키는 놀이로 변신하여 유아의 충만한 힘이 발현되는 놀이가 나타난다.

다. '다양한 마주침을 통한 놀이' – 발견과 사건, 우연한 놀이

유아들은 놀이 안에서 다양한 우연과 마주치는 경험을 한다. 이러한 우연한 마주침을 통해 유아들의 놀이를 시작되기도 하였고 변화되기도 한다. 이러한 우연한 발견이나 사건은 유아들은 놀이에 몰입하게 하고 개미 발견 놀이, 그림자 놀이 등 놀이를 이끄는 매개체가 된다.

3) 관찰 및 평가방법

놀이를 관찰하는 방법에는 참여관찰과 비참여 관찰이 있다. 참여관찰은 자연스러운 놀이 상황에서 유아들의 놀이를 관찰할 수 있다는 점이 장점으로 나타나며 외부에서 관찰할 수 없는 감정들을 자료로 수집할 수 있다. 단점으로는 시간이 비교적 많이 소요되며 놀이를 관찰하는 관찰자의 개인의 주관적인 감정이 개입이 될 수 있는 부분이 있어 객관성을 유지하기에 어렵다는 점이다.

비참여 관찰은 유아의 놀이에 직접 참여하지 않고 객관적인 입장에서 관찰하는 것이다. 놀이 관찰의 객관성을 유지할 수 있고 계획적으로 관찰할 수 있는 장점이 있으나 심층자료를 얻을 수 있는 기회가 적다.

놀이 관찰과 평가를 위해서 다음과 같은 사항을 유의해야 한다.

① 반 상황을 고려하여 관찰한다.
② 다양한 방법을 사용하여 여러 가지 측면으로 놀이를 관찰하고 평가한다.
③ 여러번 관찰하고 프로파일을 만들면서 발달변화를 관찰한다
④ 객관적인 자세로 관찰하고 평가한다
⑤ 유아가 의식하지 않는 자연스러운 상황에서 관찰한다.

관찰자는 각 반에서는 유아들의 컨디션이나 특이 사항이 발생할 수 있으니 반 상황을 고려하여 관찰하고, 객관성을 확보하기 위해 다각적인 방법을 이용하여 여러 번 관찰한다. 관찰자는 놀이상황에 몰입하지 않도록 객관적인 자세로 관찰해야 하며 유아가 의식하지 않도록 자연스러운 상황에서 관찰해야 한다. 관찰 및 평가방법으로 일일평가, 월(주)평가 등이 있다.

(1) 일일평가

하루 놀이를 관찰한 교사는 실행된 놀이를 중심으로 기록을 남긴 후 다음날 놀이를 위한 지원으로 편성 및 교수학습, 누리과정 관련 요소를 파악하고, 교실 환경 및 자료를 준비하기 위한 계획을 세운다. 〈표 4-9〉 자료는 놀이를 실시한 후 교사가 놀이의 의미를 분석하여 평가로 연결된 자료이다.

〈표 4-9〉 일일평가

<table>
<tr><th colspan="2">예상 놀이</th><td colspan="4">대형 피자 만들기
예상 배움</td></tr>
<tr><th rowspan="2">날짜</th><th rowspan="2">요일</th><th>오늘</th><th colspan="3">다음날 놀이를 위한 지원</th></tr>
<tr><th>교사가 지원한 놀이와 관심 · 흥미있는 놀이는?</th><th>관심 · 흥미가 있는 놀이지원 〈편성 및 교수학습〉</th><th>누리과정 관련요소</th><th>교실 환경 및 자료 계획</th></tr>
<tr><td>4/12</td><td>월</td><td rowspan="2">피자 안에 들어가는 토핑 재료를 커다란 사이즈로 만들어 피자 놀이를 해봄. 놀이매트를 피자 도우로 만들고 자유롭게 내가 좋아하는 토핑을 이용하여 피자를 만들어 교사 및 친구와 함께 나누어 먹는 상상놀이를 해봄.</td><td rowspan="2">오늘 결석 영아들이 많기도 하고, 대형 피지 만들기 놀이에 영아들의 관심 및 흥미도가 높아 내일도 오늘처럼 놀이 매트 및 피자 토핑 그림 자료들을 이용하여 대형 피자 만들기 놀이를 이어가보자 함.</td><td rowspan="2">〈신체활동〉 신체를 인식하고 움직인다</td><td rowspan="2">놀이매트, 피자 토핑 그림 자료</td></tr>
<tr><td>출석</td><td>6명</td></tr>
<tr><td>4/13</td><td>화</td><td rowspan="2">영아들이 놀이매트(피자도우) 안에 들어가 토핑들을 자유롭게 배치하고 롤러를 사용하여 소스를 바르며 상상놀이를 하였음. 영아가 미술영역의 롤러를 이용하여 소스를 바른 뒤 접시에 담아 교사와 친구에게 건네줌. 친구가 “매워~”이야기하자 컵을 건네며 “콜라야~”라고 이야기함.</td><td rowspan="2">영아들이 대형 피자를 만들며 피자 도우나 토핑 재료, 색깔 등에 관심을 보여 내일은 내가 좋아하는 색깔의 끼적이기 도구를 사용하여 피자 그림에 끼적이기 놀이를 해보고자 함.</td><td rowspan="2">〈자연탐구〉 사물과 자연을 반복하여 탐색하기를 즐긴다.</td><td rowspan="2">놀이매트, 피자 토핑 그림 자료, 롤러</td></tr>
<tr><td>출석</td><td>6명</td></tr>
<tr><td>4/14</td><td>수</td><td rowspan="2">영아와 함께 피자 도우의 색깔과 토핑 재료, 토핑 색감 등을 살펴보고 내가 좋아하는 색깔들로 나만의 피자 그림을 완성해봄. 3층 문화교실에 가고 싶어 하여 놀이매트와 토핑 재료 등을 가지고 3층에 올라가 영아가 직접 피자 재료가 되어 피자 도우 위에 누워보는 신체 놀이를 해봄.</td><td rowspan="2">영아들이 피자 만들기 놀이에 지속적인 관심을 보여 내일은 종이 말고도 점토를 이용하여 피자를 만들고 피자의 토핑들을 직접 꾸며볼 수 있도록 지원해야겠음.</td><td rowspan="2">〈예술경험〉 미술 재료와 도구로 표현해 본다.</td><td rowspan="2">놀이매트, 피자 토핑 그림 자료, 롤러〈종이 피자 만들기〉 활동지, 끼적이기 도구</td></tr>
<tr><td>출석</td><td>6명</td></tr>
</table>

(2) 주간 및 월간 평가

평가는 주간이나 월간에 한번씩 평가를 실시하며 한달에 한 번씩 놀이를 세부적으로 평가한 후 다음 놀이에 반영하여 놀이를 활성화하였다. 〈표 4-10〉 자료는 실행된 놀이의 주간 및 월간 평가자료로 각 원의 상황에 따라 평가내용 항목을 정한 후 다음 놀이에 반영된 사례이다.

〈표 4-10〉 주간 및 월간 평가

구분	번호	평가내용	평가 1주	평가 2주	평가 3주	평가 4주
평가내용	1	놀이계획은 영유아의 흥미와 요구를 충분히 반영하였는가?(내적동기)	○	○	○	○
	2	하루일과가 영유아의 신체리듬과 특성을 고려하여 유아주도적으로 이루어졌는가?(하루일과운영)	○	○	○	○
	3	대소집단(전이) 활동은 최소한으로 이루어졌는가?(집단활동)	○	○	○	○
	4	놀이에 적절하게 개입하여 놀이가 확장 · 심화 진행되었는가?(교사개입)	○	○	○	○
	5	영유아의 사전경험의 중요성을 알며 경험의 확장을 위해 노력하였는가? (사전경험)	○	○	○	○
	6	교사는 놀이자료를 알맞게 지원하였는가?(자료제공)	○	○	○	○
	7	놀이시간은 영유아가 느끼기에 충분하였는가?(놀이시간)	○	○	○	○
	8	놀이장소는 영역을 정하지 않고 자유롭게 사용할 수 있도록 배려하였는가? (놀이장소)	○	○	○	○
	9	영유아의 놀이내용을 관찰 기록하였는가?(관찰기록)	○	○	○	○
	10	가정연계를 위한 계획과 실행이 있었는가?(가정연계)	○	○	○	○
	11	교사는 놀이평가 후 수정 보완해야 하는 활동들을 반영하였나?(평가)	○	○	○	○
	12	교사는 학습공동체에 참여하여 정보를 공유하고 함께 피드백을 주고 받았는가?(학습공동체)	○	○	○	○
	13	지역사회 놀이활동을 월 1회 실시하였는가?(지역사회)	월1회 실시			

월 평가 및 다음 계획 반영
유아들과 봄과 동 · 식물을 주제로 봄에 피는 꽃과 식물들에 대해 알아보니 유아들의 흥미가 이어져 꽃 만들기, 꽃가게 놀이 등을 즐기는 모습을 보였음. 꽃가게 놀이가 확장될 수 있도록 교사가 지원하였으나 단순한 엄마아빠놀이로 이루어져 아쉬움이 있었음. 그러나 사랑반(만 4세)에서 먼저 꽃 카페를 구성하여 지혜반을 초대하니 지혜반 유아들도 가게를 구성하고 동생들을 초대하는 것에 관심을 보임. 동생반과 함께 놀이를 하니 역할을 선택하는 것에도 제한이 없고 더 풍성하게 놀이를 즐길 수 있어 유아들이 자연스럽게 놀이를 확장시켜나가는 모습을 보였음. 다음 달 놀이 속에서도 연령이 통합되어 놀이할 수 있는 상황 속에서는 통합 놀이의 이점을 잘 살려 놀이를 즐겨볼 수 있도록 지원해야겠음.

〈표 4-11〉 자료는 놀이지원을 위한 월간 놀이평가자료이다. 교사는 놀이의 시작과 놀이 흐름은 어떻게 이루어졌으며, 공간과 자료 그리고 일과는 어떻게 구성되었으며, 이를 위한 교사들의 상호작용은 어떻게 이루어졌고, 놀이를 위한 지원 평가와 다음 날 놀이 계획을 위하여 어떤 부분을 고려하는지를 기록한 자료이다.

〈표 4-11〉 놀이지원 월간 평가서

<table>
<tr><td rowspan="7">놀이지원</td><td>놀이의 시작</td><td colspan="2">• 나와 내 모습에 관심을 갖고 내가 느끼는 다양한 감정들에 대해 알아보며 놀이가 시작됨.
• 또래들이 놀이하는 가족 구성원, 가족의 모습, 가족과 살고 싶은 집에 대해 관심을 갖고 교사의 지원을 따라 중심 놀이에 참여하며 놀이가 시작됨</td></tr>
<tr><td rowspan="4">놀이흐름</td><td>1주</td><td>우체국 방문 ➡ 어린이날 행사 ➡ 얼굴 표정 꾸미기 ➡ 어린이날 ➡ 어버이날 카네이션 ➡ 어버이날 카네이션2</td></tr>
<tr><td>2주</td><td>어버이날 카네이션2 ➡ 우리 가족 작은책 ➡ 숲 놀이 ➡ 케이크 꾸미기 ➡ 텃밭 가꾸기 ➡ 얼굴 표정 꾸미기</td></tr>
<tr><td>3주</td><td>얼굴 표정 꾸미기 ➡ 우리 가족과 살고 싶은 집 ➡ 꽃꽂이 ➡ 석가탄신일 ➡ 우리 가족 가면 ➡ 우리 집 꾸미기</td></tr>
<tr><td>4주</td><td>우리 집 꾸미기 ➡ 집 내부 꾸미기 ➡ 목공놀이 ➡ 수변공원(바람개비,분수) ➡ 빨대놀이와 바람개비 ➡ 비오는 날(천둥, 번개, 음악)</td></tr>
<tr><td>공간</td><td colspan="2">• 유아들의 흥미에 따라 영역 넓혀 중앙공간 제공
• 유아가 구성한 공간 지원
• 유아들의 흥미에 따라 실외 및 에서 자유놀이 즐김</td></tr>
<tr><td>자료</td><td colspan="2">• 유아들이 선택한 놀잇감과 제안한 놀잇감, 유아가 제작한 놀잇감이 적절하게 이루어짐
• 가정에서 지원받은 가족 관련 물품을 사용됨</td></tr>
</table>

놀이지원	일과	• 유아들의 흥미 및 날씨에 따라 오후 실외활동을 오전으로 변동하거나 놀이 시간을 확장하는 등 융통성 있는 일과가 지원됨 • 미세먼지 농도를 고려하여 실내에서 대체활동이 지원됨
	상호작용	• 유아의 개별적 특성에 따른 일대일 촉진 및 모델링 제공이 적절하게 이루어짐 • 놀이를 진행하며 참여하는 유아들을 격려하고 지지하며 정서적 지원이 이루어짐
	놀이지원 계획/평가	• 놀이 속에 다양한 전략을 통한 지원이 이루어짐 • 나와 가족에 관심을 갖고 탐색하며 좋은 날씨를 따라 산책이 이루어지며 우리 동네 주변에 관심을 보이는 모습이 관찰됨

2. 영유아 놀이관찰

영유아 놀이를 관찰하고 평가할 때에는 여러 내용을 통해 정보를 수집하고 그것에 기초하여 결과를 분석하는 것이 바람직하다. 하루일과에서 유아가 참여하는 놀이의 종류나 수준, 친구관계, 놀이 몰입 정도 등 관찰 가능한 여러 행동을 구체적으로 기록하고 그 결과를 문장으로 기술할 것을 제안한 바 있다(교육과학기술부. 보건복지부, 2019).

유아교육 현장에서 가장 많이 사용하고 있는 관찰의 한 형태로 일화기록을 보고하고 있다(전정민 외 5, 2020).

1) 일화기록법

(1) 일화기록 정의

일화기록은 직접 관찰의 형태로서 다양하게 적용할 수 있는 방법이며, 장소나 시간에 구애받지 않고 유아의 놀이 특정 행동이나 특정 사건에 초점을 맞추어 있는 그대로 객관적 입장에서 기록한다.

(2) 일화기록 장점과 단점

일화기록은 다양한 상황에서 유아에 대한 자연적 행동에 관한 정보를 제공해 주므로 개인의 기본적이고 중요한 성격 특성을 이해할 수 있도록 해준다. 일화기록의 장단점은 다음과 같다(안선희 외 5, 2015).

(장점)

- 간결하게 작성해야 하기에 시간이 많이 소요되지 않는다.
- 일화기록은 놀이상황에 대해 객관적이고 집중적인 초점을 맞추므로 정확한 기록을 남길 수 있다.
- 관찰자료는 놀이상황을 이해하고 놀이 지원을 계획할 때 중요한 자료가 된다.

(단점)

- 놀이상황을 간단한 메모만 한 후 다음에 작성할 경우 내용을 파악하기 힘들거나, 교사의 편견이 포함될 수 있다.
- 놀이상황의 일부만 기록하기에 해석의 오류를 범할 수 있다.
- 객관적인 놀이 상황 기록이 아닐 경우 놀이해석에 부정적인 이미지를 가질 수 있다.

(3) 일화기록 작성 방법

일화기록을 작성할 때 다음과 같은 사항을 기록한다(Goodwin & Driscoll, 1980).

- 직접 관찰한 내용을 기록한다.
- 관찰한 대상의 말과 행동을 구별해서 기록한다.
- 내용은 직접화법으로 인용부호(“ ”)를 사용하여 기록한다.
- 일화기록은 유아들의 행동과 특별한 행동 모두에 초점을 맞추어 기록한다.
- 객관적이고 사실적인 내용을 기록한다.

일화기록을 평가할 때 다음과 같은 사항을 평가한다(Brandt, 1972).

- 관찰 시간, 관찰 장면, 활동상황 등의 자료가 포함되어야 한다.
- 유아의 주요 행동이 묘사되어 있어야 한다.
- 유아의 말과 행동 외에 교사나 다른 유아의 행동이나 말도 그대로 기록되어야 한다.
- 관찰자의 추론과 해석은 제외시켜야 한다.

아래 〈표 4-12〉는 일화기록 작성양식 예시자료이다.

〈표 4-12〉 일화기록 작성양식 예시자료

<table>
<tr><td>관찰영유아</td><td></td><td>성별</td><td></td><td>관찰일</td><td></td></tr>
<tr><td>관찰자</td><td colspan="2"></td><td>관찰시간</td><td colspan="2"></td></tr>
<tr><td>교육(보육)과정 영역</td><td colspan="5"></td></tr>
<tr><td>관찰장면</td><td colspan="5"></td></tr>
<tr><td>내용</td><td colspan="5"></td></tr>
<tr><td>해석 및 평가</td><td colspan="5"></td></tr>
</table>

출처: 안선희 외(2015)

2) 교육(보육)과정 평정척도법

(1) 평정척도법의 정의

놀이 영역의 특징이나 성격을 미리 정해진 범주에 따라 행동의 질적인 차이를 평가할 때 사용하는 방법이다. 교육(보육)과정에 의한 평정척도법은 특정 행동의 출현 유무를 체크하는 체크리스트를 보완한 것이라 할 수 있다.

(2) 평정척도법의 장점과 단점

평정척도는 기술평정척도, 숫자평정척도, 도식평정척도 등의 여러유형이 있다. 평정척도법은 다음과 같은 장단점이 있다(안선희 외, 2015).

(장점)

- 작성이 쉬우며 작성 시간이 짧다.
- 한 번에 특정 영역을 평가하기에 유용하다.
- 발달 단계를 평가하는데 유용하다.

(단점)

- 주관적이기에 평가자의 오류와 편견이 발생할 수 있다.
- 정확하게 객관적인 척도를 나타내기가 쉽지 않다.
- 관찰에 대한 행동 수준만을 기록하므로 행동의 원인에 대해 나타내기가 어렵다.

(3) 평정척도법의 방법

유아들의 놀이 관찰 및 평가는 교육(보육)과정에서 제시한 내용범주와 연결이 될 수 있다. 하지만 교사는 유아에 대한 이해와 교육과정 운영 개선을 위한 자료로만 평가 결과를 활용해야 함을 유의한다.

〈표 4-13〉 표준보육과정에 의한 평정척도법(영아반)

학 급 명	○○반	생 년 월 일		
영 아 명	(남, 여)	관 찰 일 시	1학기- . .	2학기- . .

	문항		1학기	2학기
기본생활	건강하게 생활하기	자신의 몸을 깨끗이 해 본다.		
		음식에 관심을 가지고 즐겁게 먹는다.		
		하루 일과를 즐겁게 경험한다.		
		건강한 배변 습관을 갖는다.		
	안전하게 생활하기	일상에서 안전하게 놀이하고 생활한다.		
		교통수단을 안전하게 이용해 본다.		
		위험한 상황에 대처하는 방법을 경험한다.		
	*비교분석을 위한 수치상 합계			
신체운동	감각과 신체인식하기	감각 능력을 활용한다.		
		신체를 인식하고 움직인다.		
	신체활동 즐기기	대소근육을 조절한다.		
		기본 운동을 즐긴다.		
		실내외 신체활동을 즐긴다.		
	*비교분석을 위한 수치상 합계			
의사소통	듣기와 말하기	표정, 몸짓, 말에 관심을 갖고 듣는다.		
		상대방의 이야기를 듣고 말한다.		
		표정, 몸짓, 단어로 의사를 표현한다.		
		자신의 요구와 느낌을 말한다.		
	읽기와 쓰기에 관심 가지기	주변의 그림과 상징, 글자에 관심을 가진다.		
		끼적이며 표현하기를 즐긴다.		
	책과 이야기 즐기기	책에 관심을 가지고 상상한다.		
		말놀이와 이야기에 재미를 느낀다.		
	*비교분석을 위한 수치상 합계			
사회관계	나를 알고 존중하기	나와 다른 사람을 구별한다.		
		나의 감정을 표현한다.		
		내가 좋아하는 것을 한다.		
	더불어 생활하기	가족에게 관심을 가진다.		
		또래와 함께 놀이한다.		
		다른 사람의 감정과 행동에 반응한다.		
		반에서의 규칙과 약속을 알고 지킨다.		
	*비교분석을 위한 수치상 합계			

	문항		1학기	2학기
예술경험	아름다움 찾아보기	신체를 인식하고 움직인다.		
		기초적인 이동운동, 제자리운동, 도구를 이용한 운동을 한다.		
	창의적으로 표현하기	익숙한 노래와 리듬을 표현한다.		
		움직임과 춤으로 자유롭게 표현한다.		
		미술 재료와 도구로 표현해 본다.		
		일상생활 경험을 상상놀이로 표현한다.		
	*비교분석을 위한 수치상 합계			
자연탐구	탐구과정 즐기기	주변 세계와 자연에 대해 호기심을 가진다.		
		사물과 자연을 반복하여 탐색하기를 즐긴다.		
	생활 속에서 탐구하기	친숙한 물체의 특성과 변화를 감각으로 탐색한다.		
		물체의 수량에 관심을 가진다.		
		주변 공간과 모양을 탐색한다.		
		규칙성에 관심을 가진다.		
		주변 사물을 같고 다름에 따라 구분한다.		
		생활도구에 관심을 가진다.		
	자연과 더불어살기	주변의 동 · 식물에 관심을 가진다.		
		날씨와 계절의 변화를 감각으로 느낀다.		
	*비교분석을 위한 수치상 합계			

*1~5점의 점수기록

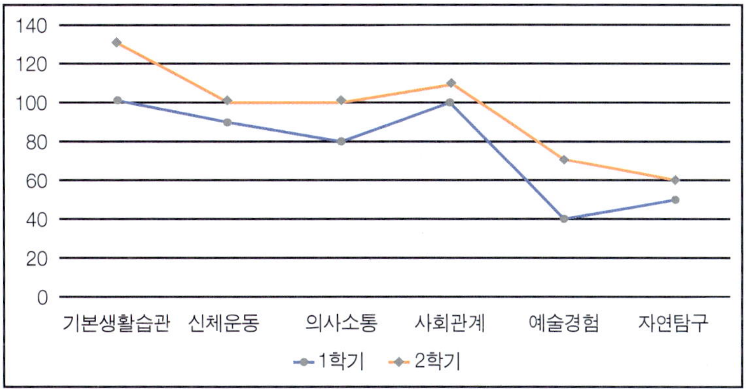

[그림 4-1] 영아관찰 척도

〈표 4-14〉 누리과정 내용에 의한 평정척도법(유아반)

<table>
<tr><th>학 급 명(연령)</th><td></td><th>생 년 월 일</th><td colspan="2"></td></tr>
<tr><th>유아명(성별)</th><td>(남, 여)</td><th>관 찰 일 시</th><td>1학기- . .</td><td>2학기- . .</td></tr>
</table>

<table>
<tr><th></th><th colspan="2">내 용 범 주</th><th>1학기</th><th>2학기</th></tr>
<tr><td rowspan="13">신체운동·건강</td><td rowspan="4">신체활동 즐기기</td><td>신체를 인식하고 움직인다.</td><td></td><td></td></tr>
<tr><td>신체 움직임을 조절한다.</td><td></td><td></td></tr>
<tr><td>기초적인 이동운동, 제자리운동, 도구를 이용한 운동을 한다.</td><td></td><td></td></tr>
<tr><td>실내외 신체활동에 자발적으로 참여한다.</td><td></td><td></td></tr>
<tr><td rowspan="4">건강하게 생활하기</td><td>자신의 몸과 주변을 깨끗이 한다.</td><td></td><td></td></tr>
<tr><td>몸에 좋은 음식에 관심을 가지고 바른 태도로 즐겁게 먹는다.</td><td></td><td></td></tr>
<tr><td>하루 일과에서 적당한 휴식을 취한다.</td><td></td><td></td></tr>
<tr><td>질병을 예방하는 방법을 알고 실천한다.</td><td></td><td></td></tr>
<tr><td rowspan="4">안전하게 생활하기</td><td>일상에서 안전하게 놀이하고 생활한다.</td><td></td><td></td></tr>
<tr><td>TV, 컴퓨터, 스마트폰 등을 바르게 사용한다.</td><td></td><td></td></tr>
<tr><td>교통안전 규칙을 지킨다.</td><td></td><td></td></tr>
<tr><td>안전사고, 화재, 재난, 학대, 유괴 등에 대처하는 방법을 경험한다.</td><td></td><td></td></tr>
<tr><td colspan="2">*비교분석을 위한 수치상 합계</td><td></td><td></td></tr>
<tr><td rowspan="13">의사소통</td><td rowspan="6">듣기와 말하기</td><td>말이나 이야기를 관심 있게 듣는다.</td><td></td><td></td></tr>
<tr><td>자신의 경험, 느낌, 생각을 말한다.</td><td></td><td></td></tr>
<tr><td>상황에 적절한 단어를 사용하여 말한다.</td><td></td><td></td></tr>
<tr><td>상대방이 하는 이야기를 듣고 관련해서 말한다.</td><td></td><td></td></tr>
<tr><td>바른 태도로 듣고 말한다.</td><td></td><td></td></tr>
<tr><td>고운 말을 사용한다.</td><td></td><td></td></tr>
<tr><td rowspan="3">읽기와 쓰기에 관심 가지기</td><td>말과 글의 관계에 관심을 가진다.</td><td></td><td></td></tr>
<tr><td>주변의 상징, 글자 등의 읽기에 관심을 가진다.</td><td></td><td></td></tr>
<tr><td>자신의 생각을 글자와 비슷한 형태로 표현한다.</td><td></td><td></td></tr>
<tr><td rowspan="3">책과 이야기 즐기기</td><td>책에 관심을 가지고 상상하기를 즐긴다.</td><td></td><td></td></tr>
<tr><td>동화, 동시에서 말의 재미를 느낀다.</td><td></td><td></td></tr>
<tr><td>말놀이와 이야기 짓기를 즐긴다.</td><td></td><td></td></tr>
<tr><td colspan="2">*비교분석을 위한 수치상 합계</td><td></td><td></td></tr>
</table>

		내 용 범 주	1학기	2학기
사회관계	나를 알고 존중하기	나를 알고 소중히 여긴다.		
		나의 감정을 알고 상황에 맞게 표현한다.		
		내가 할 수 있는 것을 스스로 한다.		
	더불어 생활하기	가족의 의미를 알고 화목하게 지낸다.		
		친구와 서로 도우며 사이좋게 지낸다.		
		친구와의 갈등을 긍정적인 방법으로 해결한다.		
		서로 다른 감정, 생각, 행동을 존중한다.		
		친구와 어른께 예의바르게 행동한다.		
		약속과 규칙의 필요성을 알고 지킨다.		
	사회에 관심가지기	내가 살고 있는 곳에 대해 궁금한 것을 알아본다.		
		우리나라에 대해 자부심을 가진다.		
		다양한 문화에 관심을 가진다.		
	*비교분석을 위한 수치상 합계			
	아름다움 찾아보기	신체를 인식하고 움직인다.		
		신체 움직임을 조절한다.		
		기초적인 이동운동,제자리운동,도구를 이용한 운동을 한다.		
		노래를 즐겨 부른다.		
	창의적으로 표현하기	신체, 사물, 악기로 간단한 소리와 리듬을 만들어본다.		
		신체나 도구를 활용하여 움직임과 춤으로 자유롭게 표현.		
		다양한 미술재료와 도구로 자신의 생각과 느낌을 표현한다.		
		극놀이로 경험이나 이야기를 표현한다.		
	예술 감상하기	다양한 예술을 감상하며 상상하기를 즐긴다.		
		서로 다른 예술 표현을 존중한다.		
		우리나라 전통예술에 관심을 갖고 친숙해 진다.		
		주변 세계와 자연에 대해 지속적으로 호기심을 가진다.		
	*비교분석을 위한 수치상 합계			
예술경험	탐구과정 즐기기	궁금한 것을 탐구하는 과정에서 즐겁게 참여한다.		
		탐구과정에서 서로 다른 생각에 관심을 갖는다.		
		물체의 특성과 변화를 여러 가지 방법으로 탐색한다.		
		물체를 세어 수량을 알아본다.		

	내 용 범 주		1학기	2학기
예술경험	생활 속에서 탐구하기	물체의 위치와 방향, 모양을 알고 구별한다.		
		일상에서 길이, 무게 등의 속성을 비교한다.		
		주변에서 반복되는 규칙을 찾는다.		
		일상에서 모은 자료를 기준에 따라 분류한다.		
	자연과 더불어 살기	도구와 기계에 관심을 가진다.		
		주변의 동 · 식물에 관심을 가진다.		
		생명과 자연환경을 소중히 여긴다.		
		날씨와 계절의 변화를 생활과 관련 짓는다.		
	*비교분석을 위한 수치상 합계			

*1~5점의 점수기록

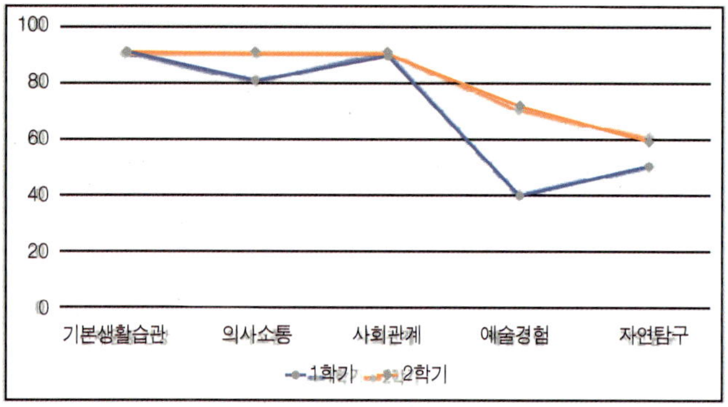

[그림 4-2] 유아 관찰 척도

3) 포트폴리오 평가

(1) 포트폴리오의 정의

포트폴리오 개념은 다양한 의미를 가지고 있는데 유아의 발달적 성취에 따른 자료를 장기간에 걸쳐서 수집한 학습자의 학습과 성장 개인의 발달, 수행 결과와 기록물 등을 의미한다.

(2) 포트폴리오의 방법

포트폴리오 평가로 유아의 발달을 이해할 기회가 되며, 유아에게 적절하게 제공되는 교수전략을 수행할 수 있다(양옥승 외, 2018). 포트폴리오 평가는 유아의 발달에 따른 결과만 볼 수 있는 것이 아니라 발달 과정도 체크해 볼 수 있게 된다. 포트폴리오 평가는 유아의 지식과 기능 그리고 태도에 관한 내용도 평가해 볼 수 있는 방법으로 각 기관에서는 많이 활용하고 있다.

포트폴리오 평가를 위해 수집해야 하는 목록은 다음과 같다.

① 흥미 놀이 영역 및 놀이선호
② 놀이의 특징
③ 또래와의 관계
④ 학습성취
⑤ 놀이발달과정
⑥ 활동 결과물

(3) 포트폴리오 평가자료 수집

포트폴리오 평가자료를 수집하기 위하여 포트폴리오를 보관할 수 있는 보관함을 마련하고, 포트폴리오에 담길 목차를 작성해야 하며, 영역별 놀이활동에 따른 유아 개인의 결과물과 그룹활동 결과물을 표본 수집해야 하며 수집한 자료를 관찰하여 기록할 수 있는 자료를 준비해야 한다.

포트폴리오 평가자료를 수집하기 위해서는 다음과 같은 사항을 준비해야 한다.

① 보관함 준비하기
② 목차 작성하기
③ 작업에 따른 표본 수집하기
④ 관찰기록하기

(4) 포트폴리오 평가 분석

교사는 유아가 나타낸 결과에 따라 포트폴리오 평가를 실행할 수 있다. 포트폴리오 평가는 평가일시, 평가자, 일과 및 활동, 대상 유아에 대한 기본사항을 기록하며 평가내용을 간략하게 적어놓고 자료를 사진으로 올리고 결과를 바탕으로 다른 놀이를 계획할 수 있다. 〈표 4-15〉는 포트폴리오 평가 예시자료이다.

〈표 4-15〉 포트폴리오 평가

포트폴리오 평가	
평가일시	년 월 일 / 시간:
평가자	
일과 및 활동	
대상유아	만 세 개월
평가내용	
자료	
계획	

생각해 보기

- 놀이의미를 어떻게 발견해 낼 수 있는지 생각해 보기

토론하기

- 유아의 놀이 관찰은 일화기록법, 평정척도법, 포트폴리오 등으로 평가할 수 있다. 관찰 평가 분석에서 사건표집법을 조사해서 토의해 보기

현장사례중심

영유아 놀이지도

CHAPTER

05

놀이와 학습공동체

본 장에서는 놀이에 따른 학습공동체 활동을 소개하고자 한다.
놀이로 배우고 성장하는 유능한 유아를 지원하기 위하여 교사 및 지역사회 학습공동체를 형성하며 실행해 볼 수 있는 기초개념을 갖고자 한다. 이를 수행하기 위해 학습공동체 운영 및 실행을 알아보며 놀이를 위한 학습공동체 운영방법과 놀이 실행에 대한 교사들의 반성적 저널 쓰기 방법에 대해 이해하며 놀이에서 변화가 필요한 부분을 해결하는 것이 무엇인지를 학습공동체를 통해서 문제해결 할 수 있도록 노력하는 과정과 놀이실행 딜레마를 공유하고 해결해 나가는 방법을 알아본다. 마지막으로는 가정 및 지역사회와 함께 놀이를 협력해서 실행할 방법을 알아본다.

제1절 놀이와 교사 학습공동체

1. 교사 학습공동체

1) 학습공동체의 개념

학습공동체는 행복한 성장을 위해 공동의 가치와 비전을 갖고 함께 연구하고 실천하며 나눔을 이어나가면서 전문성을 신장 시켜 나가는 교사들의 자발적이고 협력적인 모임이다.

유아교사 학습공동체(teacher learning community)는 유아교육기관의 행복한 성장을 위하여 가치와 비전을 함께 갖고 연구하고 실천하며 나눔을 실천하면서 교사의 전문성을 신장 시켜 나가는 교사들의 협력적이고 자발적이며 수평적이고 동등한 성격을 가진 공동체를 말한다. 유아교사의 전문성을 높이고 영유아들의 학습 능력을 증진시키기 위하여 끊임없이 비판적으로 탐구하고, 연구하며 협력적으로 실천하는 교사들의 공동학습체(진다경, 2020)형태를 유아교사 학습공동체라고 한다.

교사의 성장과 발전

협력적, 자발적 성장

공동연구와 실천 나눔

학습공동체를 실행하기 위해 기본적인 방안으로 교사의 전문성 강화를 위해 공동연구와 실천을 해나가며, 문제해결을 위한 연수를 실시하여 교사들과 서로 나눌 수 있는 기회를 제공해 나간다. 이러한 부분은 각 원마다의 자율적인 특성을 가진다.

학습공동체

첫째, 공동연구, 공동실천을 통한 교사 전문성 강화
둘째, 연수를 통한 나눔의 장
셋째, 원의 특성에 맞는 자율적 운영

자율성 동료성 협력	공동연구 공동실천 나눔	교사공동체 성장

[그림 5-1] 교사학습공동체

학습공동체는 자율성, 동료성, 협력하는 상황에 공동연구, 공동실천 그리고 나눔을 실천하며 교사 공공체로서 성장한다.

학습공동체는 교사의 전문성 신장과 유아들의 학습증진을 위해 협력적으로 배우고 탐구하고 실천하는 교사집단(서경혜, 2009)이며, 이러한 목적 아래 정체성을 공유하고 유대감을 가지며, 필요에 의해 자발적으로 구성하고, 협력적으로 학습하기 위한 기관 내외의 공식, 비공식적 조직이다(오찬숙, 2014). 심영택 등(2014)은 교사를 유아의 학습능력과 동료교사의 전문성을 높이는 것에 대한 공적 책무성을 지닌 전문가로 규정하고, 교사들이 집단을 형성하여 꾸준하고 지속적인 탐구와 실행을 수행함으로써, 유아의 학습에 대한 자신의 실천을 성찰하고 동료교사 집단에서 집단적인 전문성 신장과 발전을 촉진하여 유아교육기관이 추구하고자 하는 교육적 목표를 달성하는 것을 지향하는 공동체라고 정의하고 있다.

2) 학습공동체의 특징

교육의 가장 핵심주체가 되는 유아교사들이 모여 유아 놀이지원을 위하여 함께 배우고, 비판적으로 사고하여 새로운 지식을 창출해 내고, 이것을 함께 공유하는 모임이 교사학습 공동체라고 할 수 있다. 교사들은 전수되어야 하는 지식과 기술을 전달하고 가르치는 사람이라는 역할에서 벗어나 교육적 안내자의 역할을 강조한다. 따라서 가르치기 위하여 끊임없이 배우고 새로운 지식을 구성해 나가는 적극적이고 능동적인 학습자로서의 역할을 담당한다.

(1) 놀이의 비전을 서로 공유하는 학습공동체

교사학습공동체는 유아놀이의 가치와 비전을 서로 공유해야 하며, 이러한 가치를 중심으로 노력해야 한다. 어떤 형태이든 공동체가 형성되기 위해서는 그 구성원들이 생각하고 느끼고 행동하는 방식에 영향을 미치는 핵심가치와 규범 체계의 형성이 전제되어야 하고(노종희, 1998), 공유된 비전은 구성원들의 행위와 결정을 이끌어 나가는 안내자(Hord, 1997)의 역할을 한다.

(2) 놀이의 협력과 반성적 실천을 통한 학습공동체

교사학습공동체는 놀이의 협력과 반성적 실천을 통하여 학습을 이루어가며, 교사학습공동체에서의 학습은 사회적 과정이다. 놀이에 관한 새로운 정보와 아이디어 그리고 피드백들은 개인 학습뿐만 아니라 다른 사람들과의 상호작용과 대화를 통해 상당부분 이루어지며, 교사들 간의 협력은 교사학습을 촉진하고, 지지하는 학습문화를 만들 수 있다(Kwakman, 2003).

(3) 놀이의 공유적 지도성을 특징으로 하는 학습공동체

교사학습공동체는 유아 놀이의 공유적 지도성을 특징으로 한다. 공유적 지도성은 유아교육기관의 장이 의사결정, 권한, 권력을 교직원들과 공유하며 민주적으로 참여함을 의미한다(LaRocco, 2007). 교사학습공동체의 중요한 특징을 유아교육기관의 장의 지원적이면서도 공유된 지도성으로 보고, 기관장의 지원이 없다면 교사들은 적극적으로 학습에 참여할 수 없다(Hord, 1997).

(4) 놀이 지원적 환경을 특징으로 하는 학습공동체

교사학습공동체는 지원적 환경을 특징으로 한다. 교사학습공동체의 원활한 운영을 위해서는 기관 구성원들이 모여 협의할 수 있는 시간과 장소 확보, 자원의 이용가능성, 고립을 감소시키는 기관 스케줄과 구조, 전문성 개발, 협력, 효과적인 의사소통, 자율성을 장려하는 정책 등과 같은 물리적 환경의 자원이 필요하며(Louis,1995) 기관 교육, 유아, 놀이에 대한 교사들의 긍정적인 태도, 유아들의 학습에 대한 높은 관심과 참여, 비판적 탐구와 지속적인 개선을 장려하는 문화, 교사들의 협력적인 동료관계, 학부모와의 협력적 관계 등의 인적 환경 조성 및 지역사회와의 동반자적 관계 형성 등이 필요하다(곽영순, 2015).

(5) 교육(보육)과정에 의한 학습공동체

놀이를 지원하는 교사는 유아 놀이와 배움을 지원하는 주체이자 유아와 함께 배우고 성장해 나가는 전문가이다. 교육과정에서는 누리과정의 실행자로서 놀이를 지원하는 자율적인 교사의 역할을 강조하고 있다.

어린이집과 유치원을 지원하는 국가 및 지역기관에서는 여러 가지 형태의 교사연수를 계획하고 운영하며, 교사가 자율적으로 참여할 수 있는 여러가지 기회를 제공해야 한다. 교사연수는 다양한 유형의 교육, 학습 공동체, 소모임 등을 포함하여 교육과정에 대한 이해 및 필요 정도에 따라서 자발적으로 연수에 참여하여 교육과정 운영을 개선해 가도록 한다.

3) 교사 학습공동체의 필요성

2019년 교육과정(표준보육과정, 누리과정)은 자율성을 강조하였다. 교사의 자율성은 최소한의 누리과정 목표 기준을 제시하여 계획안 형식과 방법의 자율화와 영유아들의 주도성으로 이루어지는 영유아중심 놀이, 흥미 영역의 운영 방식을 자율화, 5개 영역 통합 방식의 다양화와 평가의 자율화를 가져왔다(교육부, 보건복지부, 2019).

현장의 유아교사들은 기존 교육의 계획, 실행, 평가의 한계점을 인식하여 획일적인 형식에서 벗어나 영유아들이 스스로 주제를 가지고 학습하고 찾아내서 놀이로 연결해야 하는 부분을 고민하게 된다. 하지만 교사들은 계획안에 따른 활동 및 교사중심의 놀이에 익숙하였고, 흥미 영역 중심의 놀이에 대한 부분이 고착화 되었기에 놀이 중심 활동이 익숙하지 않아 개정된 교육과정을 실행하기에 많은 어려움을 겪는다.

교사들은 구체적인 실천 방법 기술과 놀이 중심에 대한 교육적 실행에 대한 어려움으로 유아 교사학습공동체(teacher learning community)를 실행하여 영유아중심 놀이를 이해하고 놀이 실행에 고민되는 문제를 해결하고자 한다. 교사는 학습공동체를 통하여 놀이의 중요성을 인식하였으며 영유아들이 만들어 가는 놀이 속에서 교사들의 협력적인 방법을 모색하여 스스로 어려움을 해결하기 위한 전문적인 방법을 마련하고자 노력해야 한다.

현장에서 교육을 담당하는 교사들이 2019 개정 누리과정을 이해하고 실천하는 과정에서 교사학습공동체가 필요한 이유는 다음과 같다.

2019 개정 누리과정에 대한 교사들의 이해를 돕고, 직접 교육과정을 실천할 때 따르는 문제와 어려움에 효율적으로 대처할 수 있도록 실제적인 도움을 제공한다(교육부, 보건복지부, 2019). 교사학습공동체는 교사들이 유아들의 흥미와 놀이상황, 유아기관과 지역사회의 문화적 환경 등을 고려하여 교육과정을 재구성하고, 유아들에게 적합한 교육을 운영하는 과정에서 교육 실행력을 높일 수 있다(교육부, 보건복지부, 2019). 교사학습공동체 활동은 누리과정이 개정된 현 시점에서

교사들이 개정된 누리과정을 이해하고, 인지한 누리과정을 현장에 적합하게 재구성하여 실천하는 것에 도움이 된다.

2019 개정 누리과정에서 강조하고 있는 유아 놀이중심 교육에 대해 바르게 이해하고, 이해한 내용을 현장에 적합한 교육과정으로 재구성하여 실천하는 교육과정에서 교사학습공동체의 운영이 더 강조되고 있다.

4) 학습공동체의 역할

유아교사는 영유아 놀이 중심 교육과정을 이해하고 실천하는 역할을 수행해야 하며 놀이를 통해 영유아의 배움을 지원하고 배움을 기록하고 평가하는 역할을 한다. 유아교사는 유아의 놀이를 통하여 함께 배우며 성장하는 역할을 한다.

첫째, 교사들이 함께 놀이에 관한 전문성을 높이고 교사로서 자긍심을 고취한다.
둘째, 동료교사들과 자율적이고 협력적인 활동을 통하여 유아놀이를 실행한다.
셋째, 교사들과 공동으로 연구하고 함께 실천하여 놀이 계획 및 실행, 놀이평가 등을 개선하여 영유아가 전인적으로 성장할 수 있도록 돕는다.

2. 교사 학습공동체 운영사례

1) 교사 학습공동체 계획하기

학습공동체 운영 및 실행을 위하여 각 원마다 학습공동체를 구성한다. 학습공동체의 구성은 동료교사, 가정연계 협력, 지역사회 협력으로 운영할 수 있다.

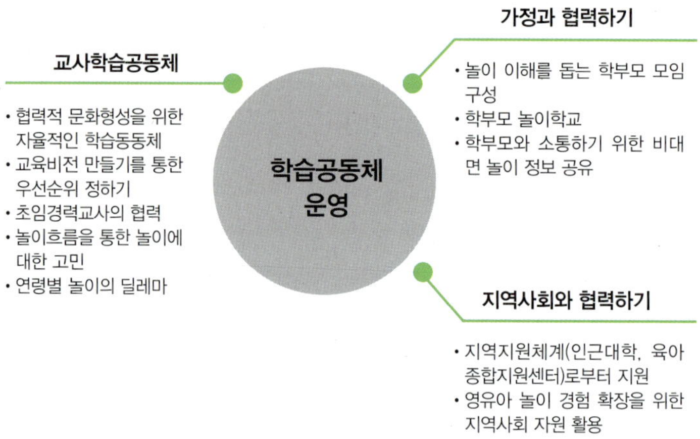

[그림 5-2] 학습공동체 운영사례

동료교사와 함께하는 학습공동체는 협력적인 문화형성을 위한 노력이 필요하다. 각 원마다의 자율적인 학습공동체를 구성해야 하며, 학기 초에 교육비전 만들기를 위한 활동의 우선순위를 정할 수 있다. 학기 초에 구성하는 동료교사와의 학습공동체는 초임과 경력교사의 협력이 매우 중요하므로 초임교사와 경력교사의 협력방안에도 노력해야 한다. 놀이흐름을 원활하게 전개할 수 있는 방안과 각 반에서 나타나는 연령별 놀이의 딜레마를 해결하도록 노력해야 한다.

가정과 협력하기는 놀이 이해를 돕기 위한 학부모 모임을 구성할 수 있다. 놀이 이해하기 위한 방법으로 아빠 놀이 워크샵을 실시할 수 있고, 학부모들과 소통하며 놀이 정보를 공유하기도 한다.

지역사회와 협력하기는 지역지원체계 즉 인근대학이나 각 지역의 육아종합지원센타의 지원을 받을 수 있고, 영유아 놀이 확정을 위한 지역사회 자원(인적, 물적)을 활용할 수 있다.

놀이를 위한 유아교사 학습공동체 예시문에서는 1차부터 5차까지 변화를 주었다. 1차 교육비전세우기, 2차 반성적 저널쓰기를 통한 놀이이해하기, 3차 변화가 필요한 놀이모습 찾기, 4차 교육(보육) 계획 변화, 5차 놀이 실행 딜레마 공유하기를 실행한 예는 〈표 5-1〉과 같다. 각 기관에서의 학습공동체에서는 교사와 유아의 상황에 맞추어 다양한 변화를 주고 놀이를 통한 고민과정을 해결해 나갈 수 있다.

교사 학습공동체 계획을 중심으로 활동사례를 소개하면 다음과 같다.

〈표 5-1〉 교사학습공동체 실행계획 사례

연번	활동명	학습공동체 내용
1	교육비전 세우기	1) 우리 원의 올해 교육비전은? 2) 교육(보육)과정 계획 세우기
2	반성적 저널쓰기를 통한 놀이이해	1) 영유아 놀이이해하기 반성적 저널쓰기 • 영유아 중심 놀이를 무엇이라고 생각하나? • 놀이의 의미를 어떻게 찾을 수 있나? 2) 놀이계획 세우기 반성적 저널쓰기 • 놀이계획을 어떻게 세울까? • 놀이를 어떻게 지원해 줄까? 3) 놀이기록 남기기 반성적 저널쓰기 • 유아들의 놀이를 위해 어떤 흔적을 남길까 • 놀이를 통해 어떻게 성장하기를 기대하나?
3	변화가 필요한 놀이모습 찾기	1) 하루일과 및 시간의 변 변화 2) 놀잇감의 틀 변화 3) 공간의 틀 변화
4	교육(보육) 계획 변화	1) 유아와 함께 만드는 계획안 2) 주제없는 날을 선정하여 놀이하기 3) 연간, 월안, 주간, 일일계획안 변화
5	놀이 실행 딜레마 공유하기	1) 초임교사의 어려움 공유하기 • 정서역량 강화하기 2) 놀이 흐름을 통한 교사의 놀이고민 해결하기 • 영유아 중심 놀이 이해하기 • 놀이 장학하기 • 교사의 역할 이해하기 • 상호작용에 대한 고민 나누기 • 시간과 공간과 놀이 고민하기 • 연령별 놀이 딜레마 공유하기 • 놀이실행기록 공유하기

2) 교육비전 세우기

교육 비전 나누기를 통한 우선순위

"개정 교육과정에서 제시하는 추구하는 인간상이 교사들에게도 적용되어야 함을 느껴요.
우리 원에서 지향해야 할 교육의 가치에 대한
생각을 함께 나눠보는 것은 어떨까요?"

[그림 5-3] 교육 비전과 가치 작성

동료교사들과 함께 실시하는 학습공동체는 교육비전 나누기를 통한 우선순위 정하기를 실시할 수 있다.

실천방법으로 원장과 교사가 함께 유목화를 통한 교육비전을 만들어 우선순위를 정하기 위하여 교사회의시 한자리에 모두 모여 우리 원에서 지향하는 놀이의 가치를 메모하고 메모한 것을 유목화한 후 선정된 가치를 중심으로 각원의 교육비전을 만들어 공유한 후 우선순위를 정한다.

3) 반성적 저널 쓰기를 통한 놀이이해 및 실행

유아교사는 2019년 교육(보육)과정에서 제시된 유아놀이에 대한 반성적 저널쓰기를 중심으로 놀이 이해 과정을 가진다.

1차에서는 영유아중심 놀이를 이해하는 단계로 영유아 중심 놀이를 어떻게 이해했는지와 놀이의 의미를 어떻게 찾을 수 있는지를 생각하여 놀이를 이해할 수 있다. 2차에서는 놀이 계획서 세우기 단계로 놀이 계획을 어떻게 세울 수 있는지와 놀이 활성화를 위해 어떤 지원이 필요한지를 고민하며 3차에서는 놀이 여정담기로 유아들의 놀이를 위해 어떤 흔적을 남길 것인지와 놀이를 실행함으로 어떻게 자라기를 기대하는지를 반성적 저널쓰기를 통하여 고민할 수 있다.

〈표 5-2〉 유아교사의 놀이활동 실행에 대한 성찰과정 단계

연번	단계	내 용
1차	영유아중심 놀이를 이해하는 단계	영유아중심 놀이를 어떻게 이해했나?
		놀이의 의미를 어떻게 찾을 수 있나?
2차	놀이 계획서 세우기 단계	놀이 계획을 어떻게 세울 것인가?
		놀이를 어떻게 지원해 줄 수 있나?
3차	놀이 여정담기 단계	유아들의 놀이를 위해 어떤 흔적을 남길 것인가?
		놀이를 실행하여 어떻게 자라기를 기대하나?

(1) 1차 영유아중심 놀이를 이해하는 단계

교사들은 2019년 교육(보육)과정에 의거하여 영유아 중심 놀이를 생각해 보는 시간을 가질 수 있다. 영유아중심 놀이를 이해하는 단계에서 영유아 중심 놀이를 어떻게 이해했는지,놀이의 의미를 어떻게 찾을 수 있는지에 대한 주제를 설정하여 반성적 저널쓰기를 실행할 수 있다. 교사들의 영유아 중심 놀이를 이해하기 위한 교사의 반성적 저널쓰기 예는 〈표 5-3〉과 같다.

〈표 5-3〉 영유아중심 놀이를 이해하기 위한 교사의 반성적 저널

방법	내용
영유아 중심 놀이를 어떻게 이해 했나?	유아들의 놀이는 유아의 일생에서 **자연스럽게 나타나며, 삶 자체**이며, 유아가 **세상을 경험하고 배워가는 방식**이고, 유아는 놀이하며 세상을 배우고, **다른 사람과 관계**를 맺고 사회의 중요한 구성원으로 성장해 나간다(20**. 3. 3. ㅁ교사).
	유아가 흥미와 관심을 가지고 자발적으로 즐겁게 참여하며 배우는 과정이며 놀이는 학습의 도구나 교사가 계획한 활동의 수단이 아니고 **배움을 경험할 수 있도록 지원**하는 것이다(20**. 3. 6 ㅎ교사).
	유아에게 놀이는 단순한 경험이 아니라 세상을 알아가며 만나는 **수많은 문제를 해결하고 배워가는 앎과 삶의 방식**이다. 교사는 유아의 놀이에서 놀이의 의미와 특성뿐 아니라 **놀이가 배움으로서 지니는 가치도 이해할 수 있어야** 하며 유아가 흥미와 관심에 따라 놀이에 자유롭게 참여하고 즐기도록 해야 한다(20**. 3. 13. ㄷ교사).

놀이의 의미를 어떻게 찾을 수 있나?	유아의 놀이에 **시선을 주고 주목하여 기록**하며 찾을 수 있음 유아의 **놀이를 따라가며 놀이에서 무엇을 경험하고 배우는지, 어떻게 놀이하고 배우는지, 어떻게 만들고 이어 가는지를 이해**하는 것이다(20**. 3. 6 ㅅ교사).
	놀이 속 배움의 요소(협력, 공감, 조절, 탐구, 창의성 등) **반복적 놀이, 경험의 연속성을 고려, 유아 특성을 고려, 이유 생각하기** 과정이다(20**. 3. 11. ㄹ교사).
	유아들의 놀이를 따라가 보며 유아들의 반복적인 놀이, 경험의 연속성, 유아의 특성을 고려해 놀이의 의미를 찾아볼 수 있고 **유아와 함께 놀이를 연결해보며 활동을 확장**할 수 있다(20**. 3. 13. ㅂ교사).

(2) 2차 놀이 계획서 세우기 단계

놀이계획 및 놀이지원을 위하여 교사들은 놀이계획을 어떻게 세울 수 있을 것인지와 놀이를 어떻게 지원해 줄 수 있을지를 고민해 볼 수 있다. 놀이계획 및 놀이지원을 위한 교사의 반성적 저널쓰기 예는 〈표 5-4〉와 같다.

〈표 5-4〉 놀이계획 및 놀이지원을 위한 교사의 반성적 저널

방법	내용
놀이 계획을 어떻게 세울 것인가?	사전 계획을 최소화 하며, 유아가 실제 놀이하는 내용과 교사의 지원 계획을 자율적으로 기록하기 과정이다(20**. 3. 6 ㅎ교사).
	유아들이 놀이와 흥미가 가치있게 발현될 수 있도록 교육계획을 여유롭고 융통성 있게 수립하고, 일과 속에서 유아들의 놀이를 들여다보며 이해한 것들을 다음 교육계획에 반영함 유아들의 놀이 흐름을 예상하여 확장 및 지원계획을 사전에 수립하여 계획함 놀이를 하면서 유아들의 놀이 방향이 달라지면 즉각적으로 반영할 수 있도록 계획할 수 있다(20**. 3. 11. ㄹ교사).
	동료 교원과 함께 계획하기(교사들이 함께 교육과정과 수업을 연구) 가정 지역사회와 함께하기 지역지원체계와 함께 계획하기 경험을 바탕으로 놀이를 예상해 계획하기로 볼 수 있다(20**. 3. 17. ㅊ교사).
놀이를 어떻게 지원해 줄 수 있나?	유아와 또래가 함께 놀 수 있는 기회 확보하기, 놀이공간과 자료 준비시 유아의 특성 고려하기 수시로 협의하며 문제해결하기 다른 교사들과 즉석에서 전개되는 놀이상황에서 장애유아에게 예상되는 어려움이나 지원방안에 대해 수시로 의견나누기이라고 생각한다(20**. 3. 3. ㅁ교사).

놀이를 어떻게 지원해 줄 수 있나?	유아가 교사와 함께 교육과정을 구성해가는 공동 구성자로 인정해야 하고 유아와 함께 문제해결 방법에 대해 이야기를 나누고 대상에 대해 관심을 가지고 탐색할 수 있도록 언어적 지원을 해야 한다. 필요에 따라서 공간을 확장하여 영역을 통합하거나 복도, 유희실 등 어린이집의 공간을 활용하며 유아들의 놀이를 지원해줄 것이다(20**. 3. 13. ㅂ교사).
	유아의 놀이를 주의 깊게 바라보고 유아가 경험하는 감정을 함께 느끼고 공유 격려, 미소, 공감의 표정을 보이거나 칭찬과 격려의 말을 건네는 정서적 지원 놀이 관찰 중 배움이 일어나도록 질문이나 제안을 건네 보는 등 상호 작용에 기반한 언어적 지원 공간 구성을 바꾸어 주거나 새로운 자료를 제공하는 등의 환경적 지원 유아와 유아의 상호 작용 지원 제안하며 놀이 지원 유아의 놀이에 참여하녀 지원해줄 수 있다(20**. 3. 17. ㅊ교사).
	교사는 유아의 경험 및 놀이와 연계하고 유아의 삶과 유의미한 관계를 맺을 수 있도록 지원해주는 것이 중요하며 지원방법에는 주제로 연결하기, 활동으로 연결하기, 언어적 지원하기, 물리적 지원하기, 정서적 지원하기가 있다(20**. 3. 13. ㄷ교사).

(3) 3차 놀이 기록남기기 단계

놀이 기록 남기기를 위하여 유아들의 놀이를 위해 어떤 흔적을 남길 것인지와 놀이를 실행함에 있어 어떻게 자라기를 기대하는지를 고민을 할 수 있다. 놀이 기록남기기를 위한 교사의 반성적 저널쓰기의 예는 〈표 5-5〉와 같다.

〈표 5-5〉 놀이 기록남기기를 위한 교사의 반성적 저널

방법	내용
유아들의 놀이를 위해 어떤 흔적을 남길 것인가?	유아들이 순간순간 경험하는 문제를 메모 **간단한 메모, 사진, 영상, 녹음, 작품수집 등 놀이 흐름은 저널 형식, 사진, 주제망, 의미있는 단어 나열 개별 유아, 교사와 유아가 함께, 유아 스스로 흔적을 남길 수 있도록** 한다. 교육계획안과 통합하여 남기기가 중요하게 생각한다(20**. 3. 11. ㅁ교사).
	놀이 중 간단한 메모를 하거나 사진, **주제망, 단어중심으로 기록**하며 유아 놀이의 흔적을 남길 수 있고 사진을 찍어 **포트폴리오로**도 남길 수 있다(20**. 3. 13. ㅂ교사).
	계획안과 통합하여 흔적남기기 등 **형식에 얽매이지 않으면서 다양한 방법으로 기록하는 등의 방법으로** 유아들의 놀이흔적을 남길 수 있다(20**. 3. 17. ㅊ교사).

놀이를 실행함에 있어 어떻게 자라기를 기대 하나?	유아들이 놀이를 통해 **건강하고 자주적이고 창의적이고 감성이 풍부하며 더불어 살 수 있도록 지원**하며, 자라기를 기대한다(20**. 3. 6 ㅎ교사).
	자신만의 방식으로 놀이를 변형, 창조하며 창의성을 기르고 **자신의 경험과 생각을 자유롭게 표현 할 수 있도록 도와주며 유아의 자율성 과 창의성이 신장할 수 있기를 기대**한다(20**. 3. 4 ㅅ교사).
	놀이를 통해 **심신의 건강과 조화로운 발달을 이루고 바른 인성과 민주시민의 기초**를 형성 할 수 있기를 기대한다(20**. 3. 17. ㅊ교사).
	교사가 유아의 **놀이를 인정하고 존중해주어 유아가 자신의 놀이를 더욱 가치있고 의미있게 여기며 자율적이고 주도적으로 펼치며 자라날 수 있도록** 기대한다(20**. 3. 13. ㄷ교사).

학습공동체 활동에서 유아교사는 영유아의 놀이를 어떻게 이해했는지, 놀이계획을 어떻게 세울 수 있을 것인지, 놀이 기록을 어떻게 남길 것인지에 관한 반성적 저널쓰기를 통하여 교육(보육)과정에서 제시된 내용을 바로 이해했는지를 파악할 수 있다.

4) 변화가 필요한 놀이 모습 찾아보기

유아교사는 학습공동체에서 변화가 필요한 놀이의 모습을 찾아보는 고민을 할 수 있다. 변화가 필요한 것으로 하루일과 및 시간의 틀의 변화와 놀잇감의 틀 변화 그리고 공간의 틀 변화, 교육(보육) 계획안 및 실행안의 틀 변화를 놀이활동을 위한 변화로 나타난다.

〈표 5-6〉 놀이활동을 위한 변화

연번	변화	변화내용
1	하루 일과 및 시간의 틀	익숙한 하루일과 틀에서 벗어나기 자유놀이와 실외놀이 활동 시간 확보하기 하루일과 유아와 함께 계획하기 자유로운 정리시간 갖기 유아의 의견을 반영한 놀이 시간 운영하기
2	놀잇감의 틀	구조화된 놀잇감이 아닌 다양한 실험, 탐색이 가능한 비구조적 놀잇감 (재활용품, 종이컵, 줄, 끈, 자연물, 테이프, 전단지 등) 제공하기 가정에서 가지고 온 놀잇감 재료 사용하기
3	공간의 틀	• 유아와 함께 공간 구성하기 • 수용할 수 있는 놀이 영역을 넓혀주기 – 유아들과 재구성한 놀이 영역 유아들의 놀이 성향을 파악한 뒤 유아들과 함께 공간, 책상의 위치, 필요한 도구 등을 함께 정하며 놀이 영역 배치 – 기관내에 공간에서 마음껏 놀이하기 놀이할 수 있는 공간이 교실만으로 국한되는 것이 아니라 어린이집에 있는 모든 공간이 놀이 공간이 될 수 있도록 영유아의 요구에 맞추어 놀이하기 • 지역사회 연결하기 – 지역사회로의 놀이 공간 확장하기
4	교육계획안의 틀	주제없는 날을 선정하여 유아의 흥미와 요구에 따라 진행 유아와 함께 만드는 계획안 구성하기 계획 안에 빈칸을 통한 여유 갖기 주제망 활동 진행하고 유동적인 활동 진행하기 놀이 흐름 읽기 위한 다양한 방법 고민하기

(1) 하루 일과 및 시간의 틀 변화

교사는 유아의 흥미있는 놀이를 위해 하루일과 중 유아의 요구에 따라 놀이시간을 변화할 수 있다. 놀이를 지속하기 위하여 하루일과 및 시간의 틀의 변화로 익숙한 하루일과 틀에서 벗어나기, 유아의 흥미에 따라 자유놀이와 실외놀이 시간 확보하기, 하루일과 유아와 함께 계획하기, 자유로운 정리 시간 갖기, 유아의 의견을 반영하여 시간 운영하기의 변화를 가질 수 있다.

[그림 5-4] 흥미위주의 프로젝트/하루일과의 변화/활동시간의 변화

(2) 놀잇감의 틀 변화

놀이감의 틀 변화는 놀이의 연계와 확장을 위하여 구조화된 놀잇감이 아닌 다양한 실험, 탐색이 가능한 비구조적 놀잇감(재활용, 종이컵, 줄, 끈, 자연물, 테이프, 전단지 등을 제공해 주며, 놀이의 흥미를 높여주기 위해 가정에서 가지고 온 놀잇감이나 재료를 사용할 수 있다.

[그림 5-5] 테이프 놀이/전단지 놀이

(3) 공간의 틀

공간의 틀 변화는 유아와 함께 공간을 구성하고 수용할 수 있는 놀이 영역을 넓혀줄 수 있다. 유아들의 놀이성향을 파악한 뒤 유아들과 함께 공간이나 책상의 위치 필요한 도구 등을 함께 정하며 놀이 영역을 배치할 수 있다. 또한, 놀이할 수 있는 공간이 교실만으로 국한되는 것이 아니라 기관에 있는 모든 공간이 놀이 공간이 될 수 있도록 영유아의 요구에 맞추어 놀이할 수 있다.

[그림 5-6] 다양한 영역의 통합, 유희실/실외놀이터/옥상/복도 등의 자투리 공간 재탄생

(수용할 수 있는 놀이 영역을 넓혀주기)

- 유아들과 재구성한 놀이 영역: 유아들의 놀이 성향을 파악한 뒤 유아들과 함께 공간, 책상의 위치, 필요한 도구 등을 함께 정하며 놀이영역 배치하기

[그림 5-7] 유아들과 함께 책상 재배치/옥상놀이터와 유희실 공간에서 확장

[그림 5-8] 다른 연령과 통합하여 놀이/놀이 공간 인원 제한 폐지하기/놀이이름표 제거

(4) 교육(보육)계획안의 틀 변화

교육계획안의 틀 변화는 유아와 함께 만드는 놀이계획 할 수 있다. 주제 없는 날을 정하여 유아의 흥미와 요구에 따라 놀이를 진행할 수 있으며, 주제망을 진행하고 유동적인 놀이를 진행할 수 있다. 교사는 놀이흐름 및 놀이의미 파악을 위한 다양한

방법을 고민한다. 〈표 5-7〉은 교육(보육) 활동 계획안의 틀 변화 예시자료이다.

〈표 5-7〉 교육활동 계획안의 틀 변화

연번	계획안	내용
1	연간계획안	• 어린이집의 보육철학, 영유아의 흥미를 바탕으로 작성하기 • 월반 전 교사 회의를 통해 영유아들의 성향과 흥미 파악한 뒤 영유아들의 흥미 위주의 주제 선정하기 • 유아들의 놀이경험에 따라 시기와 시간이 변경될 수 있음
2	월간계획안	• 계획의 최소화로 월간계획안을 작성 월간계획안과 주간계획안 중 1개만 작성할 수 있음
3	주간계획안	• 유아의 흥미를 반영한 활동 확대, 연계, 대체하기 • 계획의 간소화를 통한 놀이실행중심을 기록하기
4	일일계획안	• 일지를 놀이 따라가기 형식 위주와 놀이터치 교사역할 정립하여 놀이흔적 남기기

5) 놀이 실행 딜레마 공유하기

(1) 초임교사의 어려움 공유

유아교사 학습공동체에서 놀이를 실행할 때 어려움에 대해서 공유할 수 있다.

초임교사의 어려움 공유를 통한 경력교사와의 협력

우리 원에는 초임 선생님의 비중이 커
초임 선생님이 현장에서 겪는 어려움이 많았을 것 같아요
초임 선생님들을 돕는 방법이 있을까요?

[그림 5-9] 정서역량 강화를 위한 교사 프로젝트 활동

먼저 초임교사의 어려움 공유를 통해 경력교사와의 협력방안이 이루어질 수 있다. 신입으로 기관에 들어오는 초임교사들은 현장에서 많은 어려움을 겪는다. 학습공동체를 구성하기 전 초임교사와 경력교사는 협력적인 정서 관계를 형성하는 것이 무엇보다 중요하다.

협력적인 공동체 문화형성을 위한 운영 방법 및 내용으로는 다양한 프로그램을 통해 동료교사와의 정서적 유대감 형성 및 보육 과정이 원활하게 진행될 수 있도록 정서적으로 지원하는 프로그램을 진행한다. 초임교사와 경력교사는 스트레스를 관리하는 방법이나 마음과 감정을 전할 수 있는 방법 그리고 비즈공예, 원예테라피, 롤링 페이퍼, 마니또 등 실제적인 교류 활동을 실시할 수 있다.

(2) 놀이 흐름을 통한 교사의 놀이 고민 해결 과정

고민① 영유아 중심 놀이 이해하기

"교사의 계획 속에서 아이들이 재미있게 놀이하고 행복을 느끼는 줄 알았어요. 교사 주도적, 주제 중심적인 놀이 활동이 많았네요. 영유아 중심 놀이가 정확히 무엇인지 알고 싶어요."

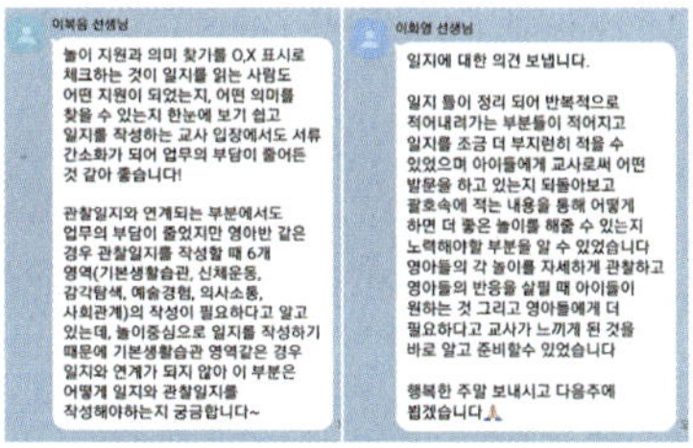

놀이실행의 딜레마를 극복하기 위해 교사들이 자유롭게 교육과정 연수를 듣고 놀이에 대해 이해한 것이나 어려움을 문자로 공유.

[그림 5-10] 교사저널 작성-단톡방

고민② 아동이 시작한 놀이

"교실에서 아직도 교사 주도적인 모습이 보이고 아이들이 시작한 놀이의 모습이 제가 생각한 놀이의 모습과 다를 때 어떻게 할지 모르겠어요. 놀이의 사이를 좁히고 싶은데 다른 연령은 어떤가요?"

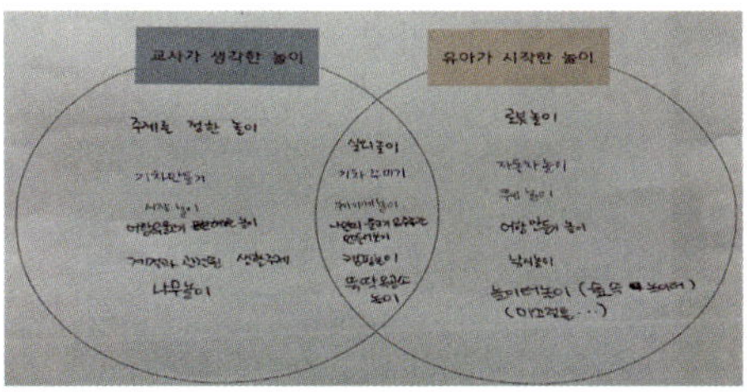

[그림 5-11] 마인드맵으로 아동 놀이를 위한 고민과정

교실 놀이 상황에 대해 이야기를 나누고 **마인드맵**을 통한 교사와 아동의 놀이 비교 후 아동중심·놀이중심을 위한 교사의 지원 토론

고민①, 고민②의 유아교사의 학습공동체 활동에서는 유아의 놀이속에서 나타난 교사의 고민 해결과정이다. 유아교사는 영유아 중심놀이를 이해하기 위한 과정으로 단톡방에 자신의 생각을 전할 수 있고 교실에서 교사 주도적인 모습에 반성하여 다른 반 교사들과 생각을 공유할 수 있다. 교사들은 영유아 중심 놀이를 이해하기 위하여 연수를 듣거나 학회에서 진행하는 세미나에 참석하는 동료교사의 조언을 듣고 문제를 해결한다. 또한 놀이에서 교사 주도적인 모습에 반성하여 마인드맵을 통한 교사와 아동의 놀이 비교 후 교사 주도적인 놀이보다 영유아 중심 놀이에 접근할 수 있도록 노력한다.

고민③ 놀이터치 장학하기

"다른 반 놀이는 어떤 흐름으로 활성화 되고 있는지 궁금하고 우리 반의 놀이 활성화에 대해 피드백도 받고 싶어요. 공유할 방법이 있을까요?"

[그림 5-12] 놀이 활성화를 위한 놀이 터치 장학

놀이 터치 장학을 계획하여 **장학**을 한 뒤 놀이의 딜레마와 변화가 필요한 모습에 관해 이야기 나누기

고민④ 교사의 역할 이해하기

"교실에서 영유아 중심 놀이가 이루어지고 있는데 교사가 놀이에 개입하면 놀이가 끊기는 것 같아요.
영유아의 놀이 활성화를 도와주고 싶은데 어떻게 해야 할지 모르겠어요."

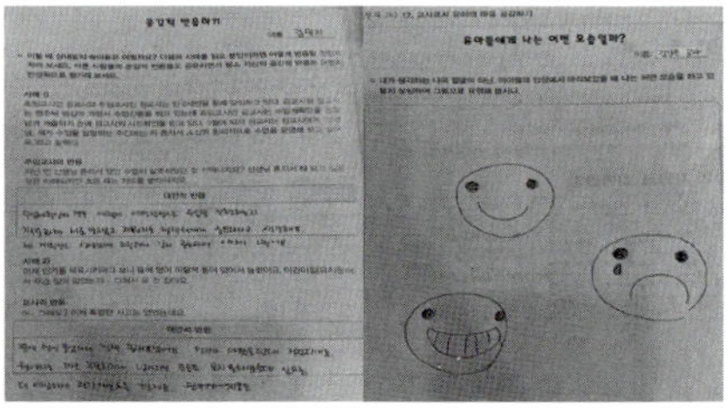

[그림 5-13] 공감 활동지를 통한 교사 역할 이해

놀이 지원에 있어 공감 능력의 중요성을 알아 놀이를 통해 배움이 일어날 수 있도록 상황에 따른 공감 방법에 대해 적어보기

고민③ 자료에서 유아교사들은 놀이터치 장학을 계획하여 자신의 반에서의 놀이가 잘 이루어질 수 있는지를 피드백 받는다. 유아교사는 다른 반 놀이는 어떻게 진행되고 있으며 우리 반 놀이가 문제점이 없는지를 파악하는 동료장학 과정을 통하여 놀이의 딜레마와 변화가 필요한 모습에 관해 이야기를 나눈다.

교사들은 놀이속에서 나타난 교사의 역할을 이해하기 위해 고민한다. 고민④에서는 놀이를 진행에 나가는 유아를 위해 놀이지원을 위하여 교사의 개입이 어떻게 이루어지는지, 영유아의 놀이 활성화를 도와주고 싶은데 어떻게 해야 할지 모르는 상황에 서로 공감할 수 있는 방법을 찾아 공유할 수 있다. 교실에서 영유아 중심 놀이가 교사의 개입여부에 따라 원활하지 못하는 부분을 학습공동체 활동을 통해 이해하도록 노력한다.

고민⑤ 상호작용에 대한 고민

"영유아의 반응이 다양한데 예기치 못한 반응을 보였을 때 놀이 속에서 어떤 상호작용을 해야 하는지 고민이 되네요."

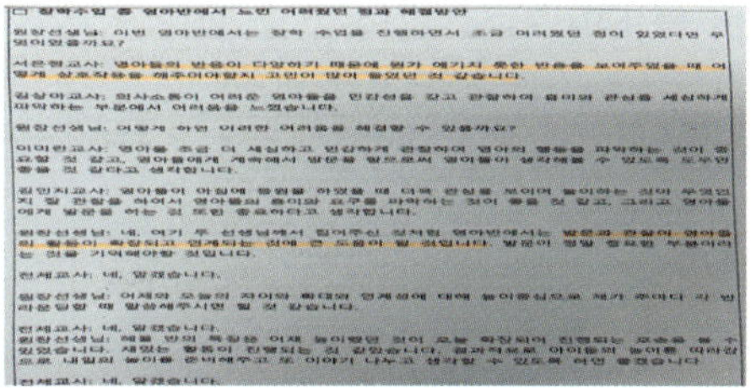

[그림 5-14] 교사 회의에 담긴 상호작용 고민

초임교사를 위한 원내 자체연수를 통해 놀이 속 관찰과 발문이 놀이 활동에 확장되고 연계될 수 있도록 지원

고민⑥ 교사의 역할 이해하기

"자율성을 가진 아이들이 시간과 공간의 확장에 대해 요구할 때가 있어요. 자유놀이를 실외 놀이터, 유희실, 다른 반에서 하고 싶어 하는데 다른 연령과 놀이 시간과 공간이 겹칠 때가 있어요 어떻게 하면 좋을까요?."

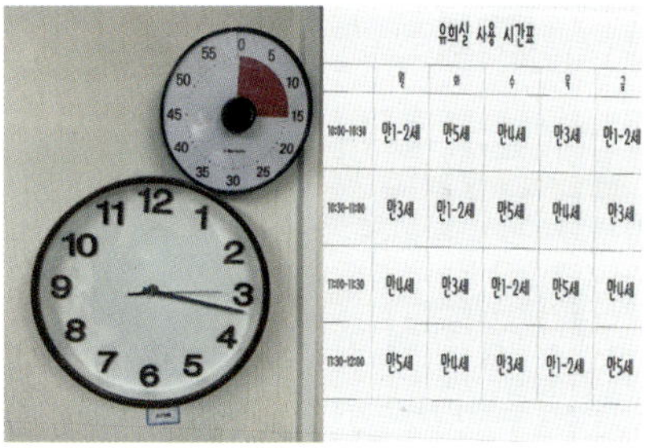

[그림 5-15] 놀이 시계와 공용 공간 시간표

학습공동체에서 유아들과 함께 시간을 정하면 유아들의 시간에 대한 자율성을 존중할 수 있다고 생각하여 **놀이 시계 구입**, 공동으로 사용하는 공간에 대한 **시간표** 작성

고민⑤, 고민⑥에서는 유아놀이에서 나타나는 상호작용에 대한 고민해결 과정이다. 놀이 속에서 어떤 상호작용을 해야하는지를 고민하는 과정을 통해 교사들은 원내에서 실시되는 교사학습공동체에서 놀이 속 관찰과 발문이 놀이 활동에 확장되고 연계될 수 있도록 지원해 나가는 과정을 경험하고, 유아놀이 시 시간과 공간에 대한 고민과정 해결도 교사들과 공유하여 해결해 나갈 수 있다.

고민⑦ 연령별 놀이의 딜레마

"요즘 우리 반은 ○○점 때문에 너무 힘들어요. 장학할 때 보니 이 연령은 ○○점이 힘들 것 같아요. 연령 별 어려움을 공유하고 함께 해결방안을 찾으면 어떨까요?"

[그림 5-16] 영아반 놀이 딜레마

놀이가 잘 이루어지지 않는 영아를 위해 문제 상황에 대한 동영상을 보며 아동의 자율성 지원 모색과 교사의 역할과 지원을 위한 매뉴얼 작성

"영아에서 유아로 넘어온 유아들에게
어떻게 놀이 지원을 해줘야 할까요?"

[그림 5-17] 만 3세반 놀이딜레마

만 3세 반 경험이 있는 교사와 함께 유아들의 특성과 흥미를 파악한 뒤 다양한 놀이감 제공 및 놀이를 통해 배움이 일어날 수 있도록 지원 방법을 고민한다.

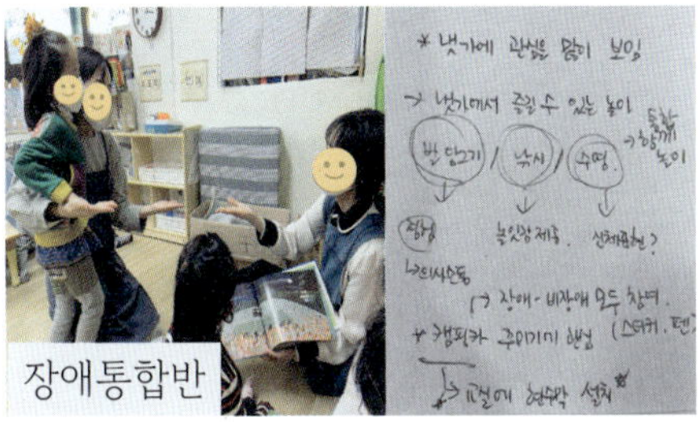

"장애통합 선생님이 없을 때 장애아동과
비장애 아동의 놀이지원을
어떻게 해야 하는지 어려워요"

[그림 5-18] 장애통합반 놀이딜레마

유아교사들은 학습공동체를 통하여 놀이 실행기록도 고민하는 과정을 갖는다.

유아교사들은 연령별 놀이의 딜레마를 경험할 수 있다. 사례에서 나타난 고민 ⑦에서는 영아반에서는 영아들이 놀이를 하다가 놀잇감을 가지고 갈등을 해결해 나가는 과정에서 놀이가 잘 이루어지지 않는 영아를 위해 문제 상황에 대한 동영상을 보면서 영아의 자율성 지원 방법을 모색하고 교사의 역할과 지원을 해결해 나가는 과정을 경험할 수 있다.

유아교사들은 영아반에서 유아로 넘어온 유아들의 놀이지원을 고민하는 과정이다. 만 3세 반 경험이 있는 교사와 함께 유아들의 특성과 흥미를 파악한 뒤 다양한 놀이감 제공 및 놀이를 통해 배움이 일어날 수 있도록 지원 방법 모색해 나가는 과정이다. 장애통합반에서는 장애아동과 비장애아동이 함께 놀이를 이루어 나가는 방법을 고민하였다. 장애통합교사와 꾸준한 소통으로 장애아동에 대한 특성 파악과 메모를 통한 장애·비장애 아동이 함께 놀이할 수 있는 놀이자료와 지원 모색해 나가는 과정을 경험할 수 있기에 해결점을 만들어가는 과정이다.

고민⑦ 놀이 실행기록 담기

"일지를 보면 교사의 계획대로 하루 일과가 이루어지는 것 같고 개정누리과정에 맞지 않는 부분이 많아요. 또한, 중복적으로 작성되는 부분이 많아요. 어떻게 일지의 변화를 줘야 할까요?"

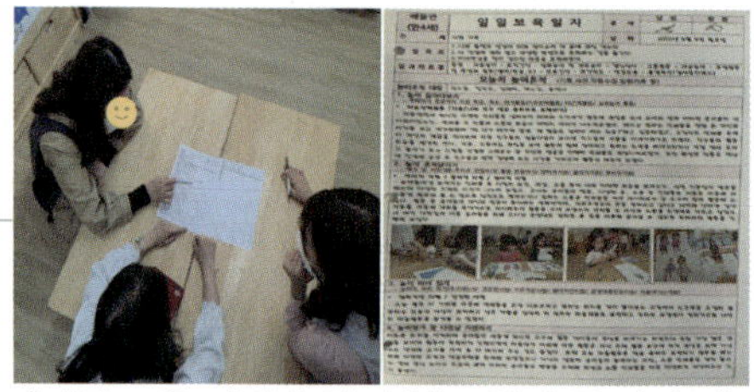

"개정 교육 과정에 맞지 않는 일지 틀 같아요"
"서울하는 글이 너무 많아요"

누리과정에 맞추어 일지 틀 변경
글 중심에서 사진과 함께 놀이에 대해 작성

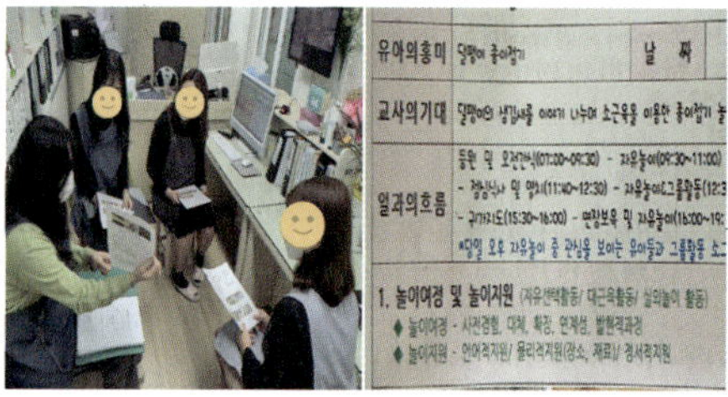

"놀이 실행안 명칭 속에 교사의 주도적인 모습이 관찰되네요"

제목: 놀이 여정 담기
주제: 유아의 흥미
일일 목표: 교사의 기대
놀이 Touch: 놀이여정 및 놀이 지원

"개정 교육 과정에 맞지 않는 일지 틀 같아요"
"서울하는 글이 너무 많아요"

분리되어있던 놀이 들여다보기, 흔적 남기기, 의미 찾기 한꺼번에 작성하기 놀이 흐름 속에서 교사의 해석과 지원. 추구하는 인간상 초록색으로 표시

[그림 5-19] 놀이 실행기록 담기

고민⑧의 놀이실행기록 담기 과정에서 교사들은 영유아들의 놀이 속에서 발견되는 놀이에 관한 기록을 담는 과정을 각 반 상황에 맞게 협의하는 과정을 갖기도 한다.

놀이 기록과정이 놀이의 확장, 축소, 연계과정이 잘 드러나고 놀이의 의미를 담을 수 있고 놀이의 흐름을 알 수 있는 기록과정을 고민을 할 수 있다. 교사들은 협의를 통하여 글 중심에서 사진과 함께 놀이에 대해 작성해 보도록 하거나, 놀이 실행안 명칭을 정해 보거나, 놀이의미를 잘 드러날 수 있도록 다른 색으로 작성해

본다거나 놀이 흐름을 요일별로 작성해 본다거나 하는 등의 협의 과정을 가질 수 있다.

모든 놀이 실행안은 각자의 원에서 실행되어 나타날 수 있기에 교사들은 자율적으로 놀이 실행기록을 남길 수 있다.

3. 가정 및 지역사회와 놀이 협력하기

1) 가정과 협력하기

(1) 학부모와 협력하기

2019년 교육(보육)과정에서는 유아놀이 실행을 위해 협력적 방안을 고려해야 함을 강조한다. 가정과 협력하기 위하여 놀이이해와 관련한 가정통신이나 놀이 실행 에세이를 보낼 수 있다.

학부모들과 놀이 협력을 위하여 가정통신으로 놀이를 이해하는 가정통신문을 가정으로 보낸다. 자료에서 예시된 '내 아이와 함께하는 행복한 놀이'에서는 놀이에 대한 개념과 놀이의 중요성을 알리고, 맨발로 숲길을 걸어보거나 악기로 놀이를 실시하거나 놀이 확장을 위하여 재활용품으로 놀이 할 수 있는 구체적인 사례를 작성하여 가정으로 보낸다. 또한 한 주간 진행된 놀이 에세이를 통해 부모님들께 놀이의 가치에 대한 이해를 돕고 가정과 연계할 수 있는 놀이를 돕기도 하며, 영유아 놀이를 위하여 영유아의 관심이 무엇이었으며 놀이를 위해 부모님과 함께 할 내용에 대해 가정으로 놀이 에세이를 보내기도 한다.

가정으로 보내는 자료들은 유치원 및 어린이집에서 실시하는 교육(보육)과정에서 강조하는 놀이의 중요한 가치에 대해 알리고 가정에서도 놀이를 연계하여 놀이를 실시할 수 있는 역할을 한다.

가. 가정통신을 통한 놀이 이해하기

[그림 5-20] 가정통신

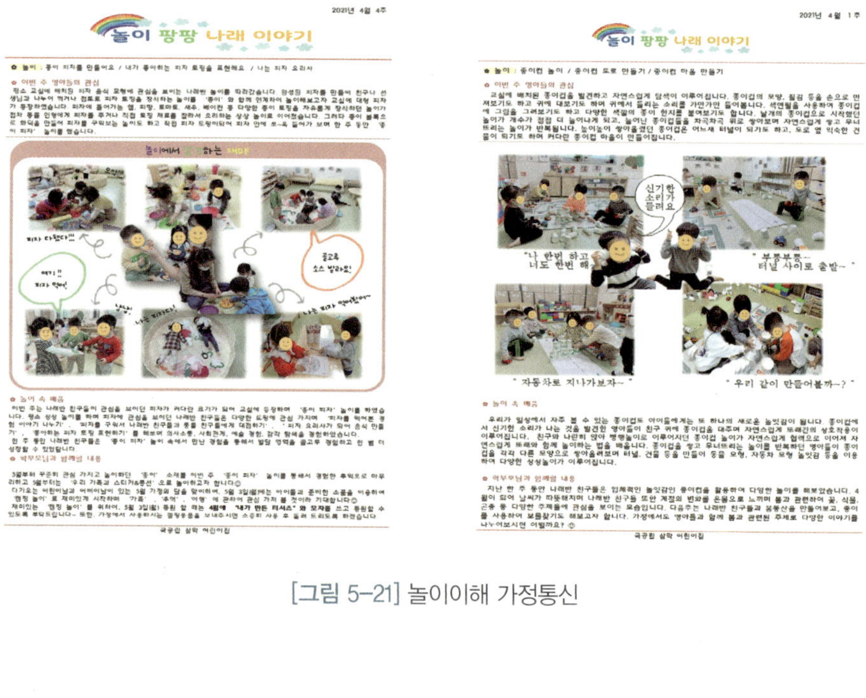

[그림 5-21] 놀이이해 가정통신

나. 가정에서 아빠와 놀이하기

가정에서 영유아들과 놀이를 어려워하는 아빠를 위해 아빠 놀이하기를 실행하기도 한다. 아래 자료에서는 10주간의 아빠 놀이학교를 진행한 사례이다.

각 기관에서는 가정에서 손쉽게 볼 수 있는 재료를 이용하여 아빠들과 가정에서 놀이할 수 있도록 안내한다. 가정에서 손쉽게 볼 수 있는 재료로는 수건, 신문지, 이불, 폐품, 그림책 등 손쉽게 볼 수 있는 재료이다.

놀이의 내용으로는 간지럼놀이, 숨바꼭질, 장님놀이, 신문지놀이, 양말건너기, 등 태우기, 이불놀이, 폐품이용하여 만들기, 그림책 읽어주기, 그림책 활동 연계하기 등 단순한 놀이를 제시한다.

사례에서 나타난 가정 놀이의 기본규칙으로 영유아의 생각으로 실행하기와 아빠는 공감하고, 칭찬하고, 유아들의 놀이를 존중해 주는 규칙을 정하여 가정에서 놀이를 실행할 수 있도록 안내한다. 기관에서는 놀이가 진행된 10주 후 평가회를 개최하여 졸업장 및 참여도가 높은 가정을 선정하여 시상을 줄 수 있는 활동을 진행하는 사례이다.

(아빠 놀이학교)

- 기간: 10월 28일~12월 31일
- 내용: 간지럼 놀이 / 숨바꼭질 / 장님놀이 / 신문지놀이 / 양말건너기 / 등태우기 / 이불놀이
  폐품 이용하여 만들기 / 그림책 읽어주기
- 기본규칙: 우리아이 생각으로 진행하기
- 아빠역할: 공감하기 / 칭찬하기 / 존중하기
- 평가회: 활동이 끝난 후 기간을 정해서 평가하기

이불놀이

수건놀이

[그림 5-22] 아빠놀이학교

다. 학부모와 놀이 함께 공유하기

유아교사는 교육적 극대화를 위해서 놀이에 대한 이해가 기관에서 뿐만 아니라 가정에서 이루어질 수 있도록 가정과 함께 협력해야 한다. 이를 위하여 각 원에서는 놀이 이해를 돕는 모임을 구성한다거나, 놀이관련 행사를 통하여 놀이 정보를 공유하는 활동을 실시하기도 한다.

부모 모임에서 영유아중심·놀이중심에 대한 이해를 돕기 위해 부모를 대상으로 가정놀이 활동을 선정하여 놀이 방법을 공유하기도 한다.

가정과 함께하기

"놀이에 대한 이해가 유아교육기관에서 뿐만 아니라 가정에서도 이루어지면
교육적인 효과가 극대화될 수 있을 것 같아요.
코로나19 속에서 할 수 있는 학부모 모임은 어떻게 하면 좋을까요?"

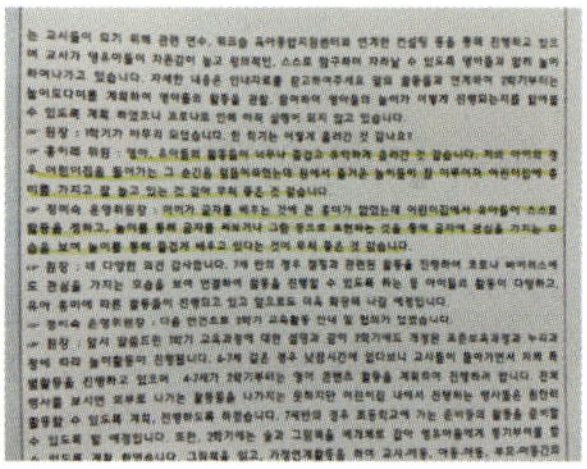

놀이 이해를 위한 모임

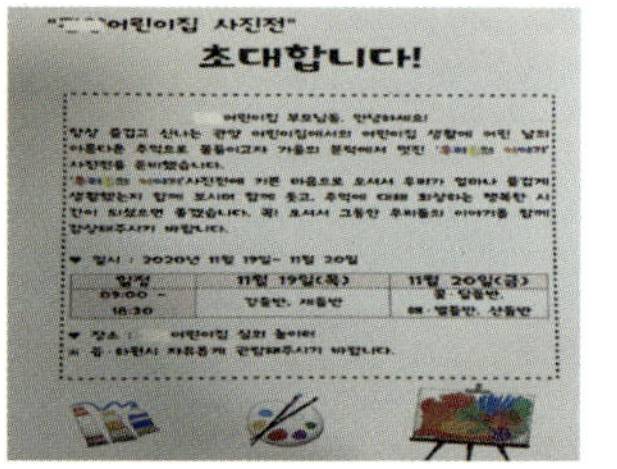

놀이 사진전

[그림 5-23] 부모와 함께

라. 가정연계 놀이 참여도 높이기

A. 자료 수집함 만들기

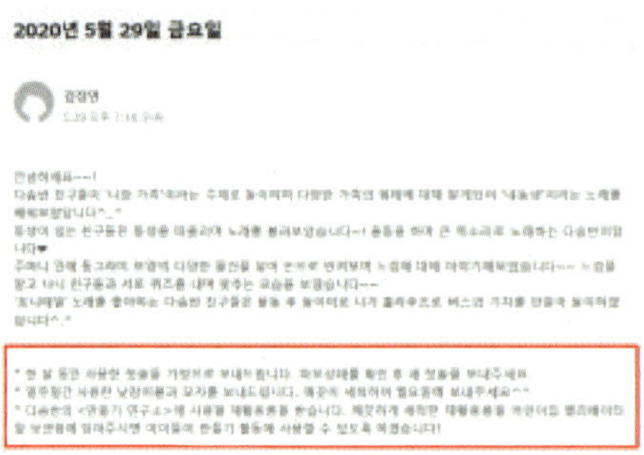

2020년 5월 29일 금요일

[그림 5-24] 다양한 재료 수집(생각 톡톡 재료실)

가정과 연계한 놀이 제안 및 자료수집으로 참여도를 높이기 위해 기관의 한 켠에 생각 톡톡 재료실이라는 사물함을 만들어 다양한 자료를 수집하기도 한다. 비구조적 놀이를 진행하기 위하여 다양한 재료들이 놀이의 중요한 원동력이 될 수 있다는 교사들의 의견을 모아 각 가정에서 유아가 활용하기에 유용한 재료를 수집해 줄 것을 안내하고 운영하는 사례이다.

B. 가정에서 보낸 놀이 관련 자료

가정에서 보낸 놀이 관련 자료안내는 가정통신을 통해 이루어진다. 가정에서 부모님들과 함께 한 주말 지낸 이야기나 놀이관련 놀잇감과 그림책을 보내기도 한다.

주말지낸 사진 | 놀이와 관련된 자료 | 놀이와 관련된 그림책

[그림 5-25] 가정협력 놀이자료

마. 학부모 놀이 협력

유아교육기관의 놀이 이해를 높이기 위하여 매월 또는 분기별 주기를 정하여 놀이 연구회를 구성할 수 있다. 가정과 연계되는 놀이 내용을 공유하고 유아교육기관에서 놀이 사례를 소개하며 가정과 연계되는 놀이를 찾을 수 있다. 학부모 놀이 학습공동체는 놀이를 이해하는 중요한 모임이 될 수 있다.

학부모 학습공동체	
ㅁ 주기	매월 1회
ㅁ 내용	가정에서의 놀이 점검 기관에서 놀이 사례 소개 및 가정 연계
ㅁ 향후계획	고정적 멤버보다는 여러 부모님들이 지속적으로 소통할 수 있는 시간이 좋겠다는 의견에 따라 매월 학부모 참여를 신청을 받아 진행.

[그림 5-26] 학부모 놀이 학습공동체

2) 지역사회와 협력하기

(1) 지역사회와 협력하기

지역사회와 놀이 협력은 놀이에 관련한 공동체의 가치를 회복하고, 협력한다는 점에서 중요한 교육적 의의를 가진다. 지역사회 놀이 협력하기 활동은 '지역'을 활동 기반으로 하고 있다. 작은 규모의 집단에서 정서적 안전성을 느끼기 때문에 지역사회 놀이 협력은 영유아들에게 친숙한 자극을 줄 수 있는 교육적 의의를 가진다.

영유아가 속해 있는 가정이나 기관 그리고 지역사회 등은 모두 교육과정의 주체가 되므로 상호 연계하고 협력해야 한다.

가. 지역사회와 바자회 실시하기

지역주민과 함께 바자회 실시

"영유아의 놀이 경험 확장을 위해 지역사회 자원을 활용하고 싶은데
유아들의 놀이를 위해서 지역사회 자원을 활용할 수 있는 방법은 무엇이 있을까요?"

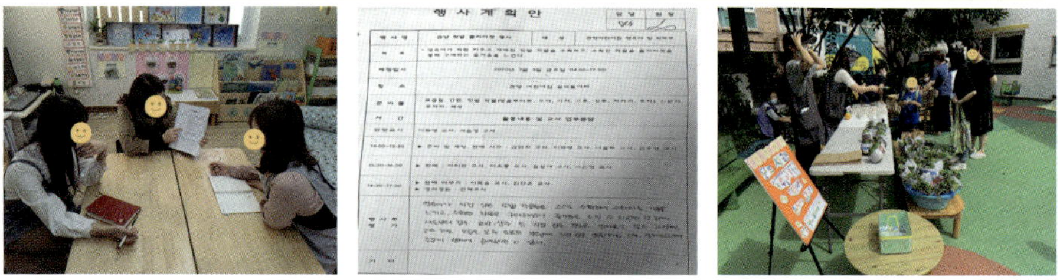

[그림 5-27] 지역사회와 함께 놀이 확장을 위한 활동 계획 및 실행

유아 놀이중심 교육과정을 효과적으로 운영하기 위해서는 부모의 역할이 중요하다. 부모는 영유아의 놀 권리와 즐겁고 재미있게 놀이하며 배워 나가는 놀이의 가치를 이해하여 각 가정에서 유아들의 놀이를 지원해야 한다. 이를 위하여 각 기관에서는 부모교육, 부모참여, 간담회, 워크숍 등 다양한 기회를 운영하며 부모의 역할을 지원할 필요가 있다.

지역사회는 영유아의 다양한 경험과 배움을 지원하는 풍부한 자원이다. 따라서 각 기관에서는 지역사회의 여러 기관을 직접 경험하면서 관심을 가질 수 있도록 한다. 또한 공공기관과의 상호적인 협의를 통하여 교육과정이 원활히 이루어질 수 있도록 한다.

영유아들의 놀이 효과를 높이기 위하여 지역사회와 협력하는 것도 매우 중요하다. 놀이 진행 중이나 놀이 끝나는 시점에 영유아의 관심과 흥미에 따라 지역주민들과 협력할 수 있다.

나. 지역사회 물적자원 활용하기

공간의 제한점으로 교사들은 놀이 확장 및 놀이 연계를 위해서 지역사회자원을 활용하는 것도 매우 중요하다. 교사는 유아들의 관심과 흥미에 따라 놀이 확장 및 연계를 위하여 꽃집을 이용하거나, 우체국을 이용하거나 인근 놀이터를 이용하여 놀이를 실시할 수 있다.

꽃집 이용 | 우체국 이용 | 인근놀이터

[그림 5-28] 지역사회 물적자원 이용하기

놀이 확장 및 놀이 연계를 위하여 인근의 숲에서 숲놀이를 진행할 수 있다. 숲에서 모아온 재료를 이용하여 교실 환경을 구성하거나, 교실에서 놀잇감으로 사용할 수 있고 좁은 교실에서 실시하기 어려움을 해결하기 위해 넓은 장소에서 놀이를 진행할 수 있다. 교사는 영유아들이 주도적으로 흥미와 관심에 따라 놀이가 지역사회와 연결될 수 있도록 한다.

[그림 5-29] 숲놀이를 위하여 인근 숲에서 놀이확장

다. 지역사회 인적자원 활용하기

유아들의 놀이를 위하여 인근의 원장이나 교사들의 학습공동체를 구성할 수 있다. 각 원의 놀이환경, 놀잇감, 놀이지원 방법에 관한 실질적인 사례를 중심으로 장학을 실시하거나 놀이 실행의 어려움을 공유할 수 있다. 또한 각 지역의 육아종합지원센타의 자문을 통하여 교육(보육)과정의 놀이를 실행하여 도움을 얻을 수 있다.

지역 교사학습공동체

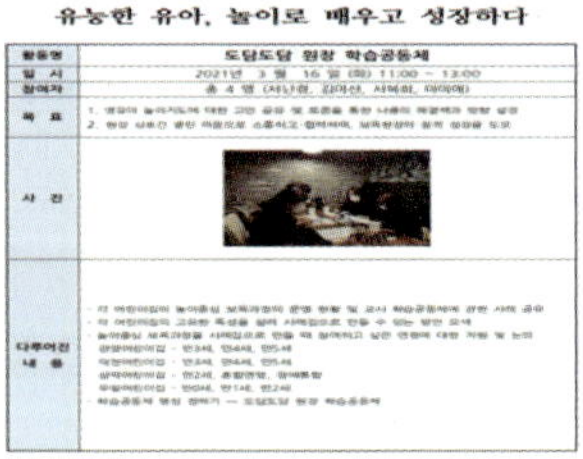

지역 원장학습공동체

육아종합지원센타 컨설팅

[그림 5-30] 지역사회 인적자원

생각해 보기

- 신입교사로서 교사 학습공동체에서 얻을 수 있는 좋은 점은 무엇인지 생각해 보기

토론하기

- 현장에서 교사들과 함께하는 학습공동체 형식의 사례를 작성해 보고 서로 공유하기

제2부

유아교육현장 놀이실행 사례

제1절 과일놀이
(영아반)

과일로 놀이해요

- 만 1세 영아 놀이의 흐름에 따른 교사의 지원 -

• 놀이명: 과일로 놀이해요
• 놀이연령: 영아반
• 학급인원: 10명
• 놀이기간: 2021년 6월 7일
~6월 25일(3주)

한 눈에 보는 놀이 진행 상황

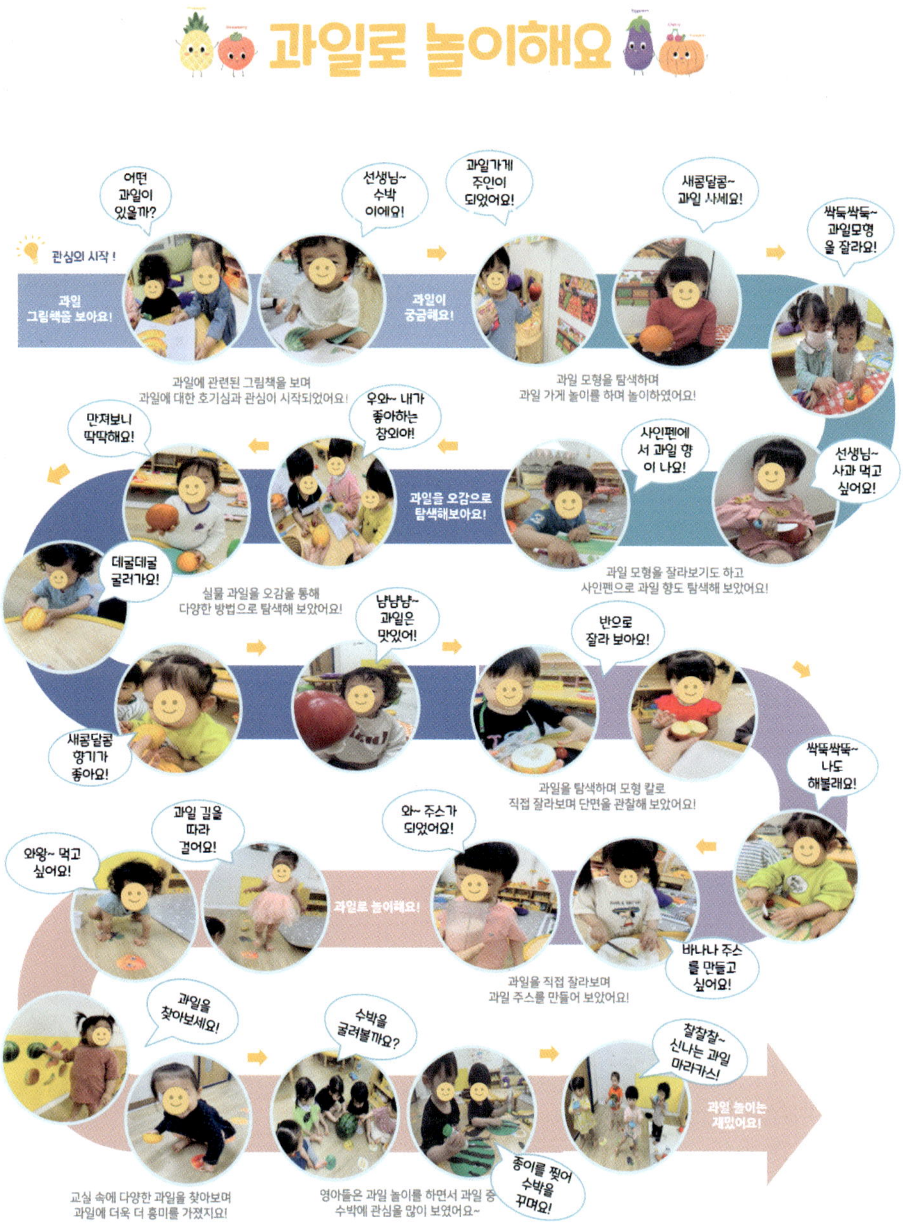

관심의 시작

"어떤 과일이 있을까?", "선생님~ 수박이에요!"

영아들은 언어영역에 비치해 주었던 "싹싹싹 쪽쪽쪽" 과일 그림책에 관심을 보이는 모습을 관찰할 수 있었다. 친숙하고 먹어본 경험이 있는 과일들의 그림을 가리키며 "슈박, 빠나"라고 이름을 말해보기도 하였고, 과일의 겉면과 속이 다른 그림의 책장을 여러 번 넘겼다 펼치기를 반복하며 살펴보는 모습을 볼 수 있었다. 또한 영아의 관심은 일과 중에도 나타났는데 간식을 먹으면서 "포도야, 사과야"라고 말해보거나, 과일 그림책이나 과일 모형을 가지고 와 매칭을 해보기도 하였다.

이러한 영아들의 과일에 대한 관심과 흥미를 발견하며 예솔반의 과일 놀이가 시작되었다.

교사의 고민

영아들이 친숙하고 먹어본 경험이 많은 여러 가지 과일에 관심과 흥미를 많이 보이는데 영아의 흥미와 관심을 어떤 놀이 활동으로 지원할 수 있을까?

1. 과일이 궁금해요.	① 과일가게가 열렸어요!

"새콤 달콤~ 과일사세요!"

영아들의 과일에 대한 관심에 대한 지원으로 다양한 종류의 모형 과일을 제공하여 과일을 간접적으로 탐색해 보았다.

교실 벽에 과일 가게의 사진과 그림들을 게시해 주자 똑같은 과일 모형을 찾아서 벽에 가져다 대어보기도 하고, 벽돌 블록 위에 과일 모형들을 자연스럽게 나열해보기도 하였다. 또한 과일을 교사에게 건네주며 맛보라고 권유하던 영아들은 시간이 지나며 또래 친구들에게도 과일을 나누어 주기도 하였다.

교사가 영아의 놀이를 관찰하며 "과일 사세요~"하고 말해주며 과일을 사고 파는 것을 모델링하여 보여주자 영아들은 교사의 행동을 관찰하며 "사세요"라고 모방하며 말하며 과일 가게 놀이에 참여하였다. 손님을 맡은 영아들은 가게에 있는 친구의 손에 "여기요"라고 말하며(손바닥에 돈을 건네는 흉내를 냄) 과일을 장바구니에 담아 가는 등 과일을 사고파는 것을 자연스럽게 경험해 나가기도 하였다.

교사의 지원

- **자료**: 과일 그림책, 과일 게시 자료, 여러 가지 과일 모형, 계산대, 놀이용 돈, 장바구니
- **상호작용**: 영아의 놀이를 관찰하며 나타난 반응을 반영하여 교사가 물건을 사고파는 것을 모델링하여 보여줌으로써 영아들이 과일 모형을 이용하여 과일 가게 놀이를 경험해 볼 수 있도록 상호작용하며 지원함.
- **공간**: 교실 벽에 과일 가게와 과일과 관련된 게시물을 부착해 주고, 과일 가게 놀이가 수시로 이루어질 수 있도록 공간을 충분히 마련하여 줌.

1. 과일이 궁금해요.	② 모형 과일로 놀이해요

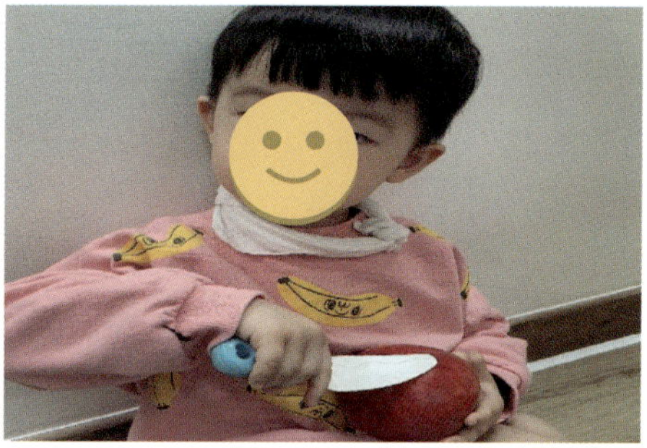

"내가 잘라줄게!~", "사과 먹고 싶어요!"

기존 모형 과일 이외에 실물과 비슷한 모형 과일도 추가로 제시해 주니 영아들은 실제 과일로 생각하고 먹어보려고 하거나 직접 잘라보고 싶어 하였다. 영아들이 사용할 수 있는 안전한 모형 칼과 조리도구도 함께 제공하여 모형 과일들을 자르고 요리하는 놀이가 반복하여 이루어질 수 있도록 지원해 주었다.

영아들은 나들이를 온 것처럼 그릇 위에 다양한 과일들을 잘라서 올려보기도 하고, 책상 위에 상처럼 차려 보며 "어서 먹어" 라고 말하며 친구들과 선생님을 초대하기도 하였다. 싱크대에서 모형 칼을 이용해 과일을 자르거나 도마 위에 과일들을 올려두고 "내가 할게"라고 말하며 과일을 자르고 친구들에게 나누어 주는 모습을 관찰할 수 있었다.

교사의 지원

- **자료**: 실물 모형 과일, 피크닉 매트, 피크닉 식탁보, 다양한 모형 칼과 조리도구
- **공간**: 영아들이 과일 모형들을 이용해 자유롭게 상차림을 해볼 수 있도록 책상을 넓게 배치해 주고, 피크닉 매트를 펼칠 수 있는 공간을 역할 영역에 충분히 제공하여 주었음.
- **상호작용**: 과일 놀이를 하면서 교사는 영아들의 언어적 요구와 비언어적 요구를 민감하게 듣고 영아에게 충분히 공감해 주어 영아들이 원하는 방향으로 놀이가 이루어질 수 있도록 지원해 줌.

교사의 고민

모형 과일로 탐색 놀이를 즐기는 영아들이 실제 과일을 만나게 되면 더 즐겁게 탐색하지 않을까? 오감을 충분히 활용하여 과일을 탐색할 수 있도록 어떤 지원과 준비를 해주면 좋을까?

2. 과일을 탐색해요	① 실물 과일을 오감으로 탐색해요~

"우와! 내가 좋아하는 참외야~", "만져보니 차가워!"

영아들이 모형을 통해서만 만나보았던 다양한 과일들을 실제로 제공해 주어 자유롭게 탐색해 볼 수 있도록 제공하여 주었다.

영아들은 손과 볼, 팔 등을 이용해 과일들의 다양한 껍질을 만지며 탐색하던 영아들은 "차가워", "미끄러워", "미끌미끌", "아파"(딱딱함을 아프다고 언어적으로 표현함) 등 언어적으로 자신의 감정을 다양하게 표현해 주는 것을 관찰할 수 있었다.

처음에는 과일의 겉면의 촉감에만 관심을 보이던 영아들은 차츰 시간이 지나자 과일에서 나는 향기에도 호기심을 가지며 코를 가져다 대며 향기를 맡아보고 표정으로 표현해 주거나 감탄사를 내뱉는 모습을 관찰할 수 있었다.

교사의 지원

- **자료**: 다양한 실제 과일
- **일과 및 공간**: 일과 시간 내에 자유롭게 실제 과일들을 관찰하고 탐색할 수

있도록 공간을 마련하여 제시하여 주었음.

- **상호작용**: 언어표현이 어려운 영아의 탐색과 관찰의 과정을 언어화하거나, 탐색하는 과정에 대해 충분히 공감해주며 격려하며 상호작용을 나눌 수 있도록 지원하였음.
- **안전**: 실제 과일의 껍질을 이로 물지 않도록 도움을 주고, 과일을 바닥이나 또래 친구를 향해 던지는 것에 대해 위험하다는 것을 이야기를 나누며 지도함.

교사의 고민

과일을 오감으로 탐색하는 과정에서 어떤 것을 가장 궁금해할까? 실제 과일을 이용해서 해보기 위해서는 어떤 과일을 선정하고 어떻게 준비해 주어야 할까?

2. 과일을 탐색해요	② 과일을 직접 잘라보아요~

"반으로 자르면 어떻게 될까?!", "싹둑싹둑~ 나도 해볼래요!"

영아들은 과일 모형을 이용해 반으로 자르는 놀이를 반복하여 관심 있게 진행하였고, 과일의 잘린 단면에 대해서도 호기심과 즐거움을 느끼는 모습을 관찰할 수 있었다.

이러한 관심이 시작된 영아들에게 실제 과일을 직접 잘라볼 수 있도록 준비해 주었다. 교사가 먼저 과일을 잘라보며 영아들과 함께 과일의 단면을 관찰해 보았다. 반으로 잘리는 순간에 영아들은 "우와", "진짜" 와 같이 이야기하며 큰 호기심을 가지고 잘린 과일의 단면에 집중하며 관찰하였다.

영아들은 자신이 자르고 싶은 과일을 직접 선택하여 모형 칼을 이용해 과일을 적극적으로 잘라보고 다양한 과일의 잘린 단면을 관찰하며 호기심을 충족 시켜 나갈 수 있었다.

교사의 지원

- **자료**: 실제 과일, 과일이 잘릴 수 있는 모형 칼, 도마
- **상호작용**: 영아가 감각적으로 새로운 과일들을 탐색할 수 있도록 탐색 과정 자체를 언어와 비언어적 표현을 격려하며 상호작용을 나눔.
- **안전**: 영아들이 안전하게 모형 칼을 이용하여 과일을 잘라 볼 수 있도록 지속적으로 살펴주며 놀이를 관찰하며 지도함.

교사의 고민

영아들이 오감을 통해 실제 과일을 탐색하면서 컵을 이용해 역할 영역에서 과일 주스 만들기에 대해 큰 관심을 보였는데, 영아들의 놀이와 비슷하게 실제 과일을 이용해 주스를 만들고 맛을 보면 과일에 대해 친숙함을 느끼고 즐거움을 느끼지 않을까?

2. 과일을 탐색해요	③ 주스를 만들어 볼까요?

"바나나 주스를 만들고 싶어요!", "우와! 주스가 되었어요~"

영아들은 과일을 자르는 것 이외에도 역할 영역에서 다양한 컵 속에 모형 과일

들을 넣고 과일 주스를 만들며 또래 친구들에게 나누어 주거나 직접 마셔 보는 놀이를 반복하였다.

영아들이 주스를 만들기 전에 바나나, 수박을 직접 잘라볼 수 있도록 지원하였다. 투명한 용기의 1인용 믹서기를 제시해 주고 교사와 함께 자른 과일 재료들과 우유를 함께 넣어보고 섞은 후, 직접 버튼을 눌러서 과일을 갈아보는 경험을 해보았다.

평소에 과일 주스 놀이를 반복하던 영아들은 직접 주스를 만들어 보며 "샌님~ 주스야!", "○○이가 만들었지!" 라고 말하며 성취감을 느끼는 모습을 볼 수 있었다. 영아들은 자신들이 자른 과일이 믹서기에 넣으니 주스가 되는 과정의 변화를 경험하며 물질의 변화에 큰 관심을 나타냈다.

교사의 지원

- **자료**: 과일, 1인용 믹서기, 모형 칼, 도마, 컵
- **상호작용**: 주스가 만들어지는 과정에 대한 반응과 상황을 언어로 표현해 주며 호기심을 해결해 나갈 수 있도록 지원하였음.
- **안전**: 영아들이 안전하게 주스를 만들어 볼 수 있도록 사전에 충분히 이야기를 나누며 위험한 상황을 인식할 수 있도록 지도하고 관찰함.

교사의 고민

영아들이 오감 놀이 이외에도 신체, 언어 등 다양한 영역에서의 경험을 통해 영아들이 흥미를 가질 수 있는 놀이로 확장시켜 나가 볼 수도 있지 않을까?

3. 과일로 놀이해요	① 과일 길을 따라 걸어요

"과일 길을 따라 걸어요!", "와앙~ 먹고 싶어요~"

교실 바닥에 과일의 겉과 속을 붙여 주자 영아들은 과일을 가리키며 "슈박, 포도"하며 과일 이름을 말하기도 하고 과일 길을 따라 걸어보며 관심을 가졌다. 영아들은 바닥에 제시된 과일의 속 그림을 보고도 과일을 맞추는 등 경험을 통해서 얻은 과일에 대한 겉과 속을 몸짓 언어와 표현 언어로 표현하며 관심을 나타내었다.

또한 좋아하는 과일에 대한 흥미를 표현하녀 "수박 좋아, 바나나 좋아"하고 말하며 좋아하는 과일을 가리키며 즐거워하는 영아들을 관찰할 수 있었다. 이를 통해 영아들이 다양한 과일을 탐색하며 자신이 좋아하는 것을 표현해 볼 수 있는 기회가 될 수 있었다.

교사의 지원

- **자료**: 과일의 겉과 속의 그림
- **공간**: 영아들이 과일 그림을 따라 걷고 뛰며 자신의 신체를 조절하여 자유롭게 움직일 수 있도록 넓고 안전한 공간을 마련해 주었음.
- **상호작용**: 영아들의 탐색했던 경험을 회상하며 과일의 겉과 속을 매칭해보며 영아들의 반응과 관심을 격려하며 긍정적으로 상호작용하며 지원함.
- **안전**: 영아들이 자유롭게 활동해 볼 수 있도록 지원하되, 다른 영아와 부딪히거나 미끄러지지 않을 수 있도록 옆에서 유의하여 지도함.

3. 과일로 놀이해요	② 내가 좋아하는 과일을 찾아 볼래요!

"나는 수박이 좋아요!", "내가 좋아하는 과일을 찾았어요!"

영아들과 다양한 과일을 탐색하고 놀이하면서 다양한 과일과 관련된 단어를 말소리로 표현해주자 영아들은 언어 표현의 발달 수준에 따라 정확하게 따라 말하기도 하고, 한 단어로 표현하기도 하고, 어떤 영아들은 말하기를 시도하는 등 발달에 따른 다양한 언어 표현의 반응을 관찰할 수 있었다.

벽면에 제시된 융판에 다양한 과일 그림을 제시해 주어 영아들이 떼었다 붙였다하며 과일 이름을 말해보기도 하고, 자신이 좋아하는 과일, 친구들이 좋아하는 과일을 찾아보며 교사와 또래 친구들과 상호작용하며 관계를 맺어 가는 모습을 관찰할 수 있었다.

교사의 지원

- **자료**: 융판 자료, 여러 가지 과일 그림 자료
- **공간**: 영아들이 일과 중에 자유롭게 융판 자료를 접하며 관심을 가질 수 있도록 영아들의 눈높이에서 편하게 탐색할 수 있는 공간을 구성하여 지원하여 주었음.
- **상호작용**: 다양한 과일의 이름을 말소리로 말해주며 표현언어 발달에 따라 영아들이 말소리를 듣고 따라 말할 수 있도록 격려하며 상호작용함.

교사의 고민

영아들이 좋아하는 과일에 대해 이야기 나누며 영아들은 과일 중 수박에 대해

관심을 많이 보였다. 많은 관심을 보이는 수박을 영아들이 즐거움을 느끼고 다양한 활동을 경험해 볼 수 있도록 어떤 지원을 해주면 좋을까?

3. 과일로 놀이해요	③ 수박으로 놀이해요~

"데굴데굴 굴러라!", "내가 만든 수박이에요~"

여러 가지 과일들 중 수박에 대한 영아들의 관심이 커졌음을 느끼며 수박을 직접 탐색해보며 놀이할 수 있도록 실물 과일을 제공해 주었다.

실제 수박을 제시해주자 영아들은 수박을 손바닥으로 두드려보기도 하고 만져보기도 하고 굴려 보기도 하는 등 다양한 방법으로 수박을 탐색하는 모습을 보였다. 수박을 이용하여 친구에게 수박을 굴려서 서로 주고받기 놀이를 제안하는 등 영아들이 크고 둥근 수박을 즐겁게 탐색하며 또래 친구들과 함께 놀이하는 즐거움을 느낄 수 있도록 지원하였다.

교사의 지원

- **자료**: 수박
- **상호작용**: 영아들이 수박을 다양한 방법으로 탐색하며 놀이할 수 있도록 영아가 관찰하고 반응하는 모습을 언어로 이야기하며 탐색을 이어나갈 수 있도록 지원함.
- **안전**: 실제 수박의 무게가 다소 무거운 점을 고려하여 놀이하는 과정에서 부딪힘, 넘어짐 등의 상황을 미연에 방지할 수 있도록 주의 깊게 관찰하며 도움을 주었음.

교사의 고민

영아들의 과일 놀이를 지원하면서 영아들은 과일과 관련된 다양한 동요를 들려주자 무척 즐거워하는 모습을 볼 수 있다. 영아들이 과일 노래를 들으며 즐거운 마음을 자유롭고 즐겁게 표현할 수 있도록 어떻게 지원하면 좋을까?

3. 과일로 놀이해요	③ 과일 마라카스로 놀아요~

"마라카스를 굴려볼까?", "과일 마라카스로 연주해요!"

다양한 과일 노래를 들려주자 영아들이 흥얼거리며 따라 부르기도 하고 악기를 흔들며 즐거움을 표현하기를 즐겨하였다. 영아들과 소리가 나는 여러 재료를 넣은 후 과일 스티커를 붙여 꾸민 자신만의 마라카스를 만들 수 있도록 지원하였다.

영아들은 마라카스를 바닥에 굴리거나 소리가 나는 것에 흥미를 느끼며 마라카스를 흥미 있게 탐색하였다. 그리고 영아들은 과일 노래를 들으며 마라카스를 자유롭게 흔들며 다양한 방법으로 소리를 만들어보며 즐거워하는 모습을관찰하였다.

교사의 지원

- **자료**: 투명 페트병, 여러 가지 소리가 나는 재료, 과일 음악 등
- **공간**: 교구장을 이동시켜 영아들의 신체의 움직임이 보다 더 넓은 공간에서 활발하게 이루어질 수 있도록 도움을 줌.

- **상호작용**: 영아들이 직접 마라카스를 만들어 다양한 과일에 관한 노래를 감상하며 즐거움을 신체로 표현하는 모습을 격려하며 지원하였음.
- **가정연계 놀이지원**: 가정에서도 부모님과 함께 놀이 활동을 해볼 수 있도록 놀이 자료와 놀이 방법을 안내하여 연계하여 놀이할 수 있도록 지원하였음.

가정연계활동 6월 (예솔반)

과일 마라카스를 만들어요!

과일 마라카스를 만들어요!	
준비물	페트병, 스티커, 여러 가지 곡식

① 다양한 과일을 자유롭게 탐색해 보는 시간을 가져 보아요!	② 과일 스티커 속에서 내가 좋아하는 과일들을 부모님과 함께 찾아보아요!

③ 아이와 함께 페트병 위에 과일 스티커를 이용하여 자유롭게 꾸며주어요	④ 아이와 함께 페트병 속에 곡식을 천천히 넣어 보아요~ ※ 집에 있는 곡식들을 추가하여 넣어도 되어요!

⑤ 노래를 들으며 과일 마라카스의 소리가 날 수 있도록 흔들어 보아요~ "무슨 소리가 날까?"	⑥ 아이와 눈맞춤을 나누며 과일 마라카스를 서로에게 힘을 주어 굴려 보아요!

가정연계 놀이지원 (부모 참여 후기)

제2절 상자놀이, 빛과 그림자
(만 3세)

1. 상자놀이

1) 놀이배경 및 교실상황

재미있는 놀이 상자!

상자놀이

〈만 4세 장애통합반(인원 20명) 9월 18일~현재 진행 중〉
유아들은 가정, 거리, 가게 등 많은 곳에서 상자를 만난다.
어느 날, 매트에서 블록 놀이를 하던 유아들이
해들반 교실에 물품을 전달 해 주시러 들어오신
선생님이 들고 계신 택배 상자를 발견하고
'상자'에 관심을 보이며 놀이를 시작한다.

교실상황

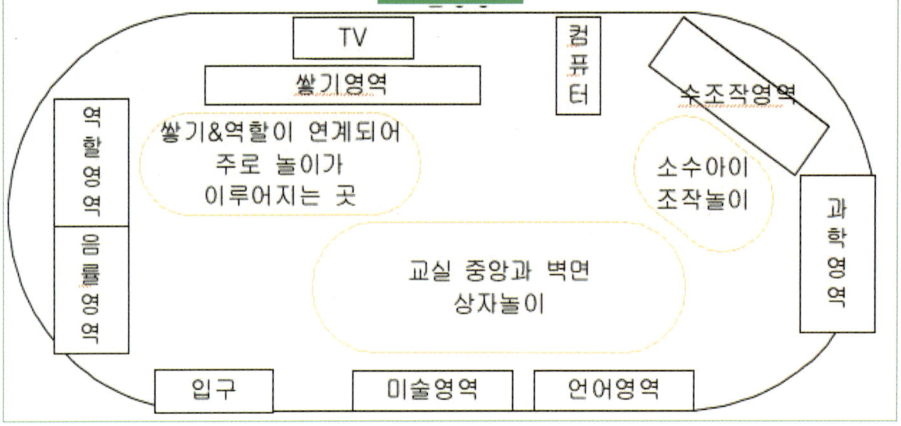

교실모습

'상자'라는 비구조적 자료를 이용한 놀이는 교구장을 상자로만 채워보기하고, 재활용품 영역을 구성해 보는 등 다양한 방법으로 놀이를 즐길 수 있는 계기가 되었다. 또한 놀이를 진행하며 많은 유아들의 관심이 몰려 놀이가 교실 한 켠에서 교실 중앙으로 나아가 유희실, 옥상 실외놀이터 등 외부 공간으로 뻗어 나가며 영역에 대한 제한 없이 다양한 공간에서의 놀이를 즐긴다.

2) 놀이의 흐름

"엄청 커다란 택배 상자에 가현이가 들어갔어요"
"우리 상자로 무슨 놀이할까?"

"넓은 상자가 침대로 변신!"
상자침대 구성하기

"들썩들썩 상자 놀이"
내 몸과 상자를 이용한 놀이

"상자 집 꾸미기"
상자로 만드는 다양한 종류의 집 꾸미기

"상자로 만든 나만의 공간"
상자 꾸미기 비밀의 공간아 나와라

"나는야 건축가"
상자집 인테리어& 상자집 극놀이

"차가운 북극집 이글루"
유아의 아이디어를 통한 놀이

3) 놀이의 진행과정

침대로 변신!!

〈장애유아가 시작한 놀이/책상을 이용한 놀이〉

"상자로 침대를 만들어보자! 이걸 펼치면 더 큰 침대를 만들 수 있어", "우리 침대를 예쁘게 꾸며볼까?", "나는 알록달록 침대가 좋아 이 상자를 알록달록 색으로 꽉꽉 채워보자!"	"이제 상자 위에 누워보자!" "흠.. 상자 침대는 너무 딱딱하다.. 상자 위에 이불을 올려볼까?", "베개도 같이 두면 좋겠어!", "그런데 상자가 너무 커서 교실이 너무 좁아져 버렸네.."

유아의 관심과 교사의 지원

- **관심**: 커다란 크기의 상자, 침대 구성하기, 침대 디자인, 상자 침대에서 이루어지는 극놀이
- **지원**: 상자를 꾸밀 수 있는 미술재료 지원(펠트지, 한지, 구슬, 다양한 그리기 도구, 폼폼이, 양면테이프, 투명테이프 등), 상자침대를 넓게 펼쳐 극놀이를 즐길 수 있도록 교구장, 책상 옮기기, 유아의 요구를 반영한 책상 옆으로 세우기, 함께 놀이에 참여하기

컨설턴트의 지원

- **생각**: 유아들은 평소 많은 곳에서 접할 수 있는 '상자'에 왜 관심과 흥미를 보일까?
- **고민**: 상자가 단순한 흥미가 아닌 놀이의 특별한 소재가 될 수 있을까요?
- **답변**: 사진 속 유아들의 모습을 보면 놀이에 몰입하여 침대를 꾸미고 극놀이로 연계하여 노는 모습이 보여지네요. 다른 놀이로 연계되거나 확장되어 놀이를 즐길 수 있도록 다양한 크기와 종류의 상자를 지원해 조금 더 놀이를 관찰하여도 좋을 것 같아요.

놀이를 통한 배움

- **유아**: 생각을 놀이로 표현하는 '주도성'
  장애통합 친구들과의 놀이경험을 통한 '존중과 배려'
- **교사**: 교실의 주도권 유아에게 넘겨주는 '믿음'

들썩 들썩 상자놀이~!

〈한가지 자료를 이용한 다양한 놀이〉

"이것 좀 봐!
내가 상자 안에 들어 갔어",
"나도 들어 가 보고 싶다!
선생님 상자 많이 주시면 안 돼요?",
"따당당당땅 소라! 나는 상자 속에
숨어볼래! 얘들아 나 어디 있게?~"

"높이 높이 쌓아보자 어디까지
쌓을 수 있을까?",
"저 위에 한 번 앉아 보고 싶다!..",
"징검다리로 변신 시켜볼까?",
"너랑 나랑 만나면 가위바위보를 해서
한 명이 비켜주는 건 어때?"

유아의 관심과 교사의 지원

- **관심**: 상자 탑 쌓기, 상자 속에 숨어보기, 상자 징검다리, 상자 터널놀이 등 다양한 신체활동
- **지원**: 넓은 놀이 공간(유희실, 실외놀이터) 등 놀이환경 제공, 안전하게 놀이하는 방법에 대한 생각을 나누도록 기다리기, 유아들이 안전에 대한 이야기 나눌 시 교사와 함께 생각 나누기

동료교사들과 생각 나눔

- **고민**: 상자를 높이 쌓아 올라타 보기도 하고 껑충껑충 넘어가며 놀이를 즐기는 모습이 즐거워 보이기는 하지만 안전에 많은 신경이 쓰여 교사가 자꾸 개입하게 되요. 그런데 또 개입하는 과정에서 혹시나 교사가 유아들의 놀이 흐름을 끊게 되는 건 아닌지 고민이기도 합니다.
- **의견**: 안전하게 놀이를 즐기는 모습에 대해 이야기를 나누며 안전에 대한 부분을 놀이의 흐름이 끊기지 않는 선에서 짚어주고 안전과 관련된 놀이 물품도 함께 지원해보는 건 어떨까요? 예를 들면 안전모라던지 무릎 보호대처럼요. 또한 유아들이 스스로 생각하고 이야기 나눌 수 있도록 기다려보는 건 어떨까요?

놀이를 통한 배움

- **유아**: 스스로 문제를 만들고 놀이로 표현하는 '창의성'
- **교사**: 교실의 주도권 유아에게 넘겨주는 '믿음'

상자로 만든 나만의 공간! & 상자 집 꾸미기

〈나의 상상을 자유롭게 표현한 놀이/바닥과 벽을 이용한 놀이〉

"내가 살고 싶은 집을 한 번 만들어 볼래, 예쁜 노란색 집!", "어떻게 만들어보지? 교실에 있는 노란색을 전부 모아볼까?", "그럼 나는 맛있는 초콜릿집을 만들어 볼게 좋은 냄새 나겠지?"

"선생님, 저는 상자가 부족해서 친구들 상자 집 옆에 테이프로 집을 만들어 봤어요. 바로 사다리 집이에요!", "나는 아파트에 사는데~", "다음에는 벽돌집도 한 번 만들어보자 또 무슨 집이 있더라?~"

유아의 관심과 교사의 지원

- **관심**: 나만의 상자집 만들기, 다양한 종류의 집
- **지원**: 다양한 종류의 집 그림책 감상하기 소그룹지원, 벽지, 물감, 전기 테이프, 마스킹 테이프, 시트지, 매직, 색종이 등 꾸미기 재료, 책상 위, 바닥과 벽 등 다양한 공간을 이용하는 모습 격려 및 함께 놀이하기

동료교사들과 생각 나눔

- **생각**: 교사의 개입 없이도 유아와 유아 간의 상호작용으로 놀이가 조금씩 변화되기도 하고 점점 상자 집의 모습이 정교하게 표현되는 모습이 보이기도 합니다.
- **고민**: 상자를 꾸미고 안에 들어가기 놀이가 반복적으로 보여지면서 너무 단순한 놀이만 관찰되는 모습도 있는 것 같아요. 이때 교사가 조금 더 확장되어 놀이를 즐겨볼 수 있도록 놀이를 제안해 보아야 하는지, 흥미를 보이는 것에 대해 지지해주며 그 놀이 자체를 인정해 주어야 하는지 고민이 되는 것 같아요.
- **의견**: 단순하게 반복되는 것처럼 보이지만 유아들이 구성한 상자집의 모습이 모두 다르고, 각 집마다 특징도 보이는 것 같은데요? 유아들이 생각하고 계획한 집의 모습을 꾸며 볼 수 있도록 단순한 미술 재료가 아닌 벽지, 줄자, 벽돌 모양 시트지, 콘크리트 재질의 스티커 등 여러 물품을 제시해보는 것도 좋을 것 같아요. 다양한 집의 종류나 특징을 이야기 나누어주시며 함께 놀이를 즐겨주시는 것도 좋은 것 같아요.

놀이를 통한 배움

- **유아**: 스스로 문제를 만들고 놀이로 표현하는 '창의성'
- **교사**: 교실의 주도권 유아에게 넘겨주는 '믿음'

나는야 건축가!

〈친구와 함께 협동한 놀이〉

"우리 집 안도 한번 꾸며보자 나는 창문을 만들어 주고 싶어", "그럼 나는 침대를 만들어볼게!", 저번에 우리가 만들었던 침대는 너무 크니까 색종이로 한번 만들어볼까?", "색종이로 만드니까 계속 넘어지네..." "그럼 블록으로 만들어보자!"	"집에 친구들을 초대하자!" "그런데 상자가 너무 작잖아..", "여기 인형들을 초대해서 놀면 되지", "그럼 문이랑 사람도 그려서 붙여보자"

유아의 관심과 교사의 지원

- **관심**: 집 인테리어, 설계도 그려보기, 상자 집 인형놀이
- **고민**: "인형집 안에 침대랑 의자도 넣어보고 싶은데 블록은 너무 커서 잘 안들어가요.", "나는 이글루 집을 만들었는데 바닥에 테이프로 붙여서 인형이 못 들어와",
- **지원**: 집안 가구, 전기테이프, 손인형, 작은 크기의 우드 블록 등 지원, 바닥을 자유롭게 꾸밀 수 있는 교실 내 공간 확보, 놀이를 관찰하며 유아의 요구에 즉각 반응(가전제품 도안, 페이퍼 토이 등)

동료교사들과 생각 나눔

- **고민**: (놀이 영상을 보며)견고하게 작품을 만들 수 있는 물품을 제공하면 유아들이 좌절감을 느끼지 않고 활발하게 놀이가 이루어지지 않을까요?
- **의견**: 교사가 해답을 내려주며 무언가를 제시해주기보다는 유아의 계속되는 시도를 조금 더 관찰해보고 지원하는 건 어떨까요?
- **생각**: 집 안을 구성하고 내가 살고 싶은 집을 꾸민 후 무슨 놀이로 변화할까?

놀이를 통한 배움

- **유아**: 친구와 함께 의견을 나누며 놀이하기 '협동심'
- **교사**: 유아의 놀이를 격려하며 지지하기 '협력자'

차가운 북극집 이글루!

〈유아가 제안한 놀이, 생각의 틀을 깬 놀이〉

(통합 친구가 바닥에 테이프로 구성한 이글루를 관찰하며) 선생님 이게 북극 집이지요?", "이글루는 얼음인데 왜 벽돌을 쌓아서 만든 거예요?", "얼음 안에 들어가면 춥지 않을까?"	"여긴 북극이 아니라 ○○동이니까 여러 가지 색으로 만들어요!", "나는 무지개 이글루로 만들어 보고 싶다", "엄청 큰 이글루 만들어서 들어가자~"

유아의 관심과 교사의 지원

- **관심**: 추운 나라의 집 이글루, 이글루 구성하기, 이글루에 놀러 왔어요. (역할 놀이), 이글루의 생김새
- **지원**: 이글루의 특징 이야기 나누기, 이글루 사진(관찰 지원), 대형이글루 꾸미기 상자 이글루 제공, 페인트용 붓, 아크릴물감 등 물리적 지원, 넓은 공간인 실외에서 활동 지원, 손바닥 찍기, 놀잇감 찍기 등 다양한 방법을 생각하는 유아들 격려하기

동료교사들과 생각 나눔

- **고민**: 한 유아가 바닥에 구성한 이글루 집을 보며 많은 유아가 이글루에 관심을 갖기 시작했어요. 영상을 보거나 사진을 이용해 특징과 모습을 설명하는 것은 어렵지 않지만 직접 이글루를 만들고 싶어 하는 유아들이 많은데 유아들의 놀이가 적극적이고 활발하게 이루어질 수 있도록 지원하는 방법은 무엇이 있을까요? 혹시 추천해 주실만 한 놀이가 있을까?
- **의견**: 얼음을 이용해 쌓아보며 작은 크기지만 이글루에 대한 간접 경험을 느껴볼 수 있도록 지원해주거나 유아들의 관심 대상이었던 상자와 연계하여 상자 이글루를 크게 만들어 직접 들어가 보는 경험을 함께해 봐도 좋을 것 같아요.

놀이를 통한 배움

- **유아**: 놀이에 몰입하며 상상하기 자유롭게 표현하기 "자율성"
- **교사**: 동료교사와 함께 고민하는 '공동체 의식'

2. 빛과 그림자

1) 놀이배경 및 교실상황

상자와 함께 시작 된
빛과 색 그리고 그림자!

그림자 놀이

〈만 4세 장애통합반(인원 20명) 10월 21일 ~ 현재 진행중〉
상자 집 '이글루'에서 놀이하며 천장을 바라보던 유아들은
뚫려있는 별 모양에서 들어오는 빛과 그림자에 아이디어를 얻는다.
'이글루' 안쪽 공간이 아닌 곳에서도 빛과 그림자를 보는 방법에 대해
고민하고 다양한 놀이를 시작한다.

교실모습

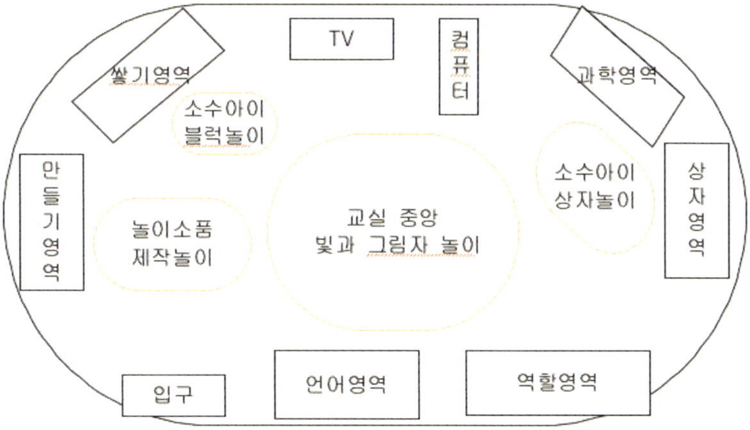

교실모습

교실 한쪽 공간에 '비밀놀이영역'을 구성한 유아들은 이곳에서 암막천을 덮고 놀이한다. 비밀놀이에 많은 유아가 관심을 보일 때는 교실 불을 끄고 블라인드를 내리고 교실 전체를 사용하며 놀이를 진행한다. 날씨가 좋은 날은 실외공간과 연계하여 놀이를 즐긴다.

2) 놀이의 흐름

"이글루에서 빛이 들어와요!" "여기 그림자가 생겼어요"

"몸으로 만드는 그림자"
그림자의 움직임과 변화

"색깔 옷을 입은 그림자"
빛의 색과 움직임놀이

"이글루에서 빛이 들어와요!" "여기 그림자가 생겼어요"

"아기 돼지 삼형제 그림자 극장"
그림자 역할극

"그림자 놀이 상자와 막대"
유아가 제작한 놀이자료

우리의 놀이는 지속되는 중!

몸으로 만드는 그림자

〈유아가 발견한 놀이/날씨 변화에 따른 놀이〉

"애들아 내 그림자 봐!
나 오늘 치마 입은 거 보인다?"
"나도 나도 난 오늘 바지 입은 거 보이지? 어?
내가 너보다 그림자 크다?"
"네가 나보다 키가 크니까 그렇지~"
"우리 친구들 불러서 키 순서대로
서 보기 하자."

"선생님이 손가락으로 토끼
만들었네! 토끼 그림자 보인다."
"으음 이건 뭐지?"
"스윽스윽 움직이는데 뱀 같은걸?"
"선생님! 저도 문제 내볼게요.
애들아 이건 뭐게?~"
"음... 날개 있는 걸 보니까.. 나비!"
"정답! 이젠 네가 문제 내!~"

유아의 관심과 교사의 지원

- **관심**: 몸으로 표현하는 그림자 수수께끼, 그림자의 움직임과 모양
- **고민**: "그림자는 왜 생겨요? 이글루 안 말고 교실에서도 그림자놀이할 수 있어요?"
- **지원**: 몸을 이용한 그림자놀이 방법 모델링(수수께끼), 빛과 그림자가 친구인 이유 그림책 소그룹 감상, 교실에서 넓은 공간인 실외로 환경적 변화, 유아들의 요구에 따라 오후에도 실외놀이 시간 확보

동료교사들과 생각 나눔

- **고민**: 유아들이 실내에서도 그림자 놀이를 시작하고 싶어 하는데 그림자가 생기는 이글루 안이 좁아 다툼 상황이 생길 때가 있어요. 어떻게 하는 게 좋을까요?
- **의견**: 유아들이 요구할 때 블라인드를 내리고 암막 커튼을 쳐서 교실을 어둡게 해주면 어떨까요? 이글루 이용 방법에 대한 부분은 서로 이야기 나누고 규칙을 정할 수 있도록 지원 해주기로 해요.

놀이를 통한 배움

- **유아**: 내가 만든 놀잇감 내가 발견한 놀이 '성취감'
  친구와 갈등상황을 해결하기 '문제해결능력'
- **교사**: 유아의 놀이를 위해 끊임없이 연구하며 노력하는 '책무성'

색깔 옷을 입은 그림자

〈유아가 발견한 놀이/실 · 내외 두 공간에서 일어난 놀이〉

"어디서 온 걸까?" "태양이 우리 창문으로 들어온 거야." "태양이 어떻게 창문으로 들어와?" "그림자가 옷을 입었다!" "봐봐, 내가 발을 그림자에 대니까 노랗게 변했어!"	"우와! 선생님이 지난번에 말한 암막 커튼을 쳐줬어~ 여기 핸드라이트도 비추면 그림자 보인다!" "지난번에 과학실험 했던 투명 컵이랑 셀로판지로 색깔 놀이하자~" "나는 컵 많이 가져가서 무지개 만들 거야!"

유아의 관심과 교사의 지원

- **관심**: 다양한 색이 투영되는 그림자, 빛의 움직임
- **지원**: 투영되는 ohp필름, 셀로판지, 종이호일 물리적 지원, 빛 모으기 놀이(종이와 돋보기) 소그룹 과학실험 지원, 이글루 밖에서 암막 커튼을 이용한 놀이환경 제공, 실외놀이터와 어두운 교실을 오가며 놀이할 수 있는 충분한 시간 제공

동료교사들과 생각 나눔

- **고민**: 교실에 암막 커튼을 쳐서 조명을 이용해 그림자와 색깔 놀이를 하고 있어요. 그런데, 소수의 유아들은 미술, 책 읽기 등 조용한 놀이를 위해 불을 켜고 싶어 하는데 어떻게 하는게 좋을까요?
- **의견**: 원에서 사용하고 있는 스탠드를 한 공간에 제공 해주는 건 어떨까요? 불을 켜고 싶어하는 유아들과 끄고 싶은 유아들과 이야기 나누는 시간을 제공하고 타이머를 맞추는 건요? 보조교사 지원을 통해 유희실에서 놀이를 지원해도 좋을 것 같아요.

놀이를 통한 배움

- **유아**: 내가 만든 놀잇감 내가 발견한 놀이 '성취감'
- **교사**: 놀이 활성화를 위해 유아의 요구사항에 민감한 반응하기 '지원자'

그림자 놀이 상자와 막대

〈유아가 제작한 자료로 이용한 놀이/유아가 제안한 공간에서 놀이〉

"여기 손잡이 있는 상자 있다?
근데 다 열려있네..."
"어? 지난번에 선생님이랑 만든 상자에
그.. 그림자 비치는 거 붙였잖아~
그거 붙여볼까?"
"종이 호일? 좋아. 그럼 풀이 필요하겠다."
"테이프로 붙이면 더 쉬워."
"테이프는 종이 호일이 미끄러져~
풀로 붙여야 돼."

"상자가 좀 작아서
세 명이서 하기는 힘들어."
"그럼 어떻게 하면
여러 명이서 할 수 있을까?"
"아! 인형 막대 만들면 많이 할 수 있어!"
"우리 교구장에 종이 호일을
붙이는 건 어떻게 생각해?"
"좋은 생각이다! 그렇게 하면
우리 다 같이 놀 수 있겠다!"

유아의 관심과 교사의 지원

- **관심**: 그림자 놀이 상자 제작, 그림자놀이 막대 제작, 만든 교구를 이용한 역할극놀이
- **지원**: 막혀있지 않은 교구장, 다양한 상자와 종이호일, ohp필름과 매직, 그림자 도안, 하드막대 물리적 지원, 유아의 제안에 따라 조용한 공간인 지하 도서방으로 환경 이동지원, 인력추가 배치를 통한 소그룹 놀이 지원

컨설턴트의 지원

- **고민**: 놀이 중에 안전 등 배움이 잘 일어날 수 있게 지원하고 있는지 걱정이 됩니다.
- **답변**: 어둡게 환경조성이 되었을 때 잘 보이지 않는 부분을 이야기 나누며 "어두운 곳에서 다치지 않고 놀이하려면 어떻게 하면 될까?" 등 질문을 해보는 건 어떨까요? 유아들 스스로 불편함을 느끼고 해답을 찾을 수도 있으니 놀이를 잘 관찰하는 것 역시 중요하답니다. 빛이 없이 놀이를 즐기는 유아들에게 다가가 "빛이 없다면 어떨까?" 등의 질문을 하여 유아들이 생각할 수 있는 시간을 제공하는 건 어떨까요?

놀이를 통한 배움

- **유아**: 스스로 놀이를 만들어 놀이에서 새로운 것을 발견하는 '주도성과 탐구력'·
- **교사**: 유아의 놀이 속 배움을 위해 끊임없이 연구하고 노력하는 '책무성'

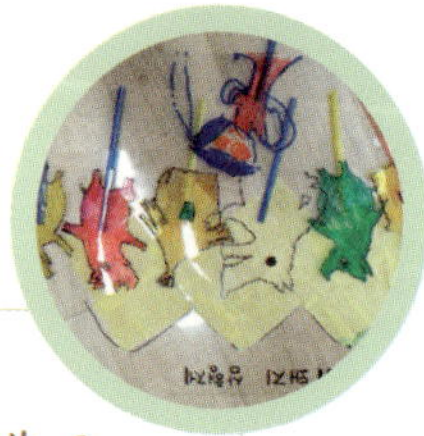

아기 돼지 삼형제 그림자 극장

〈시작과 끝을 유아가 정한 놀이/유아가 공간 구성한 놀이〉

"어제 집에서 아기돼지 삼형제 동화 봤어! 늑대 나오는 거 알지?" "응! 나도 그거 봤어~ 우리 노래로도 부르잖아." "우리 아기돼지 삼형제 그림자 막대 만들어보자!~" "나는 늑대 만들래!" "음.. 나는 셋째 돼지!"	"내가 여기로 나오면 네가 노래 불러줘~ 그 첫째 돼지 등장하는 음악" "나 그거 못 불러~ 우리 선생님께 틀어달라고 하자." "그러면 첫째 돼지랑 늑대 준비해!" "아니야, 먼저 아기 돼지들을 소개하자!"

유아의 관심과 교사의 지원

- **관심**: 아기 돼지 삼형제 그림자 막대 제작, 아기 돼지 삼형제 극놀이
- **고민**: "이야기가 잘 기억이 나지 않을 때 어떡하지? 중간에 아기 돼지 삼형제 노래도 틀고 싶은데.."
- **지원**: 극놀이에 필요한 역할 지원(해설) 및 오디오와 악기 셋팅, 아기돼지 삼형제에 대한 이전 경험 이야기 나누기, 이야기 회상을 위한 그림책 소그룹 감상, 막대 제작을 위한 자료(ohp 필름, 도안, 검정도화지 등)지원 , 교사가 놀이에 함께 참여하며 역할 맡기, '집 나간다 꿀꿀꿀' 새노래로 연결지원

동료교사들과 생각 나눔

- **생각**: 유아들이 주체적으로 놀이를 즐기고 있는 모습을 보입니다. 통합 학급의 친구들도 또래의 놀이를 모방하여 함께 놀이하거나 제작 과정에 교사와 참여하는 모습을 보입니다.
- **의견**: 유아들이 다양한 공간에서 놀이를 즐기고 있는 것이 영상을 통해 한눈에 보입니다. 아기 돼지 삼형제 그림자극이 시작됐다면 나중에 형님학급이나 동생학급을 초대하여 그림자 이야기를 들려주어도 좋을 것 같습니다.

놀이를 통한 배움

- **유아**: 놀이에 몰입하며 상상하기 자유롭게 표현하기 '자율성'
- **교사**: 놀이의 주도권 유아에게 넘겨주고 유아와 함께 즐겁게 놀이하는 '놀이 참여자'

빛과 전기가 없다면?

〈교육적 배움이 일어난 놀이〉

"빛과 전기가 없다면 무슨 일이 일어날 것 같아?"
"그럼 아무것도 안 보이잖아요!"
"꽃도 나무도 속상할 것 같은데요?"
"전기가 없으면 신호등에 불이 안 들어와서 교통사고가 나요!"
"전기가 없으면 티비 안 나와요!"

"전기 아껴쓰라고 안내문 붙일 거야."
"안 쓰는 전기코드 다 빼라고 그림 그리자!~"
"나는 안대를 쓰고 빛이 없는 것처럼 걸어볼게."
"다치지 않으려면 살금살금 걸어야 할걸?"

유아의 관심과 교사의 지원

- **관심**: 빛과 전기가 없을 때의 우리의 삶, 빛과 전기가 없다면 극놀이와 미술표현
- **지원**: 빛과 전기가 없다면 그림책 소그룹 감상, 빛과 전기가 없다면 소그룹 이야기 나누기, 유아가 발견한 놀이 '전기 아껴 쓰기' 운동 포스터 제작 지원, 어두울 때 일어나는 사고 안전규칙에 대해 이야기 나누는 유아들을 격려하기

동료교사들과 생각 나눔

- **생각**: 유아들과 앞으로 어떤 놀이를 이어 나가야 할지, 새로운 놀이로 연계되고 확장되길 기다려야 할지 고민되던 찰나 환경판을 꾸미며 밤하늘을 구성하기 시작하였습니다. 나아가 한 켠에는 우주를 표현하기 시작했습니다.
- **의견**: 밤하늘을 꾸미며 유아들이 우주를 떠올렸군요. 좋은 아이디어인 것 같습니다. 우주에 관심이 생긴 유아들을 위해 관련 그림책을 배치해주고 놀이로 이어 나가는지 관찰해볼 필요가 있을 것 같아요.

놀이를 통한 배움

- **유아**: 이를 통해 배우는 '탐구자'
- **교사**: 놀이는 결과가 중요한 것이 아닌 과정이라는 '중심'

제3절 박스로 시작된 놀이 (만 4세)

1. 만4~5세 혼합연령

1) 놀이 배경

놀이 이름	박스로 시작된 놀이	놀이 연령	만 4~5세 혼합/장애 통합
놀이 기간	2020년 10월 23일 월요일~11월 20일 금요일		
'박스(종이)' 이전 놀이 경험	'놀이를 위해 교실에 어떤 것이 있으면 좋겠니?'에 대해 유아에게 인터뷰를 하던 중 '종이컵, 박스, 신문지' 등의 구체적인 재료를 이야기함. '종이(박스)'를 가지고 다양한 놀이를 하던 중 우연히 시작된 책상 경사로에서 박스 썰매 놀이로 활발하게 확장됨.		

2) 교실 상황

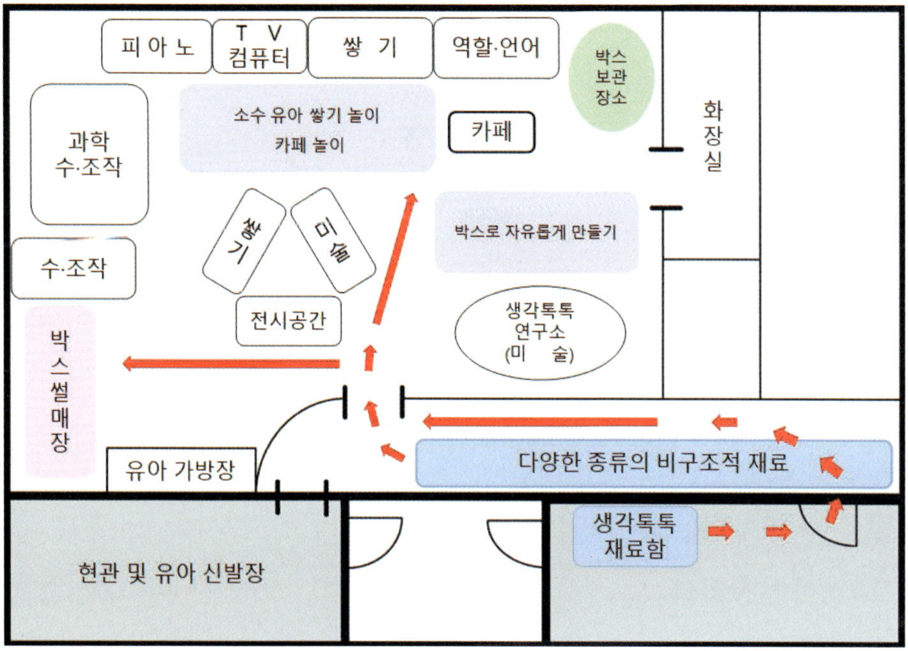

유아들이 원하는 '박스'를 이용한 종이 놀이가 시작되었다. 다양한 종류의 박스를 지원받아 교실 한쪽에 '박스 공장'을 만들어 배치하였다. 유아들은 박스를 접거나 자르고, 자발적으로 박스의 변화를 주어 다양한 놀잇감을 만들었다. 그러다 우연히 교실에 있는 자동차 장난감을 경사로에 굴리는 놀이를 시작으로 책상 경사로를 만들어 썰매를 타는 썰매 놀이가 만들어졌다. 놀이가 확장되며 더 큰 썰매장을 필요로 하였고, 때마다 유아와 동료교사의 협의를 통해 교실의 구조에 변화를 주어 교실 한 쪽을 커다란 박스 썰매장으로 바꾸어 놀이하였다. 썰매장에는 썰매 보관함, 썰매 재료함 등등을 배치하여 자유롭게 썰매 놀이를 할 수 있도록 지원하였다.

3) 놀이 흐름도

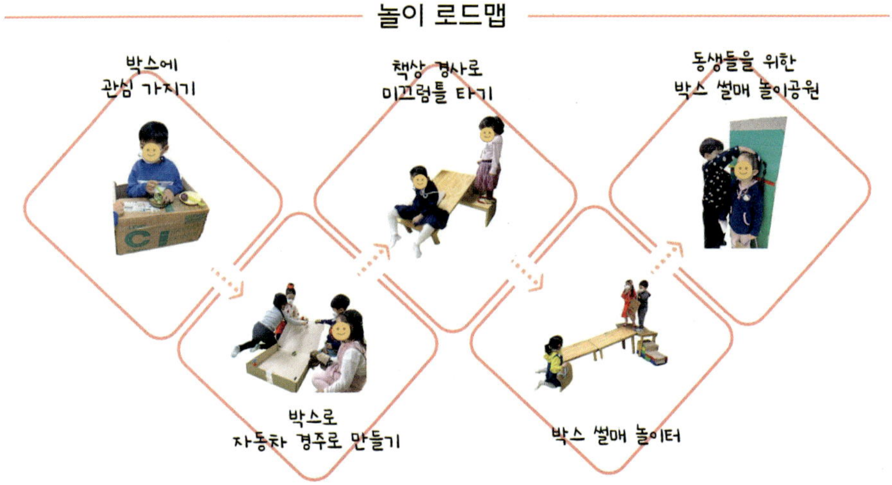

4) 놀이 진행 과정

<table>
<tr><th colspan="3">Part 1. 자동차 박스 경주로 만들기</th></tr>
<tr><td colspan="3">✎ 길게 펼칠 수 있는 박스를 발견한 유아가 박스 한 쪽을 책상에 걸쳐 경사로를 만들고 자동차를 굴려 떨어뜨리는 놀이를 시작함. 다른 유아들도 관심을 갖고 놀이에 참여하다가, 박스 끝 부분을 뚫어 자동차를 통과시키는 놀이를 함.</td></tr>
<tr><td colspan="3">유아1: 떨어뜨린다~! 하나 둘 셋~!
유아2: 아~아깝게 골인 못했어~!
유아3: 이 기차보다 이 자동차가 더 빨리 내려가!
유아1: 그래?그럼 다음에 나 빌려줘!
유아3: 이번엔 내 차례~
유아2: 여기가 골인이야. 아~또 못 넣네!
유아1: (교사에게 박스 끝을 가르키며) 선생님!
여기 구멍 좀 뚫어주세요!
유아2: 맞아!! 여기 통과하면 점수 100점~!
</td></tr>
<tr><td>장애
통합</td><td>교사의
고민</td><td>놀이가 실시간으로 진행되면서, 장애통합 유아들이 규칙을 바로 적용하여 놀이하는데 힘들어하지 않을까요? 어떻게 하면 안전하게 규칙을 지켜서 놀이할 수 있을까요?</td></tr>
</table>

[교육적 지원 – 관심 전환 및 유아 선호도 적용]

상황: 평소 선호하는 나무 자동차 블록 놀이를 경주로 옆에서 놀이하자 교사가 또래 놀이 방식을 소개하며 관심을 전환하면서 선호하는 놀잇감을 경사로와 함께 놀이할 수 있도록 지원함.

교사: 여기 떼구르르 굴러가는 길이 있네!
○○아 우리 같이 해볼까?
○○이가 갖고 있는 자동차 굴려볼까?

유아: (자동차를 굴리며) 우와이이!!!

Part 2. 미끄럼틀 시도하기	
✎ 더 큰 자동지원해주기 위해 교사가 책상을 비스듬히 세워둠. 교사가 잠시 자리를 비우자 한 유아가 비스듬한 책상 위에 걸터앉아 미끄럼틀을 탐.	
유아 1: 이것봐! 미끄럼틀이야! 유아 2: 나도 탈래! 유아 1: 완전 빨리 내려오는데? 유아 2: 너무 재밌다~!! 유아 3: 안무서워? 유아 2: 하나도 안 무서워! 유아 1: 너도 타봐~! 	
교사의 고민	책상이 불안정해 보여 안전에 대한 걱정이 들어 미끄럼틀을 타는 유아를 제지해야 할까 고민했지만, 크게 웃으며 미끄럼틀을 재미있어하는 유아를 보고 놀이를 지속할 수 있도록 함.
교사의 교육적 지원	[안전] 책상이 흔들리지 않도록 작은 책상으로 다리를 고정하고 내려오는 곳에 방석과 매트를 깔아 떨어졌을 때 아프지 않도록 함. 유아들과 안전하게 미끄럼틀을 탈 수 있는 안전약속에 대해 이야기 나눔.

[교사 저널] "안돼! 말고, 재미있겠다~!"

잠시 세워둔 책상 위에서 미끄럼틀을 타고 있는 유아를 보고 무척 놀랐다. 안전사고 걱정과 함께 "책상은 활동하는 곳이지 미끄럼틀이 아니야"하며 책상을 치우고 싶은 욕구가 불쑥 올라왔다. 하지만 까르르 웃으며 미끄럼틀을 타는 유아를 보고 잠시 고민하였다. 자발적으로 새로운 놀이를 시도하는 유아의 모습을 격려해주고, 정서적 · 환경적 지원을 위해 노력하는 것이 나의 역할이 아닌가? 하는 생각이 들었다. 고민이 끝난 뒤 아이를 제지하지 않고 "와~진짜 재밌어 보인다! 재미있는 놀이를 발견했네~"라고 격려해 주었다. 그리고는 흔들리는 책상 다른 책상으로 단단히 고정하고 유아들이 떨어지는 곳에 매트와 방석을 깔아주었다. 그런 뒤 유아들과 함께 안전하게 타는 방법을 이야기하고, 놀이를 지속할 수 있도록 하였다. 옛날이라면, 안전사고가 무서워서, 또 책상은 놀이 기구가 아니야라는 교육적 신념이 발목을 잡았겠지? 교사에게도 큰 용기와 허용이 필요

했던 새로운 놀이의 시작이었다. 또한, 책상을 놀잇감으로 사용해 창의적인 놀이를 시도한 유아를 보고 교실 속 다양한 놀이의 제한을 많이 낮춘 효과가 나타난 것 같아 내심 기쁜 마음이었다.		
장애 통합	교사의 고민	놀이가 실시간으로 진행되면서, 장애통합 유아들이 규칙을 바로 적용하여 놀이하는데 힘들어하지 않을까요? 어떻게 하면 안전하게 규칙을 지켜서 놀이할 수 있을까요?

[교육적 지원 - 또래 지원 및 교사 보조 지원(언어적,신체적 촉진)]

• 상황: 또래가 놀이하는 미끄럼틀에 관심을 보이며, 선호하는 나무 기차 블록을 또래가 내려오는 방향의 역방향으로 경사로 놀이를 함.

교사: 우리 ○○이 자동차 미끄럼틀 태워주었구나~
그런데, 여기는 친구들이 타는 곳이래~
○○이도 장난감이랑 같이 타고 내려와 볼까?
(또래와 함께 차례를 지켜 미끄럼틀을 실제로 타봄.)

중간 상황: 어느 정도 차례를 지켜 미끄럼틀을 이용하자 또래의 도움을 받아 박스 썰매장을 이용함.

유아1: (박스 앞 부분을 잡아주며) 여기를 잡고 타는 거야~!

Part 3. 박스 썰매 만들기

✎ 책상 미끄럼틀을 더 넓은 장소로 옮기고 휴식 매트를 밑에 깔아 엉덩이로 착지할 수 있도록 함. 미끄럼틀을 더 잘 타기 위한 방법을 유아들과 함께 이야기한 후 박스를 깔고 미끄럼틀을 탈 수 있도록 함.

썰매의 끈을 직접 골라요

나만의 썰매를 만들자!

썰매 보관함에 썰매를 넣어!

교사의 교육적 지원	**[환경]** 더 많은 유아들이 미끄럼틀을 이용할 수 있도록 휴식장소로 책상과 매트를 옮겨 넓은 장소에서 자유롭게 놀이할 수 있도록 함. **[자료]** 손잡이를 만들기 원하는 유아들이 여러 재료를 충분히 탐색하고, 또래와 의논하여 썰매를 끌기 좋은 단단한 끈을 고를 수 있도록 함. **[상호작용]** 미끄럼틀에서 잘 내려가지 않아 불편해하는 유아들을 보고 "어떻게 하면 미끄럼틀처럼 잘 내려갈 수 있을까?"라는 질문을 하여 유아들이 생각할 수 있는 기회를 제공함.

<table>
<tr><th colspan="3">교사의 교육적 의도</th></tr>
<tr><td colspan="3">① 썰매를 탈 수 있는 적절히 잘 미끄러지는 물건을 유아가 직접 찾아보기
➞ 책상에서 잘 미끌러질 수 있도록 무언가를 깔고 탔으면 좋겠다는 생각이 들었음. 직접 박스를 제공하기보다는 "교실에서 찾아보자~"하며 유아들이 직접 여러 물건을 찾아와 타보고 비교해볼 수 있도록 함. 직접 경험을 통해 '박스'가 제일 타기 좋다는 것을 유아들이 발견할 수 있도록 함.
② 여러 물건의 내려가는 속도가 다름을 실험으로 비교하고, 마찰력의 차이를 관찰할 수 있도록 하기
③ 놀이 평가 시간에 책상에 다양한 물건들을 미끌러뜨려 가장 빨리 내려가는 물건을 찾아봄. 물건마다 내려가는 속도가 다른 것을 유아들이 직접 보게 한 뒤 이것이 '마찰력'임을 설명하고, 마찰력을 직접 경험해볼 수 있도록 함.</td></tr>
<tr><td colspan="2">놀이 속 배움</td><td>■ 여러 물건을 비교하고, 물체의 특성에 따라 마찰력이 다름을 발견함.
■ 마찰력이 작은 물건을 찾기 위한 탐구과정에 즐겁게 참여함.
■ 박스로 썰매를 타기 위해 상호 의견을 교환하고 협동함.
■ 썰매를 타기 어려워하는 친구에게 타는 방법을 설명하고, 손잡이를 잡아주며 자발적으로 도움을 줌.</td></tr>
<tr><td>장애 통합</td><td>교사 고민</td><td>박스 썰매에 흥미가 없거나, 썰매 만들기를 힘들어하는 통합 유아를 위하여 어떻게 지원하면 좋을까?</td></tr>
<tr><td colspan="3">[교육적 지원 - 자료 수정 및 또래 모델링]
교사: (또래가 만든 박스 썰매를 보여주며)
○○아, 교실에 친구들이 만든 썰매장이 있네!
우리 ○○이도 만들어 볼래?
유아가 흥미를 갖는 경우: 미리 잘라 놓은 직사각형 모양 박스와 다양한 꾸미기 재료를 유아 수준에 맞추어 제시

→ 다양한 재료 중 자유롭게 선택하여 꾸밀 수 있도록 지원
유아가 흥미를 보이지 않는 경우: 상동 행동이나 다른 놀이로 전환하기 위해 놀이의 공백이 생기는 경우 다시 질문 함.</td></tr>
</table>

Part 4. 박스 썰매장 계단 만들기

✎ 놀이에 참여하는 유아들이 많아지자 줄을 서는 곳이 좁아져 유아 간 갈등이 일어나기 시작함. 책상을 밟고 올라서는데 서로 밀다가 한 유아가 다칠 뻔한 상황이 생기자 다른 유아가 대형 블록으로 계단을 만듦. 계단을 만들자 유아들이 줄 서는 것이 한결 편해졌으나, 계단이 유아의 몸집에 비해 작아 자주 쓰러지는 것이 보여 유아들과 이야기 나누기를 통해 새로운 계단 만들기 토의를 함.

유아 1: 이 블록으로 계단을 만들자!
유아 2: 너무 흔들리는데?
유아 3: 풀로 붙일까?
유아 4: 풀 말고 테이프!
유아 1: 여길 좀 잡아줘~
유아 3: 내가 꽉 잡았어!
유아 2: 완전 튼튼해!

교사의 교육적 지원	**[일과]** 줄을 서는 공간이 협소하고, 계단이 작아 유아 간 갈등이 빈번해지자 일과를 변경하여 이야기 나누기 시간을 가지며 새로운 계단을 만드는 방법을 토의함.

교사의 교육적 의도

교사가 새로운 계단을 만들어주는 대신, 새로운 계단을 만들어야 하는 필요성과 방법에 대해 자유롭게 토의하고, 협력하여 문제를 해결함.

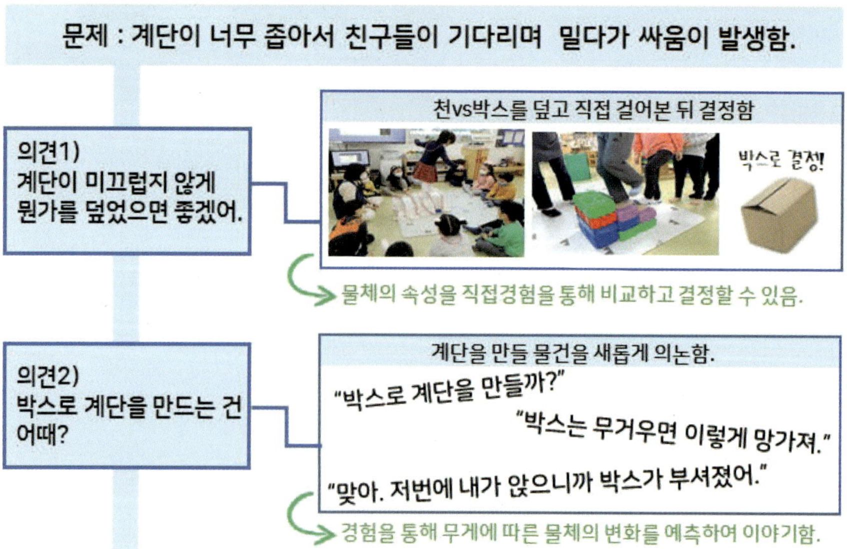

의견3)
계단을 지금보다 더 크게 만들자.

의견4)
썰매장을 1개 더 만들면 안 싸우지 않을까?

계단과 썰매장을 더 크게 만들기 위해 필요한 것을 이야기함.

"레고로 크게 다시 만들어볼까?"
"우리 반에 큰 레고가 부족 해!."
"다솜반에서 빌려오자!"

스스로 구상한 모양을 구체적으로 표현하려 노력함.
문제를 해결하기 위해 놀이 방법, 재료 등을 수정하여 놀이함.
공동의 목표를 위해 친구와 토의&협동하여 문제를 해결함.

넓고 미끄럽지 않은 계단을 만들자!

놀이 속 배움	▪ 스스로 구상한 모양을 교사와 친구에게 구체적으로 표현할 수 있음 ▪ 물체의 촉감과 특성을 비교하여 문제를 해결할 수 있음. ▪ 공동의 목표를 위해 친구와 토의와 협동함. ▪ 주어진 상황을 이해하고 상황에 맞게 방법 또는 재료를 수정하여 놀이를 이어감.

Part 5. 더 큰 박스 썰매장을 만들자

✎ 놀이에 참여하는 유아들이 많아지며 더 긴 책상을 요구하기 시작함. 슬아반 학습 공동체에서 교사들과 의견을 교환하고 협의하는 시간을 가짐.

슬아반 학습 공동체 "놀이에 빠진 교사들"

▪ 협의 내용: 유아들의 요구대로 썰매장을 길게 하기 위해 책상의 길이를 넓힐 수 있는 방법이 필요하여 책상을 대체할 물건을 찾거나, 책상을 길게 할 수 있는 방법을 논의함.
▪ 협의 결과: 유아들이 '책상'에서 썰매를 타는 것에 큰 흥미를 느끼기 때문에 책상을 대체할 물건은 부적절함. 논의 끝에 책상의 다리를 교체하여 2단 썰매장을 만듦.

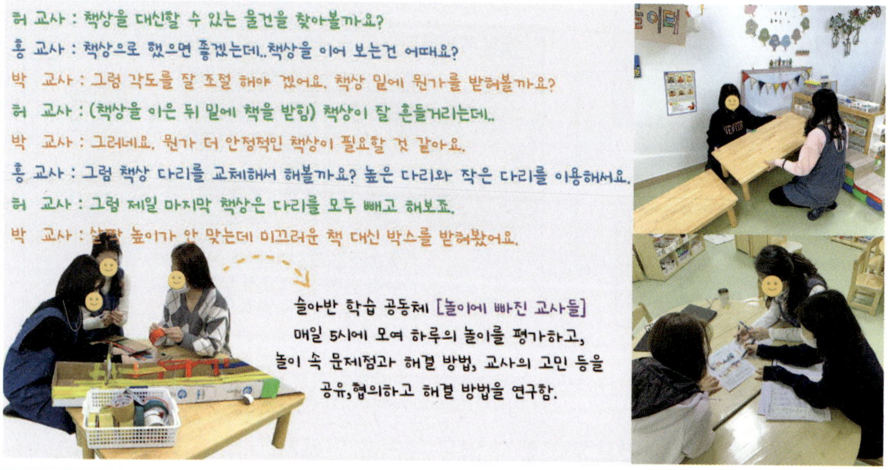

[교사 저널] "놀이를 연구하는 슬아반 교사들!"

유아들의 요구대로 썰매장을 더 길게 만들기 위해 학습공동체를 통해 동료교사들과 협의를 해보았다. 유아들이 흥미가 있을 때 지원을 지속적으로 해주어야 겠다는 부담감에 합판을 제작하여 완제품인 썰매장을 제공해줄까? 하는 고민도 되었다. 하지만 생각해보니, 유아들은 평소 공부하고, 밥 먹을 때만 사용하던 책상을 마음껏 밟고, 타는 것에 이 놀이의 매력을 느끼지 않았을까? 라는 생각도 들었다. 또 유아들과 상의하여 열심히 만든 책상, 계단들을 존중하지 않고 완벽한 놀잇감을 제공해 준다면 유아들이 스스로 시도하고, 수정하며 놀이를 창조하는 기회를 빼앗게 되는 것 같았다. 많은 협의 끝에 기존의 책상을 유지하고, 책상의 다리를 높은 다리와 작은 다리로 교체하여 만드는 방법을 생각해냈다. 우려했던 안전 부분에서도 흔들리지 않고 튼튼하게 유지되는 썰매장을 보고 교사들의 교육적 고민들과 협의가 놀이 중심에 참 중요하다는 생각이 들었다. 쉽게 진행할 수 있는 유혹에 흔들리지 않고, 조금 더 번거롭고 조금 덜 멋지더라도 유아를 존중하고 기회를 주는 것이 놀이 중심의 참 매력이지 않을까?

➜ 유아들의 요구대로 긴 썰매장을 만들었으나 책상의 경사도가 낮아지며 썰매가 전보다 느리게 가는 단점이 생김. 몇몇 유아가 썰매가 느려졌다는 것을 발견하고 각자가 선호하는 썰매 속도에 대해 의견이 달라 유아들과 실험을 통해 문제를 해결하기로 함.

썰매장이 더 길어 짐

싫어! 좋아!

너무 느려졌어!

대신 서서 탈 수 있어!
이게 더 재미있는데?

책상을 1개 더 놓을까?

➡ 이거 처럼 더 느려지는거 아니야?

책상 한쪽을 더 높여서 기울여보자!

➡ 실험 1) 책상을 더 기울이니 자동차가 빨리 내려 감.

무거우면 늦게 내려가나? 우리가 너무 커서 그런 가?

➡ 실험 2) 무거운 물건 vs 가벼운 물건 비교하니 너무 무거운 것은 잘 안 내려 감.

결론 : 썰매를 서서 타는 것을 원하는 친구가 더 많으므로 당분간은 썰매의 기울기를 바꾸지 않고 타기로 함.

놀이 속 배움	▪문제 해결을 위해 친구들과 서로 협의하고 상대방의 의견을 존중하고 수용함. ▪기울기와 물체의 무게에 따라 속도가 달라짐을 발견하고 이해함. ▪경험을 통해 문제의 결과를 예측하고 결론을 이야기할 수 있음.

Part 5-1. 박스 썰매 타는 법의 변화

✎ 썰매의 길이가 늘어나 썰매의 속도가 느려지자 몇몇 유아들이 점차 썰매를 서서 타기 시작함.

교사의 고민	썰매를 서서 타면 안전사고가 일어나지 않을까 고민되었음.
슬아반 학습 공동체	■ 협의 내용: 썰매를 서서 타는 유아들이 있는데 안전상의 이유로 제지를 하는 것이 맞을까? ■ 협의 결과: 아직 안전문제가 일어나지 않았으니, 제지하는 것보다는 유아의 새로운 시도를 격려해주도록 하자. 안전문제는 서서 균형을 잡을 수 있는 방법을 이야기 나누는 것은 어떨까?
교사의 교육적 지원	[일과] 이야기 나누기 시간을 통해 유아들과 안전하게 서서 타는 방법을 알아봄. [상호작용] 서서 타는 것을 시도하다 실패를 유아들이 용기를 잃지 않도록 적절하게 격려하여 계속 시도해볼 수 있도록 함.

→ 스노우보드 영상을 감상하고, 안전하게 균형을 잡는 방법을 따라해봄.

장애 통합	교사의 고민	규칙을 지켜 이용하기도 하지만, 경주로 놀이 방식을 더 선호하며 다른 유아들의 놀이와 충돌이 생길 때는 어떻게 하면 좋을까?

[교육적 지원 - 함께 하는 배려 및 허용]

상황: 선호하는 장난감을 함께 가지고, 박스 썰매장을 이용하며 즐거워하는 유아들이 보임.
유아1: 야~ ○○○~ 여기는 박스 썰매장이야~
유아2: (장난감을 가지고서 썰매장을 내려감)
교사: □□아, ○○이는 자신이 만든 장난감과 함께 타고 싶었나 봐~ 차례를 지키며 안전하게만 탈 수 있으면 장난감을 가지고 타볼까?
유아1: 음...... 그럼 박스 대신에 공룡이랑 같이 타도돼요?
교사: 물론이지! 대신 ○○아, □□아 우리 차례 지켜 안전하게 타보자~

Part.6 경사로에 대한 관심

✎ 기울어진 책상위로 썰매가 내려가는 것을 직접적으로 체험한 유아들이 경사로에 관심을 갖기 시작했음. 특히 자동차를 좋아하는 유아들은 박스로 놀이 초반보다 더 정교한 자동차 경사로를 만들기 시작함.

유아 1: 어? 왜 안굴러가지?
유아 2: 굴러가긴 해! 엄청 느리게.
유아 3: 이걸 올리면 빨리 가.

유아 1: 내 자동차가 더 빨라!
유아 2: 다시 시합해보자.
유아 1: 더 높이에서 시작해봐.

유아 1: 봐봐. 이걸 이렇게 세우면 어때?
유아 2: 완전 빠른데??
유아 3: 빨리하려면 이걸 높이면 되네~
유아 1: 그럼 우리 자동차가 제일 빨라!

[교사 저널] "섣불리 너희가 놀잇감이 "이거 □□야?"라고 묻지 않을게."

유아는 놀이를 하며 끊임없이 내면적 질문을 만나고 스스로 해답을 찾기 위해 놀이에 몰입한다. 또한 교사의 질문을 통해 유아의 사고가 확장되고, 새로운 문제의 해결 열쇠가 되기도 한다. 요즘 이러한 '질문'에 대한 고민이 많다. 질문을 잘 하고 싶은데 '좋은 질문'을 하기가 참 어렵다. "이게 무엇이니?" "어떻게 노는거야?"와 같이 대답하면 끝인 질문보다는 대화가 이어지는 질문을 하고 싶은데..오늘도 박스로 자동차 경사로 경주장을 만드는 유아들에게 "이거 혹시 자동차가 지나가는 줄이니?"라고 물었다가 "아뇨! 어두울 때 자동차 길 비춰주는 거에요. 가로등."이라는 설명을 들었다. 생각지도 못한 답변에 당황하여 할 말을 찾지 못하고 "정말 멋진 생각이네.."라는 나의 대답

으로 대화가 끊기고 말았다. 오늘도 부족한 나의 질문에 대한 반성이 들었다. 유아의 능동적인 사고를 돕고 교사와 즐겁게 대화할 수 있는 좀 더 세련된 질문은 없을까?
교사의 교육적 지원 – [가정연계] 우리 주변의 경사로 찾아보기
경사로를 자주 만들어 놀이하는 유아들을 보고, 경사로의 의미와 우리 주변의 다양한 경사로를 찾아보고자 키즈노트로 '경사로 찾기' 알림사항이 안내됨.

Part 7. 박스를 튼튼하게 만들자

✎ 썰매를 자주 사용하니 박스 썰매가 찢어지는 상황이 생김. 교사에게 가져와 썰매를 고쳐달라는 유아들이 많아지자, 고쳐주는 대신 박스(종이)의 특성을 알아보고 튼튼하게 고칠 수 있는 방법을 함께 연구해보기로 함.

여러 종류의 테이프를 탐색하고 박스의 찢어진 부분을 붙이거나, 박스와 종이를 덧대어 박스를 튼튼하게 만들어봄.

놀이 속 배움	▪ 박스(종이)의 특성 '찢어짐'을 이해하고, 종이가 덜 찢어지는 방법을 탐색하는 과정에 즐겁게 참여함. ▪ 놀이 상황에 맞추어 자유롭게 놀잇감의 사용방법, 또는 재료를 수정하여 놀이함.

놀이 후 변화	■ 자발적이고 자유롭게 찢어진 놀잇감을 언제든지 수정 · 보완함. ■ 교사에게 노움을 테이프 사용에 대한 도움을 청하는 경우가 줄어들어 놀이 흐름이 끊기지 않음.

자유롭게 놀잇감을 수정 · 보완하며 놀이해요

Part 8. 동생들을 초대해요

✎ 슬아반에 놀러온 동생들이 박스 썰매에 관심을 가지기 시작함. 슬아반 친구들이 적극적으로 썰매 타는 법을 즐겁게 동생들에게 알려주는 모습을 보고 '동생 초대'에 대한 제안을 해보기로 함. 유아들은 다양한 사전 경험을 가지고 있는 '놀이 공원'을 떠올리며 필요한 것들을 이야기 함.

다양한 티켓 탐색 / 티켓 만들기 / 박스로 키 재는 곳 만들기

"내 키는 얼만큼이지?"

"자는 여기서부터 여기까지 보는 거야."
"선생님. 근데 이거(cm)는 뭐에요?"
"여기가 80이니까 다음엔 90이겠네."

놀이 속 배움	▪ 자를 사용하여 길이를 측정하는 방법을 알고, 측정기호(cm)에 관심을 가짐. ▪ 동생의 키를 측정하며 '~보다 큰/~보다 작은'의 개념을 이해함. ▪ 놀이에 스토리를 부여하고, 친구와 함께 역할게 맞는 행동과 대사를 묘사함.

[놀이 마무리] 새로운 놀이가 생겼어요!

✎ 유아들이 박스 썰매를 꾸준히 타지만, 전보다 박스에 대한 흥미도가 낮아졌고, 썰매에 관심을 가지지 않은 유아들이 점차 많아짐. 그러던 중 교실에 새롭게 놓아준 '고체 물감'에 큰 관심을 가지고 물감의 색을 섞어 새로운 색을 만들거나 플라스틱 물통을 칠해 작품을 만드는 유아들이 많아짐. 유아들과 토의한 결과 물감으로 새로운 놀이를 하고 싶다는 의견이 많아 유아들과 함께 박스를 정리하고 물감으로 할 수 있는 놀이를 알아봄.

고체 물감에 새로운 흥미를 보이는 유아들

유아와 함께 박스 정리하기

평가 – 유아 놀이 기억하기

놀이를 마무리하며 재미있던 놀이를 글과 그림으로 기록함.

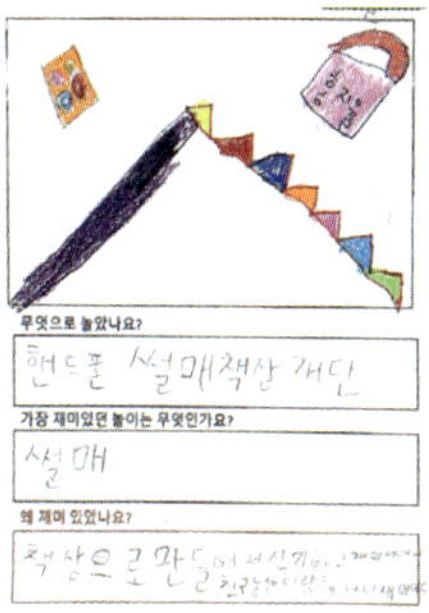

놀이 후 변화

일과 후 유아와 함께 놀이 평가 시간을 가짐.

교사	다음날 놀이 지원 계획 수립과 유아의 놀이 소감 등을 들어볼 수 있음.
유아	다른 친구의 놀이에 관심을 갖고, 놀이에 필요한 것들을 자유롭게 이야기할 수 있음.

	유아-유아/유아-교사 간 다양한 토의 기회를 갖고, 함께 문제를 해결함.	
	교사	유아의 능동적 사고를 위한 다양한 질문을 하고, 즉각적인 지원을 할 수 있음.
	유아	친구의 의견을 존중하고, 친구와 다양한 의견 나누기를 통해 문제를 해결함.

제4절 우리반 가게놀이가 우리원 가게놀이로(만 5세)

1. 월간 놀이계획안

가게놀이

주제선정이유

유아들은 지난 놀이 주제인 건축물 놀이를 하면서 벽돌집, 이글루, 천막집, 물 위의 집, 에펠탑 등 다양한 건축물을 구성하였습니다. 건축물을 구성한 후 구성한 곳에서 역할놀이를 하거나 다양한 가게놀이가 진행하는 것이 관찰되었으며 흥미 있게 놀이하였습니다. 이에 이번 놀이 주제는 지난 놀이주제와 연계되고 확장된 놀이로 가게놀이를 계획해 보고자 합니다.

놀이 예상안

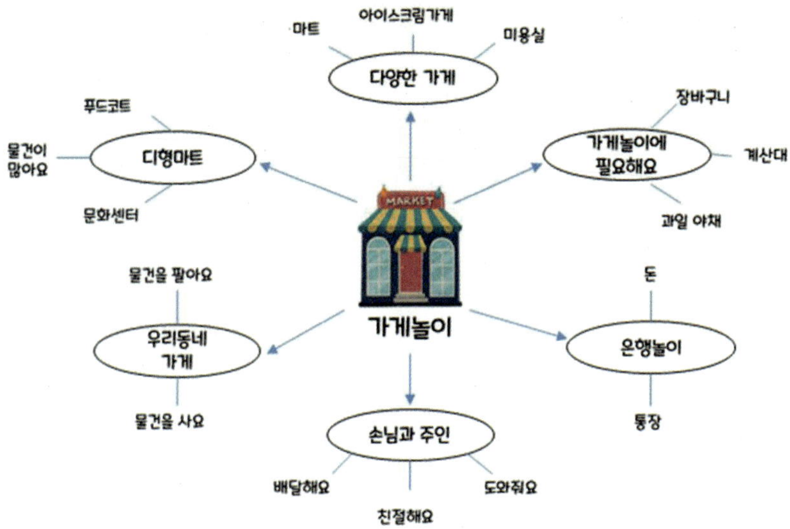

가정연계

놀이주제로 놀이하면서 유아들은 다양한 가게에 관심을 가지게 되고 사고파는 것, 화폐의 가치와 화폐의 종류, 우리 동네 가게에 대한 질문도 하게 될 것으로 생각됩니다. 이때 부모님께서는 배움의 순간이라 생각하시고 유아들이 알기 쉽게 이야기를 나눠주시고 우리 동네 다양한 가게들을 유아들과 함께 경험해 볼 수 있는 기회를 제공해 주시기를 바랍니다.

2. 한눈으로 보는 7월 가게놀이

놀이의 시작 : 6월 건축놀이를 즐기던 유아들이 벽돌블록으로 집의 형태를 구성하고 그 안에서 가게를 꾸려 놀이를 즐기는 모습을 보여 본격적으로 가게 놀이를 시작함.

가게놀이 구성하기

- ❖ 어떤 가게를 만들까?
- ❖ 우리 동네의 다양한 가게들
- ❖ 가게에는 무엇이 필요할까?
- ❖ 어떤 역할의 사람이 있을까?
- ❖ 메뉴판과 간판을 만들어요.

화폐가 필요해요

- ❖ 화폐의 단위를 알아봐요.
- ❖ 가게놀이에 필요한 지폐를 만들어요.

아이스크림 가게놀이

- ❖ 아이스크림 만들기
- ❖ 동생들을 아이스크림 가게에 초대했어요.

은행놀이

- ❖ 은행은 무슨 일을 하는 곳일까?
- ❖ 통장과 카드를 만들어요.
- ❖ 은행원이 되어보아요.

마트놀이

- ❖ 주인과 손님의 역할 이해하고 놀이하기
- ❖ 친절한 주인이 되려면?
- ❖ 재활용품으로 꾸미는 마트 진열대 (가정지원)
- ❖ 도넛, 햄버거, 김밥, 피자가게를 열었어요.
- ❖ 가게에 손님이 없는 이유는 뭘까?
- ❖ 친구들과 동생들에게 홍보를 해요. (전단지 만들기)
- ❖ 미니어처 가게를 만들어 놀아요.

"덕천 다있소" 가게놀이 준비하기

- ❖ 가게 놀이 이름을 정해요.
- ❖ "덕천 다-있소" 간판 만들기
- ❖ 어떤 물건을 얼마에 팔까?
- ❖ 가게에서 판매할 물건을 직접 만들고 포장해요.
- ❖ 나만의 장바구니 만들기

"덕천 다있소" 가게놀이

- ❖ 가게 놀이 역할을 나눠요.
- ❖ 동생들에게 물건을 팔고, 친구들에게 물건을 사며 놀아요.

3. 놀이흐름과 교사지원

가게놀이 시작해볼까!

[놀이시작]

"얘들아~ 이 블록 집에서 내가 음식을 팔거야!
너희들이 사러와~"
"그럼 내가 손님이 될께~"

유아들은 건축놀이를 하면서도 계속 음식을 팔고 있네~
물건이나 음식을 팔고 사고 먹는 놀이는 항상 유아들이 좋아하는 놀이지!

"어떤 가게인지 친구들이
알 수 있게 메뉴판과
간판을 만들자"

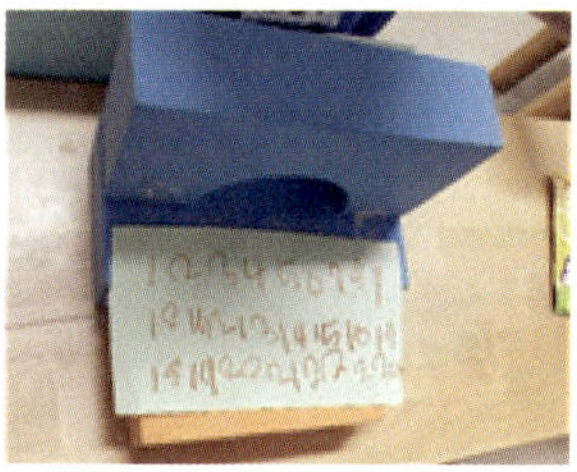

"계산대가 필요해"
"이 블록으로 만들어 보자"
"숫자도 써서 붙이자"

"가게에 물건이 별로 없잖아.
물건이 많아야지 손님도
많이 올거야!"

"과자박스, 아이스크림
상자를 놓아야지"
"이거 얼마에요?"

팔 물건이 부족하고 가격 계산이 어려워 거스름 돈을 주고 받는 모습 보이지 않아요.

교사의 놀이 지원

가게놀이에 필요한 자원이 너무 부족하여 가정에서 재활용품을 지원받을 수 있도록 함. 물건을 사고 팔 때 가격계산을 어려워 하여 화폐에 대한 배움으로 연결하는 것이 필요함. '사고팔며 값이 달라져요' 동화를 통해 알맞은 가격을 정하는 것이 중요함을 알 수 있었음.

다양한 가게놀이 I

[아이스크림 가게놀이]

"아이스크림을 만들자"

"아이스크림이 많이 필요해~"
"딸기, 포도, 초코 아이스크림은 색깔이 있어야지!"

"가격표가 필요해"

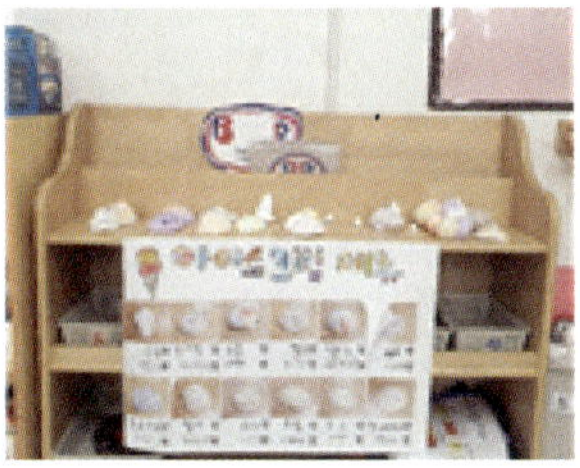

아이스크림 가게 완성!!!

"나는 파는 사람!"
"나도 파는 사람!"
손님이 없잖아~~

동생들을 부르자~

"이 아이스크림 얼마에요?"
"딸기아이스크림, 이거 100원입니다

아이스크림 가게는 완성되었는데
모두 주인만 하려고 하네!
어떻게 역할을 나누어 할 수 있도록
도와줄 수 있을까?

교사의 놀이 지원

가게놀이에 모두 주인만 선호하여 역할 바꿔 놀이하기를 제안해 보고 유아들은 동생을 초대하여 놀이하면 우리가 많이 할 수 있다고 동생반 초대를 제안함. '도토리마을 모자가게' 동화를 통해 물건이 팔리지 않을 때 어떻게 해야할지 생각해 봄.

은행이 필요해요

커다란 박스에 돈을 담아놓았는데
보관이 힘들어~
"돈을 맡길 곳이 필요해"

"은행은 돈이 많아야 해"

"나도 많이 만들거야.
은행에 저금하러 갈거야"

**은행 통장을 만들기 완성!!

은행놀이와 가게놀이가 연계되어 놀이되고 있으나 은행은 어떤 곳일까? 알아보는 배움의 과정이 필요할 것으로 생각되었어요. 유아들의 사전경험을 토대로 함께 이야기하고 은행을 직접 방문해 보는 계획을 세워봐야겠어요.

교사의 놀이 지원

- 은행은 어떤 곳일까?, 은행의 역할, 화폐의 종류, 화폐가 만들어지기까지 등 유아들이 궁금해하는 것들을 배움으로 연결하여 함께 궁금증을 해결해 봄.
- 은행에서 하는 일을 알아보면서 신용카드, 체크카드 등도 만든다 준다는 것을 이야기하면서 카드 만들기, 통장만들기를 할 수 있도록 지원함.
- 유아들의 배움과 연계하여 유아들이 제안한 화폐를 이용한 게임도 계획해 봄.
- 놀이 속에서 계산하는 방법을 계속적으로 지원함.

다양한 가게놀이 II

[도넛, 햄버거, 아이스크림, 김밥 가게놀이]

"난 이런 도넛을 만들어볼거야!"
만들고 싶은 도넛을 그려보아요.

"아이스크림하고 도넛을 같이 팔자"
색깔이 알록달록한 도넛을 만들어요.

도넛 완성!!

아이스크림과 도넛 가격표를
책으로 만들었어요.

"나는 햄버거도 만들거야!
이것도 동생들이 좋아해"

"여기에 도넛, 햄버거,
아이스크림, 음료수도 많아요"
물건이 많은 가게가 되었어요.

"나는 김밥도 좋아하니까
김밥가게도 있어야해"

다양한 가게를 많이 만들었는데 주인이 되기 위해 다툼이 발생하기도 하고 계산하는데 어려움이 계속 발생해서 걱정이네~

교사의 놀이 지원

가게 만들기에만 열중하다 보니 놀이하는 시간이 짧아져 본격적인 놀이가 될 수 있도록 지원 필요함. 화폐의 역할, 은행, 거스름 돈 등 유아들이 놀이에서 어려움을 느끼는 것들에 대한 배움 연계가 계속 필요하겠음.

다양한 가게놀이 III

[마트놀이]

교실안에는 재활용품 상자와 만든 물건들로 마트가 완성되었어요

동생들이 우리 마트에서 물건을 사고 싶어해요.

"동생들에게 마트 물건을 팔자"

"카드환영"

가게놀이가 3주정도 이어지다 보니 가게놀이와 다른놀이(팽이놀이, 레고놀이)하는 유아들이 늘어나고 있어요. 이제 여러가지 놀이를 지원해야 하는 어려움이 생겼어요. 화폐와 함께 카드로 물건 결제하는 것에도 관심이 생겼어요.

교사의 놀이 지원

- 아이스크림, 도넛, 햄버거, 김밥, 마트놀이가 3주간 연계되고 통합되어 놀이하다 보니 흥미가 낮아진 유아들은 팽이놀이, 레고놀이 등 다른 놀이를 하는 횟수가 많아지고 시간이 길어짐이 관찰되었음.
- 현재 진행되고 있는 가게놀이를 좀 더 활성화 할 수 있는 방법을 고민하면서 남아들에게서 더 활발하게 진행되고 있는 팽이놀이, 레고놀이를 지원하기도 함.
- 유아들과 의논하여 진행 중인 가게놀이를 어떻게 하면 더 즐겁게 놀이할 수 있을까? 물으니 동생들이 참여하거나 큰 가게놀이를 한 후 다른 놀이를 더 하고 싶다는 의견이 많아 큰 가게를 동생들과 함께 놀이한 후 다른 놀이를 하기로 결정함
- 주인과 손님이 지켜야 할 예절에 대해 함께 이야기 나누고 친절한 태도로 가게놀이를 하기로 함.
- 가게놀이가 진행되는 동안 우리동네에 있는 다양한 가게들을 2~3명씩 소그룹으로 경험하는 기회를 가져보기로 함.

'덕천다있소' 가게놀이 준비

가게놀이 준비 계획하기

가게놀이 할 물건을 만들자

장바구니, 지갑 만들기

'덕천다있소' 가게를 홍보해요

많은 물건이 필요해요

교사의 놀이 지원

- '덕천다있소' 가게 놀이를 위해 우리들이 만들어서 가게놀이에 팔 물건들, 구입이 필요한 물건들을 정해 봄.
- "덕천다있소' 가게 놀이를 동생들에게 알리기 위해 홍보할 자료를 만들고 모두에게 알리기로 함.

'덕천다있소' 가게놀이

문구점

스티커 가게

아이스크림 가게

악세사리 가게

과자가게

젤리가게

- 가정에 가게놀이를 알리고 1000원을 동전으로 준비하여 가게놀이를 할 수 있도록 하였으며 동생들과 짝이 되어 손님과 주인역할을 번갈아 진행하였어요.
- 손님이 많이 없을 때는 '여기로 오세요~' 하며 자신의 가게를 홍보하기도 하며 물건을 판매하는 역할을 잘 이해하며 즐겁게 놀이하는 모습을 보였어요.
- 물건을 사는 역할의 유아들도 무엇을 살지 고민하며 가지고 있는 100원 10개를 잘 분배하여 여러 가지 물건을 구매했어요.

교사의 놀이 지원

- 물건을 파는 가게 주인 역할과 물건을 사는 손님 역할을 나누어 가게놀이를 진행하였으나 만 5세 유아들도 돈의 개념이 어려워 100원 단위 동전만으로 놀이할 수 있도록 하니 놀이가 잘 진행됨
- 만 5세는 물론 전체원아가 반별로 평가하는 시간을 가져 다음 놀이에 동기유발이 될 수 있도록 지원함

4. 월간놀이평가

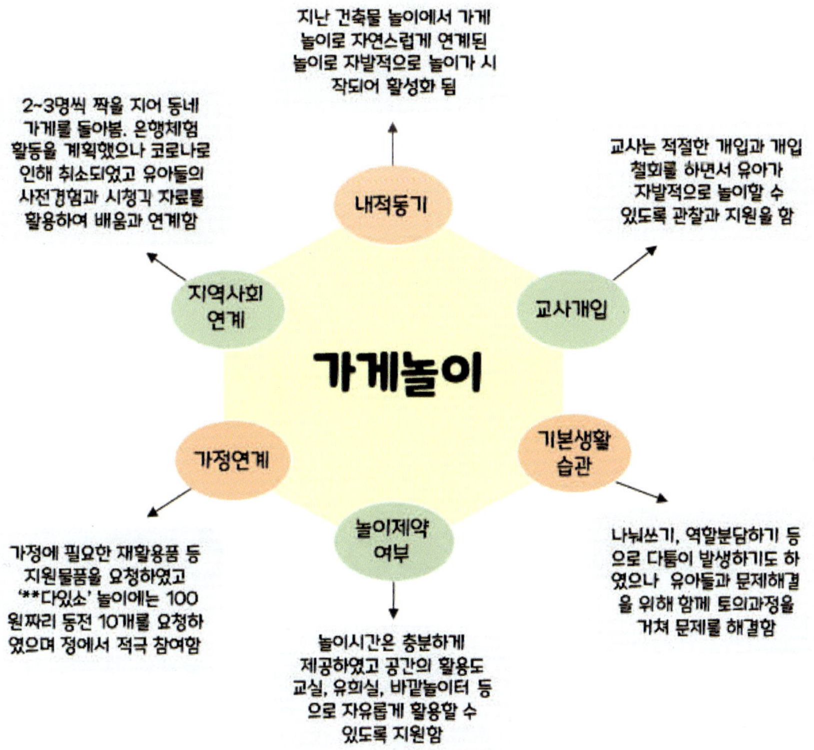

유아들의 흥미를 반영하여 가게 놀이를 시작하여 아이스크림가게, 도넛가게, 마트, 피자가게, 햄버거가게 등 여러 가지 가게를 구성하며 가게에 필요한 것들을 알아볼 수 있었고 가게 놀이를 하며 물건의 가격을 정하고 계산하며 우리나라 화폐에 대해 관심을 가지고 수를 더하고 빼는 것을 연습해 볼 수 있었음. 또래뿐 아니라 동생들과 함께 실제 돈을 사용해 가게 놀이를 하며 더욱 즐거움을 느낄 수 있었고 다양한 친사회적 행동과 태도의 변화에 긍정적이었음.

여러 가게놀이는 3주 정도 지속되었고 그 후 가게놀이와 함께 팽이놀이, 레고놀이 영역도 점차 확대되고 놀이하는 빈도가 많아져 2~3가지 주요 놀이가 혼재되어 놀이를 하였으나 유아들이 제안한 '덕천다있소' 가게놀이를 준비하면서 다시

가게놀이에 흥미를 가지게 되었음. 그러나 '덕천다있소' 가게놀이를 마친 후에는 소수의 유아만이
가게놀이에 참여하고 남아들 대부분은 팽이놀이, 레고놀이 하는 것에 흥미를 보여 다음 놀이주제는 팽이 놀이로 계획해 보아야겠음

5. 매월 가정으로 전달되는 놀이이야기

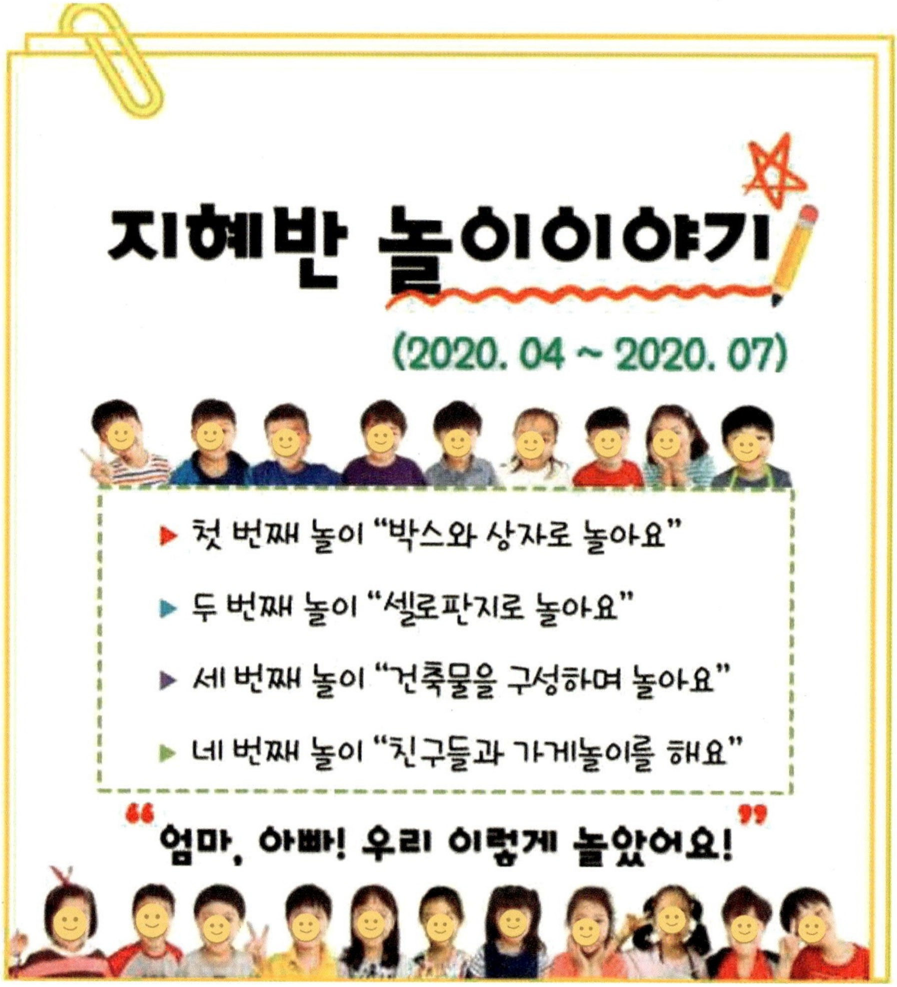

가게놀이

건축 놀이를 하면서 만든 블럭 집에서 친구들과 음식점 놀이를 하며
즐거워하는 모습을 보며 가게 놀이를 계획했어요!

마트 놀이를 해요

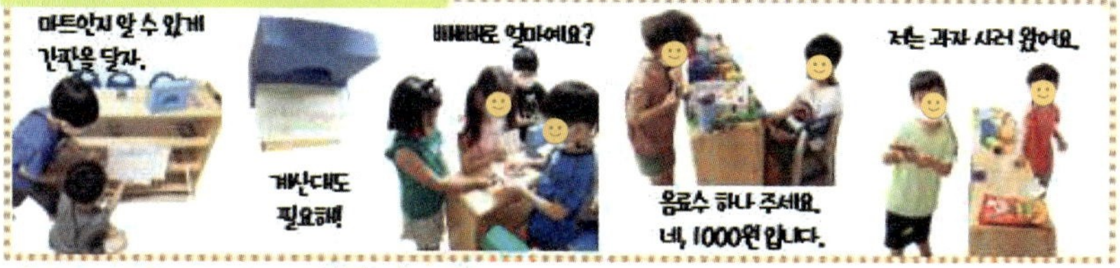

"과자 사러 왔어요. 얼마예요?" "만원이요!"

가게 놀이를 시작하며 지혜반 친구들이 제일 먼저 만든 가게는 '마트'예요.
집에서 가져온 과자 박스, 음료수병 등을 진열해 판매해요. 그런데 물건의 가격이 너무 비싸기도 하고, 터무니없이 싸기도 해요. 돈이 없어 그냥 가져가는 친구들도 있었어요.
지혜반 친구들과 돈의 개념과 단위에 대해 알아보고 부족한 돈을 더 만들어 놀이하기로 했어요.

돈과 통장을 만들어요

"물건을 살 돈이 필요해요."

지폐와 동전을 오려 코팅해 가게놀이에 필요한 돈을 직접 만들었어요. 돈에 대해 이야기 나누며 은행에 대해서도 알아보았더니 지혜반 친구들이 통장과 카드에 관심을 보여 통장, 카드도 만들어 놀이에 사용했답니다.

아이스크림 가게 I

가게놀이

아이스크림 가게 II

"아이스크림 사세요~"

직접 만든 간판과 메뉴판, 아이스크림을 진열해 아이스크림 가게 놀이를 했어요.
집에서 가져온 일회용 컵으로 주스를 만들어 함께 팔기도 했답니다. 주인 역할이 인기가 많아 손님이 없자 동생들을 초대해 동생들에게 아이스크림을 팔며 놀이를 더 즐겁게 만들 수 있었어요.

도넛 가게 놀이

햄버거&피자가게

가게놀이

덕천 다~ 있소!

"덕천 다~ 있소!"

지혜반과 사랑반이 협동하여 간판 이름을 정하고 만들고 꾸미기부터 시작해서
판매할 물건도 직접 만들고, 포장하며 처음부터 끝까지 직접 준비한 가게 놀이를 했어요.
동생들을 이끌어주고 알려주며 물건을 판매하는 멋진 가게 주인의 모습도 볼 수 있었고
내가 원하는 물건을 사며 즐거워하는 모습도 볼 수 있는 값진 시간이었답니다.

가게 놀이를 하면서 아이들이 자유롭게 교구장을 옮기며 가게를 만들어 놀이하고 사랑반과 지혜반을 오가며 동생들과 협동하며 즐겁게 놀이하는 모습을 보여주었어요. 가게 놀이에 제일 중요한 '돈'의 단위와 개념에 대해 알아보며 물건 값 계산하기, 거스름돈 계산하기 등 수학적인 요소도 놀이 속에서 배울 수 있었답니다. 또 마지막으로 '덕천 다있소' 놀이를 하면서 한 달 동안의 놀이를 정리해 볼 수 있었습니다.

참고문헌

강선미(2009). 보육시설의 지역사회 연계 프로그램의 운영에 관한 연구. 건국대학교 석사학위논문.

경기도 교육청 (2019). 놀이 2019. 놀이로 영유아의 삶을 담다.

경기도 교육청 블로그(2021. 11. 2. 추출). http://blog.naver.com.

곽영순(2015). 교사학습공동체의 발달단계 탐색. **교육과정 연구. 18**(2), pp. 83-104.

권태훈(2010). 아동행태 특성에 따른 어린이집의 공간디자인 연구.

교원학습공동체 길라잡이(2021). 창의적 민주시민을 기르는 혁신미래교육 서울특별시 교육청 학교혁신지원센터.

교육부 · 경기도교육청(2016). **놀이, 아이 성장의 무한 공간**. 서울: 교육부.

교육부 · 보건복지부(2013). **3~5세 연령별 누리과정 해설서**. 서울: 교육부 · 보건복지부.

________(2015a). **3~5세 연령별 누리과정 교사용 지침서**. 서울: 교육부 · 보건복지부.

________(2015b). **3~5세 연령별 누리과정 해설서**. 서울: 교육부 · 보건복지부.

________(2019a). 2019 개정 누리과정 놀이실행 자료.

________(2019b). 2019 개정 누리과정 놀이이해 자료.

________(2019c). 2019 개정 누리과정 해설서.

권선영(2017). 유아와 교사가 경험하는 실존적 공간으로서 유치원의 장소성. 경성대학교 대학원 박사학위논문.

권윤정(2017). 만 1세 영아의 자유놀이시간 신체영역 활성화를 위한 실행연구. 강릉원주대학교 석사학위논문.

김명준(2000). 실외놀이환경의 질적수준과 유아의 놀이행동에 관한 연구. 동아대학교 석사학위논문.

김명희(2019). 유아교육기관과 지역사회자원의 연계에 대한 보육교사의 요구 조사. 숭실대학교 석사학위논문.

김미자(2020). 교사의 전문성과 놀이지도 인식이 놀이교수효능감에 미치는 영향. 동국대학교 석사학위논문.

김민경(2020). 유아의 창의적 활동 증진을 위한 유치원 공간계획. **청소년시설환경 제18**(3), pp. 77-87.

김수연(2018) 교사학습공동체에 참여한 공 · 사립 유치원 교사들의 경험과 의미 - 수원 어울림 교사학습공동체 사례 분석- 중앙대학교 교육대학원 교육학과 유아교육전공

김수진(2021) 2019 개정 누리과정 시행 전후 유아교사의 역할인식 변화 창원대학교 대학원 유아교육학과 석사학위 논문

김억환 · 박은혜 역(1998). **정신의 도구: 비고츠키의 유아교육**. 서울: 이화여대 출판부.

김여훈(2008). 실내 · 외 놀이공간에서 유아들의 자유놀이행동 연구. 부산대학교 석사학위논문.

김원준(2004). 소도구를 활용한 실외 신체활동이 유아의 창의성에 미치는 영향. 전남대학교 석사학위논문.

김은정(2020). 보육교사의 교사 전문성과 어린이집 평가제 지표 수행가능성과의 관계: 제 I 영역 지표를 중심으로. 가천대학교 석사학위논문.

김지영 · 우민정 · 이선영(2020). **2019 개정 누리과정에 기초한 놀이지도**. 서울: 창지사.

김지은(2014). 만 5세 유아를 위한 지역사회 참여 활동의 효과적인 운영에 관한 실행 연구. 이화여대 석사학위논문.

김자경(2012). 미취학아동의 놀이가구 유형 및 특성분석. 한국실내디자인학회논문집.

김화록(2021). 영유아교사의 놀이지원역량 평가척도 개발 및 타당화. 안양대학교 박사학위논문.

김현자 · 이상희 · 이영 · 김반재 · 이현주(2021). **영유아놀이지도**. 서울: 동문사.

김혜선 · 김준희(2020). **아이들 놀이와 지원**. 경기: 공동체.

김희진(2020). 영유아교사의 놀이성, 놀이교수효능감이 영유아교사핵심역량에 미치는 영향. 부산교육대학교 석사학위논문.

노종희(2008). 학교 공동체의 개념적분석과 그 구축전략, **교육행정학 연구, 16**(2), pp. 385-401.

라은미(2017). 교사-영유아 상호작용과 관련변인 간의 관계 연구: 심리적 안녕감, 자아 탄력성, 직무 만족도를 중심으로. 배재대학교 박사학위논문.

문희연(2003). 흥미영역에 대한 유아의 선호 연구. 중앙대학교 석사학위논문.

박미숙(2008). 유아의 행동 유형에 따른 metamorphosis적 놀이교육 공간: 자연이 주는 디자인 요소의 형태적 변화를 활용. 홍익대학교 건축도시대학원 석사학위논문.

박은혜 외(2010). 영유아교육 선진화 기반조성 사업: 유치원 교원 양성 및 임용체계 개선 방안, 서울: 육아정책연구소.

박찬옥 · 정남미 · 곽현주 (2014). **놀이지도**. 경기: 정민사.

박찬옥 · 정남미 · 곽현주 (2021). **놀이지도**. 파주: 양성원.

박현아(2020) 초보 아동 중심 놀이치료자 학습공동체 참여경험에 대한 사례 연구
숙명여자대학교 대학원 아동복지학과 아동심리치료전공

배소희(2021). 유아와 함께 만들어 가는 흥미영역 재구성 실행연구. 부산대학교 석사학위논문.

백소진(2014). 유치원 실외놀이 환경에 따른 유아의 창의성 및 놀이성 차이. 중앙대학교 석사학위논문.

보건복지부(2020). 제 4차 어린이집 표준보육과정 해설서.

보건복지부(2021). 2021 보육사업안내.

부산광역시육아종합지원센터(2020). 보육장학지도사가 제안하는 영유아와의 상호작용실제 -보육장학 현장 지원 사례를 중심으로.

서울특별시 교육청 학교혁신지원센타(2021). 교원학습공동체 길라잡이.

서혜경(2005). 반성과 실천: 교사의 전문성 개발에 대한 노고. **교육과정연구, 23**(2), pp. 285-310.

심수현(2017). 부모의 창의적 가정환경과 유아의 놀이성이 유아의 창의적 인성에 미치는 영향. 경희대학교 석사학위논문.

심영택 · 김남균 · 김민조 · 이현명(2014). 교사학습공동체 참여 교사들의 인식분석, **학습자중심교과교육연구. 14**(17), pp. 223-254.

심우경(2013). 유치원 물리적 환경 구성 평정척도 개발과 물리적 환경 구성이 유아의 사회 정서능력에 미치는 영향에 관한 연구.

신유림 · 문혁준 · 나종혜 · 박진옥 · 서소정 · 신혜영 · 신혜원 · 이미란 · 이성복 · 이윤선 · 한찬희(2020). **놀이지도**. 서울: 창지사.

신은수 · 박은혜, 조운주, 이경민, 유영의, 이진화, 이병호 (2011). 유치원 교원 핵심역량 구성 방향 탐색. **한국영유아교원교육학회, 15**(5), pp. 203-226.

안경자(2013). 교사-영유아 상호작용 현장이야기. 경기: 공동체.

안선희 · 문혁준 · 김양은 · 김영심 · 안효진 · 이경옥 · 신혜원(2015). 아동관찰 및 행동연구(개정판). 서울: 창지사.

여혜욱(2017). 실내 · 외 놀이환경에 따른 유아의 놀이행동과 신체활동성 간의 관계. 연세대학교 석사학위논문.

오경진(1999). 아파트 단지 내 어린이 놀이터의 위상정립에 관한 연구. 연세대학교 석사학위논문.

오찬숙(2014). 교사학습공동체의 개혁확산 과정에 관한 사례연구. 고려대학교 대학원 박사학위논문.

왕혜원(2019). 흥미영역별 놀이가 유아의 인지처리능력, 언어능력, 공간지각력, 사회성에 미치는 영향. 중앙대학교 박사학위논문.

윤재국 · 유진형(2010). 어린이 놀이터를 위한 공공미술 개념의 도입에 관한 연구. 한국공간디자인학회논문집.

이동연(2020). 개방적 놀이재료 제공에 따른 만 5세 유아의 놀이행동: 유아교육기관 실외놀이터의 질적 수준 및 유아의 성별을 중심으로. 연세대학교석사학위논문.

이숙재(1994). 어린이 놀이터와 놀이 행동에 관한 질적 연구. 유아교육연구 Vo. 14, pp. 109-132.

이숙재(2019). **영유아 놀이이론과 실제**. 서울: 창지사, pp. 175-179.

이순복 · 김성원 · 김정희 · 박지영 · 석은조(2011). **놀이지도**. 파주: 양서원.

오연주 · 박애순 · 최정화 · 이명윤(2020). **유아중심 놀이지도**. 서울: 창지사.

오혜선(2021). 부모 참여적 놀이신념이 유아기 부모의 수학적 상호작용에 미치는 영향에 대한 가정환경의 질의 매개효과. 명지대학교 석사학위논문.

이신주 · 김경아 · 김경림 · 김태경 · 김혜영 · 윤미경 · 허은경(2021). **놀이지도**. 경기: 양성원

이아름(2018). 지역사회자원을 활용한 유아전통문화교육 프로그램 개발 및 적용. 중앙대학교 박사학위논문.

이지은(2015). 어린이집 놀이와 활동에서의 교사의 상호작용 분석. 인하대학교 석사학위논문.

이지혜(2021) 교육과정 전환기에 있는 유아교사의 놀이지원자로서의 역할 실행 경험

중앙대학교 교육대학원 교육학과 유아교육전공.

임부연, 김성숙, 송진영(2014). **교사론**. 경기: 양서원.

임연정(2011). 지역사회 현장체험학습을 통한 역할놀이가 유아의 진로의식에 미치는 영향. 이화여대 석사학위 논문.

장은정(2019). 사례기반학습에 참여한 유아교사의 놀이인식 및 놀이 개입유형의 변화. 순천향대학교 석사학위논문.

전정민 · 김정미 · 박성애 · 유혜경 · 이은주(2020). **아동관찰 및 행동연구**. 서울: 학지사.

전혜진(2021) 그림책을 활용한 유아교사의 놀이지원 역량 증진 프로그램 개발 및 유아교사의 경험양상 동의대학교 대학원 영유아교육전공.

정지혜(2021) 유아교사의 놀이성 및 개정 누리과정의 실행에 대한 담론 - 놀이성 상위집단을 중심으로. 중앙대학교 석사학위논문.

정은혜(2020). 영유아교사의 역량과 놀이교수효능감이 교육과정 실행에 미치는 영향. 가천대학교 석사학위논문.

진다정(2019) 원내 교사학습공동체 운영을 통한 놀이중심 교육의 이해와 실천 이화여자대학교 대학원 유아교육학과 논문.

진혜영(2017) 프로젝트접근법을 실천하는 유아교사들의 교사학습공동체 경험탐구

건국대학교 대학원 교육학과 유아교육전공 석사학위.

최아람(2020). 유치원 교사의 교육신념, 놀이성 및 놀이교수효능감의 관계. 창원대학교 석사학위논문.

최은화(2021) 유아교사의 역량과 놀이교수효능감이 유 · 초 연계를 위한 교사역할에 미치는 영향 가천대학교 교육대학원 교육학과 유아교육전공 석사학위논문

최샛별(2013). 유아의 개인환경변인, 가정환경변인, 지역사회환경에 따른 유아의 사회정서행동에 대한 차이분석. 숙명여대 석사학위논문.

최석란 · 이슬기 · 김현미 · 박지원 · 정은주(2020). **놀이지도**. 공동체

최영식(2018). 발달에 적합한 어린이놀이터 공간 환경에 대한 연구. **한국 기초조형학회. 19**(1), pp. 537-550.

최진아(2021). 원장의 보육과정 지원과 교사 간 협력이 교사의 놀이실행 효능감에 미치는 영향. 인하대학교 박사학위논문.

한국교육학회(1996). **유아교육사전**. 서울: 한국사전 연구사.

한은미 · 이순자(2015) · 유아 주도의 바깥 자유놀이에 관한 사례 연구. **어린이미디어연구, 14**(2), pp. 207-249. - 27p

홍주희(2019). 유아교사의 놀이성과 놀이교수 효능감이 교수창의성에 미치는 영향. 총신대학교 교육대학원 교육학과 유아교육전공 석사학위.

현정희 · 김정원(2008). 예비유아교사의 놀이경험과 놀이 개념에 관한 연구. 열린유아교육연구, Vol.13 No.5, 93-113.

Brandt, R. M. (1972). Studying behavior in natural Settings. New York: Holt, Rinehart and Winston, Inc.

Dinnerstein, R. (2016). Choice Time. Portsmouth: Heinemann.

Diane Trister Dodge, 한임순 외 역(1992). **창의적 교육과정.** 서울: 창지사.

Frost, J. L., & Klein, B. L. (1979). *Children's play and playgrounds.* Boston: Allyn and Bacon.

Giles, R. M. ; Wellhousen, K.(2005). Reading, writing, and running: Literacy learning on the playground. *The Reading teacher, Vol.59 No.3*, pp. 283-287.

Goodwin, W. L., Driscoll, L. A. (1980). *Handbook of measurement and evaluation in early childhood education.* San Francisco, CA: ossey-Bass.

Hord(2004). S. M. Professional learning cimmunities: Communities df continous inquiry and improvement. Austin, TX: Southwest Educational Development Laboratory.

Hughes, M., & Hutt, C. (1979). Heart-rate correlates of childhood activities: Play, exploration, problemsolving and day dreaming. *Biological Psychology, 8*, pp. 253-263.

Johnson, J. E., CHhristie, J.F., & Yawkey. T. D. (1999). *play and early childhood development(2nd ed).* Boston:Allyn and Bacon.

Kwakman, K. (2003). Footors affecting teachers' participation in professional learning activities. *Teaching and Teacher Education, 19*(2), pp. 149-170.

Louis. k. s., & kruse, S. D. (1995). Professionalism and community: Prespectives on reforming urban schools. Thousand Oaks. CA: Corwin Press.

Mark Dudek (2014). Kindergarten Architecture: Space for the Imagination. pon Pres, nd Edition.p.12.

Moore, G. T. (1987). The Physical Environment and Cognitive Development in Child-care Centers. In C. S. Weinstein and T. G. David(Eds.), Spaces for Children: The Built Envitonment and Child Development. NY: Plenum Press.

Olds, A. R. (1989). Psychological and physiological harmony in child care center design. *Children's Environments Quarterly, 6*(4), pp. 437-446.

Parten, M. B. (1932). Social participation among preschool children. Journal of Abnormal and Social Psychology, 27, 243, pp. 243-269.

Petrakos, H., & Howe, N.(1996). The influence of the physical design of the dramatic play center on children's play. Early Childhood Research uarterly, 11, pp. 63-77.

Piaget, J. (1962). play, dreams, and imitation in childhood. New York: W. W. Norton.

Rubin, K. H., Fein, G. G., & Vandenberg, B. (1983). Play. In P. H. Musse (Ed.), Handbook of Child Psychology: Vol. 4, Socialization, personality and social development, pp. 693-774. New York: Wiley.

Smilasky, S. (1968). The effects of sociodramatic play an disadvantaged preschool children. New York: Wiley.

Wohlwill, J.(1984). Relationships between exploration and play. In. T. Yawkey & A. D. Pellegrini (Eds.), Child' s Play, pp. 143-170. Hillsdale, NJ: Erlbaum.

동물사육장 사신. http://www.ihopenews.com에서 2021년 11월에 인출.

고무나무 수납장 사진. http://www.키즈원에듀에서 2021년 11월에 인출.

목공놀이 사진. https://m.cafe.daum.net에서 2021년 11월에 인출.

저 • 자 • 소 • 개

서난경 안양대학교 대학원 교육학 박사
경희대학교 교육대학원 교육학 석사
(현) 국공립) 관양어린이집 원장

김보현 성신여자대학교 대학원 교육학 박사
(현) 안양대학교 유아교육과 교수

김미선 안양대학교 대학원 교육학 박사과정 수료
한국방송통신대학교 대학원 교육학 석사
(현) 국공립) 덕천어린이집 원장

서복희 안양대학교 대학원 교육학 박사과정
안양대학교 교육대학원 교육학 석사
(현) 국공립) 삼막어린이집 원장

마미애 안양대학교 교육대학원 교육학 석사
(현) 국공립) 우일어린이집 원장

현장사례중심

영유아 놀이지도

초판 1쇄 인쇄 2022년 2월 21일
초판 1쇄 발행 2022년 2월 28일

지 은 이 | 서난경 · 김보현 · 김미선 · 서복희 · 마미애
펴 낸 이 | 김기섭
책임편집 | 이현남
펴 낸 곳 | www.changjisa.com
08589 서울시 금천구 가산디지털 1로 83 파트너스타워1차 9층
전화 (02) 719-2211~3
팩스 (02) 701-9386
등 록 | 1977년 4월 28일 · 제1-421호

© 서난경 외, 2022
● 이 책 내용의 전부 또는 일부를 재사용하려면 반드시 저작권자와 창지사 양측의 동의를 받아야 합니다.
● 저자와 협의하여 인지는 생략합니다.
● 출판물 불법 복사, 불법 북스캔은 저작권 위반으로 처벌받을 수 있습니다. 불법 제본으로 처벌될 경우(전과기록 됨) 취업 불이익이나 해외유학과 이민 등 비자발급이 거부되는 불이익이 발생할 수 있습니다.

ISBN 978-89-426-1503-2 (93370)

값 22,000원